河北省高等学校高层次人才科学研究项目（GCC2014036）

河北省高层次人才资助项目（B2016002011）

U0453986

基于社会责任的绿色智力资本对企业绩效的影响研究

刘兵　刘佳鑫　著

知识产权出版社

全国百佳图书出版单位

图书在版编目（CIP）数据

基于社会责任的绿色智力资本对企业绩效的影响研究/刘兵，刘佳鑫著. —北京：知识产权出版社，2018.8

ISBN 978-7-5130-5493-5

Ⅰ.①基… Ⅱ.①刘…②刘… Ⅲ.①企业责任—社会责任—智力资本—影响—企业绩效—研究 Ⅳ.①F272.5

中国版本图书馆 CIP 数据核字（2018）第 058556 号

责任编辑：李　潇　　　　　　　责任校对：潘凤越

封面设计：张　悦　　　　　　　责任印制：刘译文

基于社会责任的绿色智力资本对企业绩效的影响研究

刘　兵　刘佳鑫　著

出版发行：知识产权出版社 有限责任公司	网　　址：http：//www.ipph.cn
社　　址：北京市海淀区气象路 50 号院	邮　　编：100081
责编电话：010 – 82000860 转 8133	责编邮箱：lixiao@ cnipr.com
发行电话：010 – 82000860 转 8101/8102	发行传真：010 – 82000893/82005070/82000270
印　　刷：三河市国英印务有限公司	经　　销：各大网上书店、新华书店及相关专业书店
开　　本：787mm×1092mm　1/16	印　　张：14.75
版　　次：2018 年 8 月第 1 版	印　　次：2018 年 8 月第 1 次印刷
字　　数：230 千字	定　　价：89.00 元

ISBN 978 -7 -5130 -5493 -5

出版权专有　侵权必究

如有印装质量问题，本社负责调换。

序　言

近年来，随着经济的快速发展，企业界也出现了为追求经济利益而损害环境和社会利益的反伦理道德行为，公众强烈要求企业反思社会责任意识的缺失，不能只顾赚钱而不承担责任。21 世纪不仅是知识经济的时代，也是绿色经济的时代，企业应该更多地考虑如何在"知识"和"绿色"的双重时代背景下提升企业绩效。在企业的众多资源中，以智力资本为代表的无形资产是组织中最关键的资源。在知识经济时代下，智力资本能够为企业带来持久性的竞争优势。在绿色经济时代下，企业若想保持并扩大自身的优势，就必须将传统智力资本转化为绿色智力资本，并且绿色智力资本应以社会责任为导向。企业通过绿色人力资本培育，绿色结构资本强化，绿色关系资本维持和绿色创新资本提升，不仅能够创造价值和财富，同时也是在实践社会责任。因此，无论从企业绩效的角度，还是从社会进步、环境保护的角度来考虑，"基于社会责任的绿色智力资本"都是值得我国学者长期深入研究的课题。

本书将社会责任理念引入智力资本的研究领域，应用文献分析法、理论研究法、问卷调查法、统计分析法、系统动力学方法，深入研究基于社会责任的绿色智力资本对企业绩效的影响，并取得了下列创新性成果。

（1）提出了基于社会责任的绿色智力资本理论分析框架。在综合运用绿色智力资本相关理论的基础上，重新界定了绿色智力资本的概念和维度，提出了绿色智力资本所具有的价值创造、环境保护和社会关怀的三大功能，并在此基础上构建了绿色智力资本理论分析框架。

（2）解释了基于社会责任的绿色智力资本价值创造机理。从组织价值创造的内涵出发，结合平衡计分卡、战略地图等技术，分别从绿色智力资本各要素，以及各要素之间的协同化作用等方面，系统地解释了绿色智力资本价值创造机理。

（3）构建并验证了基于社会责任的绿色智力资本对企业绩效影响的概念模型。在回顾相关文献的基础上，构建了社会责任、绿色企业、绿色智力资本和企业绩效相互之间关系的概念模型，并提出了相关的研究假设，然后通过问卷调查和结构方程对概念模型、研究假设进行了验证。

（4）建立了基于社会责任的绿色智力资本投资对企业绩效影响的系统动力学模型。从平衡计分卡的视角，建立了绿色智力资本投资对企业绩效影响的系统动力学模型，并根据模型仿真分析的结果，归纳了较为优化的绿色智力资本投资策略。

本书得到"河北省高等学校高层次人才科学研究项目（GCC2014036）"和"河北省高层次人才资助项目（B2016002011）"立项支持，在此对河北省教育厅和河北省人力资源与社会保障厅深表感谢。

目　录

第1章 绪 论

1.1 研究背景

进入知识经济时代以来，以"知识"和"智力"为代表的无形资产在全球经济活动中掀起了一波产业革命。传统的土地、厂房、设备及资金等有形资产对于企业经营绩效的影响作用逐渐降低，取而代之的是人力资源、科研能力、客户关系和组织文化等无形资产成为企业可持续发展的新动力来源。与此同时，随着经济的快速发展，企业界也出现了为了追求经济利益而损害环境和社会利益的反伦理道德行为，从而导致环境和社会品质的日趋恶化，一时间企业伦理与诚信问题成为全社会关注的焦点，公众强烈要求企业反思社会责任意识的缺失，不能只顾赚钱而不承担环境与社会责任。

自2007年以来，由美国次贷危机所引发的金融风暴逐渐席卷全球，再加上由于人类对地球资源的需求急剧增加，近年来全球各地不约而同地出现了资源、能源危机情况。由于资源过度消耗所导致对环境的破坏和污染，这些现象使得世界各国的经济发展都受到了不同程度的冲击，许多国家纷纷强调环境保护的重要性，提倡以"绿色经济"替代过去消耗大量自然资源且造成较多污染的"褐色经济"。处于经济萧条期的国家将"绿色经济"视为"一剂良药"。因为它可以有效地缓解经济衰退、环境恶化和社会失业等多种危机，同时也为企业界带来了赢利的新契机。根据资源基础论的观点，企业要维持竞争优势，提升经营绩效，就必须拥有自己的核心资源。当今，在企业众多资源中，以"智力资本"为代表的无形资产是组织中最为关键的资源，在知识经济时代下，智力资本能够为企业带来持久性的竞争优势，在绿色经济时代下，企业若想保持并扩大自身的优势，就必须将传统智力资本转化为绿色智力资本。

我国加入世界贸易组织以来，国内企业逐渐向国际化发展，企业社会责任是当前国际社会探讨的热门课题，它不仅是国内企业进军国际市场的基本条件，也是当今企业进行价值创造、实现可持续发展的关键因素。冈本享二（2004）指出，随着时间的推移，企业社会责任的内涵与范畴也在不断地延伸，由早期单一的经济责任，逐渐拓展为经济、环境、社会、人类、生态平衡发展的社会责任。与此同时，许多涉及企业社会责任的国际性标准、法律、规范也应运而生，包括联合国的《全球盟约》（UN Global Compact）、《全球苏利文原则》（The Global Sullivan Principles）、全球可持续性报告协会的《可持续性发展报告指南》（GRI）、经济合作与发展组织的《多国企业指导纲领》（OECD Guidelines for Multinational Enterprises）等。Porter（2006）指出，国际性法规能够引导企业将社会责任落实到经营管理策略中，通过社会责任意识的不断强化，才能发挥企业对社会的最大价值。Utting（2005）指出，当前企业界在社会责任方面已达成四项共识：首先，企业社会责任能够帮助企业提升市场竞争力与经营绩效；其次，尽管从短期来考虑，企业承担社会责任会导致成本费用的暂时性增加，但从中长期的角度来考虑，企业社会责任能够降低企业未来的经营成本；再次，企业社会责任能够有效地提高员工的工作士气与改善工作动机；最后，企业社会责任能够提高企业的创新能力、危机处理能力，以及学习和运用知识的能力。目前，国际社会普遍强调企业担负着赢利、环境保护和社会关怀的责任。换句话说，企业要实现可持续发展的目标，就必须兼顾经济绩效、环境绩效和社会绩效。因此，将社会责任内化于企业经营管理策略中，重视所有利益相关者的需求以及来自社会、环境等多方面的影响，是企业获取未来竞争优势的保障。这种将企业经营管理策略与社会责任相融合的方法，俨然已成为绿色经济时代下一股新兴的企业管理潮流与趋势。

现代管理学之父彼得·德鲁克在其所著的《后资本主义社会》一书中指出，知识资本将替代机械、资金、原料等，成为关乎企业生存与发展的关键性生产要素（彼得·德鲁克，2009）。当今社会，知识密集型产业在推动世界经济向前发展的进程中扮演着最为重要的角色，该产业的市值远远高于其账面价值。例如，英特尔公司的市值是其账面价值的 6.6 倍，微软公司的市值是其账面价值的 17 倍，这说明企业价值的重心已经由过去的有形资产向无形资产转移，智力资本对于提升企业价值具有明显的促进作用。在绿色经济时代下，绿色智力资本同样是企业核心竞争力的重要来源，能够帮助企业创造价值。因此，了解绿色智力资本与企业内部有形资产之间的互动关系，以及绿色智力资本的衡量与管理方式，可以帮助企业管理者明确企业价值创造的过程，最大限度地发挥绿色智力资本的价值创造作用，从而有效地提高企业绩效。

绿色智力资本对企业绩效的影响属于动态性复杂问题。美国麻省理工学院（MIT）斯隆管理学院资深教授彼得·圣吉在其所著的《第五项修炼》一书中提出，如果相同的行为在短期内和长期内会出现不同的结果，这必然是由于动态性复杂原因所造成的（彼得·圣吉，2009）。在当今绿色经济时代下，企业管理的重点在于如何培养绿色人才、如何研发绿色产品、如何建立绿色品质和声誉等，而解决这些问题的过程正是企业内部各要素不断相互作用的过程，其动态复杂性可见一斑。此外，企业如何善用绿色智力资本来改善管理品质、降低成本费用、增加顾客满意度，以获得持久性的竞争优势，更是一个动态问题。

综上所述，绿色智力资本对企业绩效的影响，是以社会责任为导向的。21世纪不仅是知识经济的时代，更是绿色经济的时代，企业在追求经济价值的同时，应该更多地考虑如何在"知识"和"绿色"的双重时代背景下提升企业绩效。在知识经济和绿色经济的双重时代背景下，由绿色人力资本、绿色结构资本、绿色关系资本和绿色创新资本所构成的绿色智力资本是企业最重要的知识资源与核心竞争力，也无疑会成为推动企业可持续发展的新动力来源。企业通过绿色人力资本的培育、绿色结构资本的强化、绿色关系资本的维持和绿色创新资本的提升，不仅能够创造价值和财富，而且也是在实践社会责任。此外，企业在绿化过程中，若能善用绿色智力资本，便能在这场绿色竞赛中占得先机，获得独特且持久性的竞争优势，进而促进经济绩效、环境绩效与社会绩效的全面发展。因此，无论从企业绩效的角度，还是从环境保护、社会进步的角度来考虑，"基于社会责任的绿色智力资本对企业绩效的影响"都是值得我国学者长期深入研究的课题。

1.2　研究目的与意义

1.2.1　研究目的

"知识"与"绿色"相结合已成为当今全球经济发展的一个新方向，企业能否抓住绿色智力资本这一维持和提升企业竞争力的关键因素，关乎企业的兴衰成败。企业要转型为绿色企业，就必须将绿色理念融入企业未来的发展战略，通过绿色人力资本的培育、绿色结构资本的强化、绿色关系资本的维持和绿色创新资本的提升，来帮助企业顺利完成转型。根据 Davis（1991）、Gallarotti（1995）、Porter 和 Linde（1995）、Shrivastava（1996）、Klassen 和 McLaughlin（1996）、Lau 和 Ragothaman（1997）的观点，有关企业可持续发展、社会责任、绿色知识、绿色管理等课题早在 20 世纪 90 年代就已受到学术界的广泛关注，很多学者也提出绿色管理策略是企业可持续发展的必然选择。然而，在过去的研究中，关于企业如何依靠绿色智力资本来实现"绿化"与改善经营绩效的探讨却并不多见。鉴于此，本书的研究目的如下。

第一，通过回顾智力资本、企业社会责任等理论和研究文献，界定"绿色智力资本"的概念、维度、功能等，构建基于社会责任的绿色智力资本理论分析框架。

第二，从绿色智力资本的"四要素"，即绿色人力资本、绿色结构资本、绿色关系资本、绿色创新资本，以及它们之间的协同化作用来解释基于社会责任的绿色智力资本价值创造机理。

第三，探讨社会责任、绿色企业、绿色智力资本、企业绩效之间的相互关系，分析基于社会责任的绿色智力资本对企业绩效的影响。

第四，比较不同绿色智力资本投资策略对企业绩效的影响差异，从企业绩效的角度，归纳较为优化的绿色智力资本投资策略。

1.2.2 研究意义

1. 研究的理论意义

第一，在回顾前人关于智力资本相关研究的基础上，以企业社会责任为导向，将环境保护、社会关怀的理念融入智力资本领域，形成绿色智力资本的研究思路，为国内学者开展智力资本的研究提供一个新的方向。

第二，在融合人力资本理论、知识基础理论、知识管理理论、竞争优势理论、循环经济理论和企业社会责任理论的基础上，界定绿色智力资本的概念、维度等，构建绿色智力资本理论分析框架，以弥补绿色智力资本缺乏理论依据的缺陷。

第三，探讨基于社会责任的绿色智力资本价值创造机理，分析绿色人力资本、绿色结构资本、绿色关系资本和绿色创新资本在企业价值创造过程中各自扮演的关键角色，以及彼此之间的互动关系，为绿色智力资本的实证研究提供理论支撑。

第四，分析不同绿色智力资本投资策略下，企业绩效的表现，寻找较为优化的投资策略，这不仅能够为企业有效地进行智力资源的配置提供参考，同时也能够拓宽绿色智力资本的研究领域，丰富绿色智力资本的研究内容，具有较强的理论意义。

2. 研究的实践意义

第一，本书从当前"知识"和"绿色"的双重时代背景出发，将企业社会责任与智力资本相结合，形成绿色智力资本。强调企业要实现可持续发展，不能只追求经济绩效，更要重视减少对环境的污染和增加对社会的贡献，通过提升社会责任意识、积累绿色智力资本，来使企业获得持久性的竞争优势，促进企业、环境与社会的平衡发展。

第二，本书通过实证研究，验证基于社会责任的绿色智力资本对企业绩效的影响，强调随着知识经济和绿色经济的不断交互发展，绿色智力资本的价值创造能力将继续增强，对企业绩效的贡献度也将更大，这将引起企业管理者对绿色智力资本的高度重视，通过加强对绿色智力资本的开发、投资和管理，来实现在"知识"和"绿色"的双重时代背景下提升企业绩效的目的。

第三，目前关于智力资本投入与产出的有效衡量，无论在学术界还是在企业界都是一个难点，本书应用系统动力学方法来分析绿色智力资本投资对企业绩效的影响，模拟不同投资策略所产生的不同结果。这不仅能够丰富绿色智力资本的研究方法，而且还有助于企业根据具体的情况，合理制定绿色智力资本投资策略。

1.3　研究内容

本书共分为九章，各章的具体研究内容如下。

第 1 章：绪论。首先，从当前"知识经济"和"绿色经济"的双重时代背景出发，引出本书的研究主题——基于社会责任的绿色智力资本对企业绩效的影响；其次，提出本书的研究目的，以及理论意义与现实意义；再次，简单介绍本书的研究内容，以及相关的研究方法、技术路线；最后，概括本书的主要创新点。

第2章：文献综述。第一，回顾企业社会责任相关研究，包括企业社会责任的定义、范畴和功能；第二，回顾智力资本相关研究，包括智力资本的概念、构成和衡量；第三，回顾基于社会责任的绿色智力资本相关研究，包括智力资本与企业社会责任的关系，以及绿色智力资本的起源与内涵；第四，回顾绿色智力资本对企业绩效影响的相关研究，包括绿色人力资本、绿色结构资本和绿色关系资本对企业绩效的影响；第五，对文献进行评述，指出目前国内外现有研究存在的问题与不足，并提出本书的研究方向。

第3章：基于社会责任的绿色智力资本理论分析框架。首先，介绍绿色智力资本的相关理论，包括人力资本理论、知识基础理论、知识管理理论、竞争优势理论、循环经济理论和企业社会责任理论；其次，界定绿色智力资本的概念与维度；再次，阐述绿色智力资本的三大功能，即价值创造、环境保护和社会关怀；最后，构建基于社会责任的绿色智力资本理论分析框架。

第4章：基于社会责任的绿色智力资本价值创造机理。首先，探讨组织价值创造的基本内容，包括基于知识管理的组织价值创造、顾客关系管理与知识管理的关系、组织价值创造的驱动因素、社会责任与企业绩效的关系；其次，从平衡计分卡的视角分析绿色智力资本的内涵，并绘制组织创造价值的绿色智力资本战略地图；最后，分别从绿色人力资本、绿色结构资本、绿色关系资本、绿色创新资本以及绿色智力资本各要素的协同化作用等方面，系统地解释基于社会责任的绿色智力资本价值创造机理。

第5章：基于社会责任的绿色智力资本对企业绩效影响的概念模型。首先，对社会责任、绿色企业、绿色智力资本和企业绩效相关概念进行分析；其次，提出基于社会责任的绿色智力资本对企业绩效影响的研究假设和概念模型；再次，确定相关的研究方法、研究变量、测量指标等，以形成最终的调查问卷；最后，设计实证研究的过程。

第6章：基于社会责任的绿色智力资本对企业绩效影响的实证分析。首先，对调研数据进行处理分析，包括叙述性统计分析、信度与效度分析、潜变量相关性分析；其次，对研究假设进行结构方程模型检验，包括模型拟合度分析与路径分析，并根据检验结果来修正初始模型；最后，对实证分析的结果进行讨论，并提出相关的研究启示。

第 7 章：基于社会责任的绿色智力资本投资对企业绩效影响的模拟分析。首先，介绍系统动力学的相关概念、建模程序等知识；其次，描述绿色智力资本投资系统中的相关问题，分析系统中存在的因果关系；再次，从财务层面、客户层面、学习与成长层面、内部业务流程层面构建基于社会责任的绿色智力资本投资系统，分析初始模型的模拟结果，并对初始模型的有效性进行检验；最后，从投资量、投资成本、投资时间、互补资源四个方面来考虑不同绿色智力资本投资策略对企业绩效的影响，分别对四种单一投资策略和三种组合投资策略进行仿真分析，并根据仿真结果，归纳较为优化的绿色智力资本投资策略。

第 8 章：绿色智力资本视角下企业管理者核心能力分析。首先，分析绿色智力资本与管理者核心能力之间的关系；其次，以商业银行为例，采用半结构式访谈法，分别从绿色智力资本的视角，即绿色人力资本、绿色结构资本和绿色创新资本、绿色关系资本多个层面，来解释商业银行管理人员的核心能力；最后，构建绿色智力资本视角下企业管理人员核心能力指标体系。

第 9 章：总结与展望。一方面，总结本书的研究成果；另一方面，指出本书存在的局限与不足，并展望未来的研究方向。

1.4 研究方法与技术路线

1.4.1 研究方法

1. 文献分析法

本书首先对企业社会责任的定义、范畴和功能等相关文献进行整理和分析；其次，对智力资本的概念、构成和测量等相关文献进行综述；再次，阐述企业社会责任与智力资本的关系，由此引出绿色智力资本的起源与内涵；然后，从绿色人力资本、绿色结构资本和绿色关系资本等方面来分析绿色智力资本对企业绩效的影响；最后，对现有文献进行总结与评述，提出前人研究存在的不足，指明本书的研究领域与主题，为本书的理论研究和实证研究提供重要参考和借鉴。

2. 理论研究法

本书借鉴目前关于社会责任、智力资本、绩效管理等相关理论，以企业社会责任为基础，重新界定绿色智力资本的概念与维度，整合人力资本理论、知识基础理论、知识管理理论、竞争优势理论、循环经济理论和企业社会责任理论等，构建绿色智力资本理论分析框架，深入探析绿色智力资本创造企业绩效和价值的内在机理，通过理论创新来丰富智力资本的研究领域。

3. 问卷调查法

问卷调查法是定量研究中使用最为广泛的一种方法，通过收集数据资料来测量个人的行为与态度。首先要根据调查目的和要求进行问卷设计，问卷设计的步骤依次为：确定所需的数据资料、设计问题项（测量指标）、拟定初始问卷、对初始问卷进行探讨和修改、形成最终问卷。此外，问卷设计还要掌握一些原则，主要包括：问题不能超出受访者的知识和能力范围；问题要确实符合研究假设的需要；问题不能含糊不清或存有歧义，使受访者产生误解；问题不能涉及社会禁忌、偏好、政治等敏感话题；问题不能具有暗示性作用。本书使用问卷调查法来获取大量的一手数据，为数据的统计分析、研究假设的检验，进而分析基于社会责任的绿色智力资本对企业绩效的影响等工作奠定基础。

4. 统计分析法

本书在对回收的有效调查问卷的数据资料进行归纳、整理的基础上，使用SPSS、LISREL 等软件对数据资料进行统计分析，包括叙述性统计分析、信度与效度分析、潜变量相关性分析、结构方程模型分析等，以检验理论模型中社会责任、绿色企业、绿色智力资本与企业绩效之间的假设关系成立与否。

5. 系统动力学方法

系统动力学方法起源于控制论，可以帮助研究者以系统化的思维来解决动态性和复杂性的问题。本书使用 STELLA 软件建立基于社会责任的绿色智力资本投资对企业绩效影响的系统动力模型，并进行仿真分析，根据系统中变量间互动的因果关系，找出系统结构中的关键因素，模拟在公司规模、拥有的资源、市场竞争力等条件上相当的两家企业，观察采用不同绿色智力资本投资策略下企业绩效的表现，按照仿真分析的结果，找出较为优化的绿色智力资本投资策略，为现实中的企业制定绿色智力资本投资策略提供依据。

6. 访谈法

本书使用访谈法来收集资料。访谈法的特点在于面对面的社会交往，访问者与被访问者之间的相互作用、相互影响会始终贯穿访谈过程，并对访谈结果产生影响。相比于其他研究方法，访谈法更加灵活、更具弹性，应用范围更为广泛，收集的资料也更为丰富，便于深入探析问题的本质。

1.4.2 技术路线

本书的技术路线如图 1.1 所示。

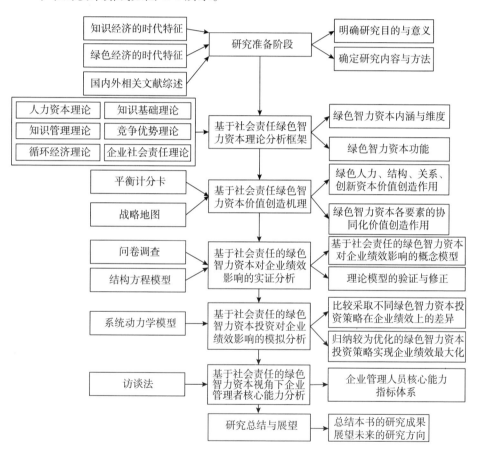

图 1.1 技术路线

1.5　主要创新点

本书以"基于社会责任的绿色智力资本对企业绩效的影响"为研究主题，探索在当前"知识经济"和"绿色经济"的双重时代背景下，现代企业如何依靠绿色智力资本提升企业绩效，如何顺利转型为"绿色知识型"企业，从而有助于经济、环境、社会的可持续发展，在理论上和方法上丰富绿色智力资本的研究领域。主要创新点如下。

第一，提出基于社会责任的绿色智力资本理论分析框架。本书在深入探析绿色智力资本相关理论以及这些理论对绿色智力资本指导意义的基础上，将社会责任理念融入智力资本的内涵，形成绿色智力资本，解释绿色智力资本的概念、维度、功能等，阐述绿色智力资本对于经济、环境、社会绩效的综合作用，从理论上构建绿色智力资本的研究框架。

第二，阐述基于社会责任的绿色智力资本价值创造机理。本书在深入探析组织价值创造过程的基础上，应用平衡计分卡、战略地图等技术，分析绿色智力资本在组织价值创造过程中所扮演的重要角色，从绿色智力资本各要素，以及各要素之间的协同化作用等方面解释绿色智力资本价值创造机理。

第三，建立并检验基于社会责任的绿色智力资本对企业绩效影响的概念模型。本书在深入探索社会责任、绿色企业、绿色智力资本和企业绩效这些概念的基础上，归纳这些概念之间的互动关系，建立相关的概念模型与研究假设，应用问卷调查、结构方程等方法对模型和假设进行检验，并对检验结果进行探讨。

第四，构建基于社会责任的绿色智力资本投资对企业绩效影响的系统动力学模型。本书在描述企业绿色智力资本投资系统中存在的相关问题和因果关系的基础上，从平衡计分卡的四个层面构建绿色智力资本投资对企业绩效影响的系统动力学模型，按照系统模拟分析的结果，归纳相对优化的绿色智力资本投资策略。

1.6　本章小结

本章首先从当前"知识经济"和"绿色经济"的双重时代背景出发，引出本书的研究主题——基于社会责任的绿色智力资本对企业绩效的影响；其次，明确本书的研究目的与研究意义；再次，介绍本书的研究内容、研究方法和技术路线等；最后，概括本书的主要创新点。

第 2 章　文献综述

2.1　企业社会责任相关研究

2.1.1　企业社会责任的定义

企业社会责任的概念主要形成于"二战"以后，各国致力于经济建设，工商业蓬勃发展，达到一定规模之后，各国政府、社会、企业，甚至普通民众开始反思经济发达背后，给环境、社会、人们的生活所带来的负面影响。1953年，被称为"企业社会责任之父"的 Bowen 在其所著的《企业家的社会责任》一书中将企业社会责任定义为企业的义务，即企业有义务追求一切符合社会价值观和满足社会需求的活动。随后陆续有学者在此概念的基础上，对企业社会责任展开研究。例如，Friedman（1970）指出，企业社会责任是追求股东财富最大化，并将履行纳税义务也归入社会责任。Bauer（1976）认为，企业应该认真思考如何将社会责任问题转化为经济利益问题、生产力问题、员工能力问题和社会财富问题。关于企业社会责任的探讨是在 20 世纪 80 年代末、90 年代初，才逐渐成为学术界的研究热点，当时随着经济全球化的推进，一些发达国家的大型跨国企业不断将其触角伸向了发展中国家，它们丝毫意识不到企业自身的责任，只是肆无忌惮地巧取豪夺，在这样一个背景下，环境问题、劳动保障问题、贫富分化问题日益严重，这些问题也逐渐成为社会大众关注的焦点。Carroll（1991）认为，企业社会责任是社会大众对企业的期望，这种期望由低到高依次为经济期望、法律期望、道德期望和慈善期望。进入 21 世纪以后，随着各国劳工自我保障意识的增强、人权的高涨、公众对企业期望的不断提高、政府陆续出台的环保法规，都促使企业对于社会责任的重视。2000 年，世界企业可持续发展协会（WBCSD）提出企业社会责任是企业在遵守法律、道德规范的前提下，为社会经济发展作出贡献，同时还应重视改善员工及其家庭、所在社区的生活品质。本书整理了自 20 世纪 50 年代以来国内外学者关于企业社会责任的定义，如表 2.1 所示。

表 2.1　企业社会责任的定义

学者	年代	企业社会责任的定义
Bowen	1953	企业有义务追求一切符合社会价值观和满足社会需求的活动
McGuire	1963	企业社会责任不仅限于经济和法律方面，还应承担更多的社会义务
Friedman	1970	企业社会责任是在遵守法律、道德规范的前提下，争取股东利益最大化
Johnson	1971	企业应努力实现利益多元化，除了股东利益外，还需兼顾员工、供应商、经销商、所在社区，乃至国家的利益
Sethi	1975	企业应按照社会的法律、道德规范，以及公众的期望约束自身的行为
Henry	1984	企业在追求经济利益的同时，应自觉地重视社会利益
Carroll	1991	企业社会责任是社会对组织的期望，包括经济、法律、道德和慈善期望
Wood	1991	企业与社会互动要遵循三原则：制度层次的合法性、组织层次的公共责任、个人层次的管理自主原则
Buchholz	1995	企业社会责任是企业应尽的义务，通过企业的政策、决策和行动来完成社会目标，发挥企业对社会的价值
Morf Schumacher 和 Vitell	1999	企业在追求利润最大化的过程中，要将对社会、环境的负面影响降到最低程度
Cowe	2000	企业的首要责任就是保障股东利益，在法律的约束下进行生产经营活动，从产品的原料采购，到生产加工，再到销售环节，都要尽量符合社会期望
McWilliams 和 Siegel	2001	企业应主动承担一些满足社会大众、惠及社区的活动，而这些活动不应以营利为目的
Lussier	2002	企业社会责任是企业应自觉地为其所有利益相关者创造双赢机会而努力
Hopkins	2003	企业最基本的社会责任是经济责任，即通过不断营利，维持企业运转，除此之外，企业还有更高的社会责任，就是服务社会，提高民众的生活水平
Van Marrewijk	2003	企业社会责任是一种自愿性的活动，包括与利益相关者的互动、社会公益活动、环境保护问题
Pendleton	2004	企业社会责任是企业以提升经营绩效为目的，并自愿地进行一些公益活动
何朝晖 和黄维民	2008	企业社会责任是企业在追求股东利益最大化的同时，有义务来维护社会公共利益，以及保护生态环境

学者	年代	企业社会责任的定义
何杰和曾朝夕	2010	企业社会责任是企业不仅要保障股东利益，也要重视员工、债权人、供应商、顾客等利害关系人的利益，努力维持各方利益的平衡
徐泓和朱秀霞	2012	企业社会责任是企业在追求利润的过程中，对股东、员工、顾客、社会、环境应担负的责任总和
张兆国等	2012	企业社会责任不仅包括对股东的经济责任，还包括对政府、供应商、员工、顾客等利益相关者的法律和道德责任，以及对社会大众的自发性责任
晁罡等	2012	企业社会责任是对利益相关者应承担的责任总称，包括向消费者提供安全的产品或服务，保障员工的合法权益，保护生态环境，以及参与社会公益事业等
戴艳军和李伟侠	2014	基于实用主义道德哲学的观点，企业社会责任是企业与利益相关者共同进行的价值决策过程
彭雪蓉和刘洋	2015	从狭义上来说，企业社会责任包含道德责任与自发性责任；从广义上来说，企业社会责任还包含私有责任
李歌等	2016	企业社会责任是企业在自愿的前提下，对其所拥有的资源进行重新合理配置，进而达成改善社会福利的目的

由表 2.1 可以看出，半个多世纪以来，众多学者对于企业社会责任的定义虽然不尽相同，但有一种理念却贯穿始终，那就是"取之于社会，用之于社会"。企业和社会是密不可分的，社会是企业利益的来源，是企业生存的载体，企业必须按照社会的期望而改变自身；同时，企业是社会的公民，应为社会的进步作出重要的贡献。企业只有意识到自身的利益来源于社会，才能饮水思源、回馈社会，企业的行为要符合社会的伦理道德，通过满足社会需求、履行社会责任，来求得自身的生存和发展。因此，本书认为，企业的社会责任在经济上要为股东或投资者创造利润，在法律上要遵纪守法、诚信经营，在社会上要重视公众的期望、回馈社区、保护自然环境，此外还应有更高层次的社会责任，例如主动关怀社会弱势群体，积极参与公益、慈善事业，做社会的"好公民"。

2.1.2 企业社会责任的范畴

同企业社会责任的定义一样，企业社会责任的范畴也相当广泛。然而，无论是企业界，还是学术界，众多企业家和学者对于企业社会责任范畴的认知都有所不同。1971 年，美国经济发展委员会（Committee for Economic Development，CED）在《工商企业的社会责任报告书》中用内、中、外三个同心圆来表示企业社会责任，如图 2.1 所示。内圈责任是最基本的责任，即履行企业的经济职能，包括生产产品或服务、提供就业机会、推动社会经济发展。中圈责任是在保障内圈基本经济职能的前提下，关注影响社会价值变化的因素，处理好企业营利和社会价值的关系，例如员工权益问题、环境保护问题、消费者安全问题等。外圈责任是企业为了营造适合自身生存和发展的外部环境，积极主动地回馈社区，改善社会环境。

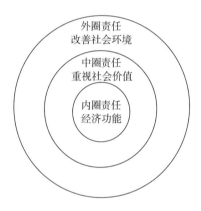

图 2.1 美国经济发展委员会（1971）企业社会责任同心圆模型

1987 年，"绿色消费风潮"的领导者之一的英国著名学者约翰·艾金顿提出了由三重底线构成的企业社会责任体系。该体系强调企业的经营管理活动必须兼顾经济、环境、社会三方面的绩效，促进三者均衡发展，同时还应重视三方的协调作用，可以对三方进行策略性整合，实现三方的综合绩效最大化。换句话说，企业不仅要关注财务绩效，而且要关注环境、社会等非财务绩效。因为这些非财务绩效对于企业的声誉、竞争力、营利能力和可持续发展能力等的影响作用超过了财务绩效。如图 2.2 所示，所谓的三重底线是指经济责任、环境责任和社会责任，企业要获得长期稳定的经营绩效，就必须避免资源浪费、环境污染、欺诈消费者等损害社会、环境的行为。

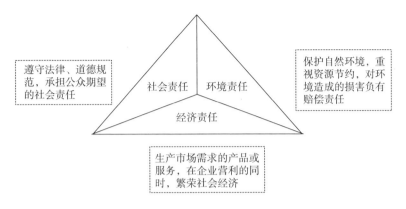

图 2.2　约翰·艾金顿（1987）由三重底线构成的企业社会责任体系

Carroll（1991）提出了企业社会责任的金字塔模型，企业社会责任由低到高依次为经济责任、法律责任、道德责任和慈善责任，如图 2.3 所示。经济责任是最基本的责任，企业属于生产、服务型组织，是社会最基本的经济单位，提供社会所需的产品或服务，以公平合理的价格出售并获得盈利，是保障股东权益，维持员工生计，以及求得企业生存和发展的途径。法律责任是企业在生产经营过程中，要遵纪守法，即在法律规定的范围内追求利润，进行合法的商业活动，不得损害员工、消费者、社会大众、社会环境的利益。道德责任是企业的生产经营活动要诚实可靠、童叟无欺，在非法律规定的条件下，企业也应按照伦理道德和社会公众的期望来约束自身的行为。慈善责任是企业自发、自愿承担的责任，是超越经济、法律、道德的最高层次的社会责任，企业自愿贡献、回馈社会，参与公益事业和慈善活动，企业通过利用自身的资源、能力创造美好的社会环境，不仅能够显示企业本身的价值，而且还能使企业成为社会期盼的"好公民"。

图 2.3　Carroll（1991）企业社会责任金字塔模型

2001 年，世界企业可持续发展协会指出，企业社会责任是企业核心价值的具体化，包括人权、员工权益、环境保护、社区参与、供应商关系、监督、利害关系人的权利七大主题。

（1）人权：公民享有受保障的权利，例如，政治权利、社交权利、文化权利等。

（2）员工权益：国际劳工组织规定劳资双方享有平等的谈判权，要消除任何形式的强迫劳动，消除对员工的年龄、性别等其他形式的职业歧视，以及废除童工。

（3）环境保护：企业应尽量减少或者避免生产经营过程中对自然环境的污染，对环境的损害要予以补偿。

（4）社区参与：企业应主动地回馈社区、服务社区、援助社区，这也为自身的生存与发展创造了良好的社区环境。

（5）供应商关系：企业应对供应商定期做评价，审核供应商的质量系统的完整性与落实度是否达到企业的标准，对于表现良好的供应商，可成为企业长期合作的伙伴，而对表现较差的供应商应终止与其合作。

（6）监督：企业应自觉接受社会公众的监督，包括法律与非法律的约束。

（7）利害关系人的权利：企业不仅要满足股东的利益，而且还要维护各利害关系人的权益，努力实现各方利益的平衡。

2004 年，日本学者冈本享二在其所著的《企业社会责任（CSR）入门》一书中指出，人们对于企业社会责任的认知，随着时代的变迁，正在逐渐地改变。过去企业往往仅重视"经济层面"的利益，很多企业家都认为企业唯一的社会责任就是营利，实现股东利益最大化。后来，随着公众对企业期望的不断提高，以及社会环保意识的增强，迫于外界的舆论压力，企业将"环境层面"与"社会层面"也纳入了社会责任的考量，包括建立环境保护的相关措施、贡献社会、满足公众的要求等。自 20 世纪八九十年代以来，企业员工的自我保障意识空前高涨，包括员工的福利、员工的权益，都日益受到社会的广泛关注，于是企业社会责任又扩展到了"人类层面"。进入 21 世纪以后，越来越多的社会公益事业、慈善事业都得到了企业的赞助，或完全由企业承担，对于大多数企业而言，慈善责任是最高层次的社会责任，随着企业在积极回馈社会、提高人民生活品质、关怀社会弱势群体等方面的不断有所作为，"生态层面"也归入了企业社会责任的范畴，企业通过关怀大地万物，促进生态保持平衡，才能使企业和社会实现可持续发展。如图 2.4 所示，企业社会责任的范畴由单一的经济层面逐渐演化为经济、环境、社会、人类、生态五个层面保持平衡的社会责任。

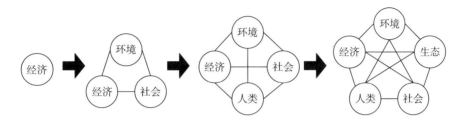

图 2.4　冈本享二（2004）企业社会责任范畴的演进

Kim 和 Nofsinher（2006）指出，企业的社会责任由内部责任体系和外部责任体系构成，如图 2.5 所示，内部责任体系主要涉及股东、员工、顾客、供应商，这些都是企业的直接利益相关者，内部社会责任是企业的首要责任，外部责任体系主要涉及环境、社区、政府、竞争对手，这些都是企业的间接利益相关者，因此外部社会责任是企业的次要责任。

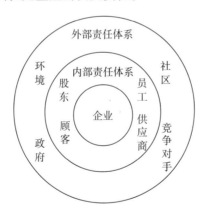

图 2.5　Kim 和 Nofsinher（2006）企业社会责任体系

回顾上述学者关于企业社会责任范畴的观点，不难发现大多数学者皆认为虽然企业追求商业利润是无可厚非的事情，但是也必须努力降低商业活动对社会、环境造成的负面影响，企业除了经济责任外，在保障员工权益、环境保护、社会关怀等诸多领域同样负有责任，企业应兼顾所有利益相关者的权益，为其创造共享价值。本书认为，Carroll（1991）提出的企业社会责任的金字塔模型相比于其他学者的观点最为完整、更具影响力，后续学者研究企业社会责任范畴时，也多为参考、引用、延伸 Carroll 的观点。

2.1.3 企业社会责任的功能

企业是营利性组织，也是社会的公民，自然具有经济性功能和社会性功能，企业社会责任的功能不仅体现在社会环境方面，而且还体现在企业本身方面，这些功能具体表现为促进社会发展和提升企业竞争力。

首先，企业社会责任对社会发展具有促进作用。"企业社会责任"的诞生，促使企业目标被重新定义，营利不再是企业的唯一目标，越来越多的企业开始奉行"取之于社会，用之于社会"的经营理念。热心推动社会责任的企业家被称为"社会企业家"，他们向社会捐献财富，积极参与社会公益活动，旨在改善人民生活水平，他们尤其重视对社会弱势群体和贫困人民的关怀。社会是企业利润的来源，因此，回馈社会是企业应尽的义务和责任。企业通过成立慈善基金会、参与公益活动、捐助教育事业，能够提升社会文明程度，推动社会进步，通过改善生产方式和管理方式，来降低对自然环境的负面影响，促进生态平衡，实践社会责任。企业只有兼顾经济、环境、社会的综合绩效，企业利润和社会责任并重，才能实现企业和社会的双赢。

其次，企业社会责任对企业竞争力具有促进作用。过去，许多企业管理者认为，社会责任是企业的负担，承担过多的社会责任会增加企业的成本费用，从而限制了企业的营利能力。然而，随着社会经济的快速发展，越来越多的企业界和学术界的研究者发现，企业承担社会责任虽然会在短期内暂时增加成本支出，但是从长远的视角来看，企业绩效却不降反增。2002 年，管理学大师麦可·波特在《哈佛商业评论》中指出，企业参与社会慈善活动、公益活动，能够有效地提升其竞争力。企业实践社会责任所产生的正面影响，主要体现在四个方面：第一，能够增强股东或投资人对企业的信任；第二，能够吸引更多的潜在投资者，拓展企业资金的来源渠道；第三，能够提升企业信誉，创建良好的企业形象；第四，能够增强组织内部的凝聚力，提高组织成员的向心力。

进入 21 世纪以来，学术界关于企业社会责任功能的探讨变得更加多样化，研究重心也由过去的财务绩效逐渐向环境绩效、社会绩效，以及利益相关者的视角转移，社会责任与企业可持续发展之间的关系也更加密切。本书整理了近年来国内外学者关于企业社会责任功能性探讨的相关文献，如表 2.2 所示。

表 2.2　企业社会责任的功能性研究

学者	年代	研究内容
金乐琴	2004	社会责任是企业可持续发展的重要推动力，对于企业来说，具有自律功能、广泛渗透功能和持久激励功能，能够弥补政府干预和市场调节的缺点
Reinhand	2006	21 世纪企业社会责任的研究方向是经济的可持续发展、环境保护和社会关怀，强调保障员工权益和环境保护是企业的基本义务
Porter 和 Kramer	2006	企业实践社会责任是获得持久性竞争优势的重要途径，要实现长期稳定发展，企业就必须重视利害关系人的利益
Jones 和 Haigh	2007	企业社会责任的影响领域涉及公司治理、企业文化、经营管理方式和组织结构
Mohan	2008	企业社会责任的重点在于环境保护、社区福利、公益与慈善事业，以及社会可持续发展
许正良和刘娜	2008	企业社会责任是一种特殊的投资工具，具有收益调节性、风险调节性和参与强制性三项基本功能
王文和张文隆	2009	企业实践社会责任，能够使企业与政府、社区之间形成良好的互动关系，营造和谐的外部环境，还能增强企业突破贸易和市场壁垒的能力
王晓巍和陈慧	2011	企业社会责任的重要功能在于它的价值创造能力，通过实证研究发现，企业承担不同利益相关者的社会责任与企业价值呈正相关
张戈	2015	企业社会责任在促进改革发展、经济增长和维护社会稳定方面都发挥着重要的作用

由表 2.2 不难看出，近年来，学术界更加关注企业社会责任的社会性功能，而不是经济性功能。这是因为随着时代的进步和经济的发展，以及人民生活水平的提高，公众对于企业的期望也不断提高，社会问题成为公众关注的焦点。

2.2　智力资本相关研究

2.2.1　智力资本的概念

智力资本（Intellectual Capitcal）一词，最早出现在 1969 年美国著名经济学家 John Kenneth Galbraith 写给《经济学人》（《Economist》）杂志主编 Michael Kaleeki 的信件中，它可以用来解释企业市场价值和账面价值之间的差异。Galbraith 指出，所谓智力资本是员工所具有的能够为企业带来竞争优势的知识与能力的总和。为了让智力资本在组织中流动，组织必须建立有效的网络系统，以整合组织内部的工作团队，联结外部的供应商、顾客，利用智力资本将知识、经验、组织结构、顾客关系及专业技术等关联起来。简单来说，智力资本不是单纯的知识和智力本身，而是运用智力的一种行为过程，这表示智力资本具有价值创造能力。在随后的数十年中，陆续有学者针对智力资本展开研究，大多数研究者都认为，智力资本是企业进行价值创造和获取竞争优势的主要动力，然而智力资本演进至今却没有得到统一的定义，很多学者从不同的学术领域、不同的研究方向、不同的行业背景对智力资本进行定义。本书将国内外众多学者对智力资本的定义详细整理后，按照时间先后顺序呈现如表 2.3 所示。

表 2.3　智力资本的定义

学者	年代	智力资本的定义
Galbraith	1969	智力资本是运用脑力的行为过程，是价值创造的动力，能够用来解释企业市场价值与账面价值的差异
Stewart	1991	智力资本是能够用来创造企业财富的知识、经验、信息、技术、组织学习能力、团队沟通能力、客户关系、品牌地位等脑力和能力的总和
Hudson	1993	智力资本是由员工的遗传基因、教育背景、经验，以及对工作、生活的态度这四项无形资产组合而成的，同时在组织文化、组织制度的配合下，能够为企业带来持久性的竞争优势
Kaplan 和 Norton	1996	智力资本是企业通过投资于科技、创新、员工、顾客、供应商等方面而产生的未来价值的积累

续表

学者	年代	智力资本的定义
Brooking	1996	智力资本就是商誉，是企业"无形资产"的函数，主要由市场资产、人力中心资产、智力资产及基础设施资产组成
Edvinsson 和 Sullivon	1996	智力资本是一切可以转化为企业价值的知识
Petrash	1996	智力资本是人力资本、组织资本和顾客资本的总和
Edvinsson 和 Malone	1997	智力资本是组织对知识、经验、专业技能和客户关系的掌握能力，智力资本是没有实物形态，具有隐藏价值的资产，并且在市场上具有竞争优势
Petrash 和 Bukowitz	1997	智力资本是具有价值性的无形资产，它主要由系统、流程和组织文化衍生而成，包括品牌、智力财产、个人知识和组织知识等
Ross 等	1997	智力资本是无法显示在资产负债表上的，且符合会计准则的各项无形资产，涵盖了组织成员的知识及知识转化后的实体形式
Bontis	1998	智力资本是通过知识的有效利用而产出的产成品，而不是产品的原材料，包括人力资本（员工的隐性知识）、结构资本（组织的运作流程）和关系资本（与外部环境的关系）
Ulrich	1998	智力资本是员工能力与组织承诺的乘积，它由员工的工作态度、工作习惯，以及组织的政策和运作流程决定
Nahapiet 和 Ghoshal	1998	智力资本是社会群体的知识与理解力，以及各种技术与专业能力
Lynn	1999	智力资本是组织内部化的知识经过系统化的处理后，转化为具有价值创造作用的知识
Sullivan	2000	智力资本是员工的思想、技术和创新能力的总和，具有隐藏的价值
Mcelroy	2002	智力资本是一种社会创新资本，具有互信性、互惠性、网络性、规范性及共享性，能够提升企业的内部价值
Al-Ali	2003	智力资本不仅包括员工的知识和经验，还包括组织的资料库、系统、流程、文化与经营哲学等知识资源
Zhou 和 Fink	2003	智力资本的范畴由品牌、商标、商誉这些传统意义上的无形资产，逐渐延伸至知识、技术、顾客关系等新兴的无形资产，其价值创造能力比以往有所增强

学者	年代	智力资本的定义
Mouritsen	2004	智力资本不能独立存在，它必须依存于信息技术、管理工作、组织流程、员工、顾客、环境等企业内外部事物，它通过整合各项资产来保障企业的生产流程
闫化海、徐寅峰和刘德海	2004	智力资本是一切能够提升企业价值，形成企业竞争优势，但却不反映在企业资账面中的无形资产
Tseng 和 Goo	2005	智力资本是广义的无形资产，它可以获取、可以转化、可以杠杆运用，是形成企业高价值资产的原材料
洪茹燕和吴晓波	2006	智力资本是能够进行价值创造，并能为企业带来竞争优势的特殊知识，拥有价值性、积累性、增值性和难模仿性等特征
Huang 和 Hsueh	2007	智力资本是能够提升企业绩效，并创造资源的员工和组织的全部知识、能力的总和
朱瑜、王雁飞和蓝海林	2007	智力资本是企业所拥有的可以带来持久性竞争优势的、创造企业财富的动态性知识
李平	2007	智力资本是企业所拥有的、具有价值创造作用的、能够为企业带来竞争优势的、符合战略发展需要的无形资产，智力资本的实质是企业将资源转化为价值的能力
赵振宽	2009	智力资本是以企业愿景、使命和战略为导向，进而形成的能够创造价值的无形资产
杨林平和许健	2014	智力资本是企业的核心竞争力，简单来说，是企业的智慧与知识，以及载荷它们的主观能动的杰出人才
蔡莉和梅强	2015	智力资本可以解释为一种创新力，也就是能够为企业提升价值，增强竞争力的动态性知识资产
吴晓云和代海岩	2016	智力资本是一个多元化的理念，可以理解为员工的能力与忠诚、组织的内部文化、外部关系，以及社会大众对组织的信任等

通过上述众多学者对智力资本概念的阐述，可以归纳出智力资本的三个特征：首先，智力资本通常不会显示在企业的账面上，但是智力资本又是确实存在的，属于无形资产；其次，智力资本具有创造价值的特性，能够为企业带来持久性的竞争优势；最后，智力资本要注重同企业的其他资源配合运作，发挥协同作用，才能实现其价值最大化。随着知识经济时代的到来，作为新兴无形

资产的智力资本，其价值迅速提升，已经远远超越了厂房、土地、机器等有形资产。智力资本已成为当今企业价值创造的重要推动力，企业若能善加利用，必能获取并维持其核心竞争力。本书归纳的智力资本概念，如图 2.6 所示。

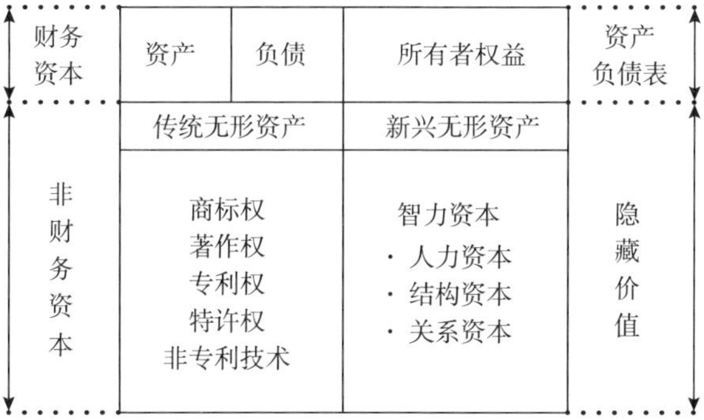
财务资本
资产
负债
所有者权益
资产负债表
传统无形资产
新兴无形资产
非财务资本
商标权
著作权
专利权
特许权
非专利技术
智力资本
· 人力资本
· 结构资本
· 关系资本
隐藏价值

图 2.6　智力资本概念图

2.2.2　智力资本的构成

因为智力资本的研究领域非常广泛，很难被完整、具体的描述，学术界对智力资本的定义没有达成共识，所以学者们对智力资本在构成上的见解也不尽相同。

Brooking（1996）将企业的智力资本分为市场资产、人力中心资产、智力财富资产和基础设施资产，其概念如图 2.7 所示。其中，市场资产包括品牌、客户、合同契约、营销网络等与市场相关的要素；人力中心资产包括企业成员的能力、经验、创新思维、领导方式、管理方式等“以人为本”的资产；智力财富资产包括商标权、著作权、专利权、非专利技术等会计学领域所涉及的无形资产；基础设施资产包括组织文化、运作方式、业务流程等维持组织运作的资产。

企业目标
智力资本
市场资产
人力中心资产
智力财富资产
基础设施资产

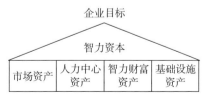

图 2.7　Brooking（1996）智力资本的构成要素

Petrash（1996）以价值为平台将智力资本分为人力资本、组织资本和顾客资本，并指出这三项资本交集区间越大，则企业价值也就越大，其概念如图2.8所示。

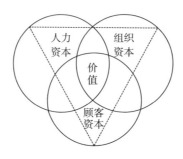

图2.8　Petrash（1996）智力资本的价值平台概念

Edvinsson 和 Malone（1997）以市场价值为框架将智力资本分为人力资本和结构资本，结构资本又分为顾客资本和组织资本，组织资本又分为创新资本和流程资本。他们认为智力资本是以人力资本和结构资本为支撑，具有动态价值，人力资本是员工的知识、经验、技巧、创新能力及未来获利能力之和，结构资本涵盖了企业的硬件、软件、资料库、品牌、结构体系等其他组织要素，如图2.9所示。此外，Edvinsson 和 Malone 又从过去、现在和未来的角度构建了智力资本领航者模式，该模式属于企业的规划模式，强调智力资本的动态和发展能力，区分企业财务与非财务的价值权重，为管理者提供策略指导。智力资本领航者模式涉及财务、人力、顾客、流程、创新与发展五个领域，如图2.10所示，其形状如同一栋房屋。

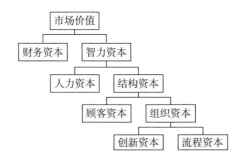

图2.9　Edvinsson 和 Malone（1997）市场价值结构

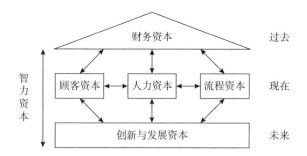

图 2.10　Edvinsson 和 Malone（1997）智力资本领航者模式

Ross 等人（1997）构建了智力资本框架图，提出企业价值由财务和智力资本组成，智力资本又包括人力资本和结构资本，如图 2.11 所示。

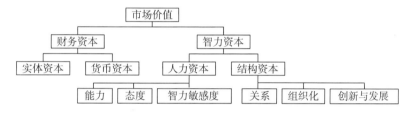

图 2.11　Ross 等人（1997）智力资本框架

Bontis（1998）创建了智力资本概念化模型，该模型将智力资本的构成要素划分为人力资本、结构资本和顾客资本，并详细诠释了这三大构成要素的本质、范围、评估参数和编码化难度，如图 2.12 所示。

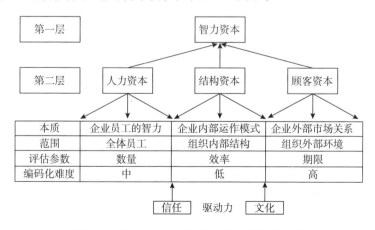

图 2.12　Bontis（1998）智力资本概念化模型

Lynn（1999）将智力资本分为人力资本、关系资本和组织资本，人力资本包括企业员工的知识、经验、技术和能力，关系资本是来自于企业外部的具有价值创造作用的无形资本，结构资本则是维持组织运作的流程资本。

Johnson（1999）继承了 Edvinsson 和 Malone 提出的以市场价值为基础的智力资本框架，指出在知识经济时代中，智力资本普遍大于财务资本，并进一步将智力资本分为人力资本、关系资本和结构资本，如图 2.13 所示。

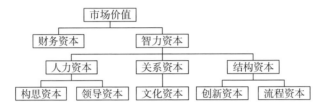

图 2.13　Johnson（1999）智力资本框架

Joia（2000）按照是否具有买卖性，把智力资本分为人力资本和结构资本，结构资本又包括流程资本、创新资本和关系资本。人力资本的所有权不归企业，因此不能买卖，流程资本是组织内部的运作流程，创新资本是组织文化的转化成果，关系资本是组织与利益相关者之间的互动情况。

Sullivan（2000）将智力资本分为人力资本、结构资本和顾客资本，并提出其影响因素多种多样，包括知识管理、创新与发展、人力资源、股东财富最大化、资本市场价值化、国家政策法规，如图 2.14 所示。

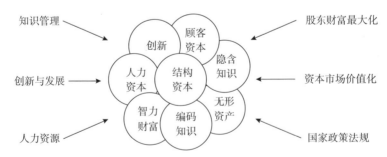

图 2.14　Sullivan（2000）智力资本的组成要素

Mcelroy（2002）继承并拓展了 Edvinsson 和 Malone（1997）以及 Johnson（1999）提出的以市场价值为基础的智力资本框架，同时认为社会资本非常重要，并将社会资本纳入智力资本的范畴，如图 2.15 所示，社会资本分为内部社会资本、相互社会资本、社会创新资本。

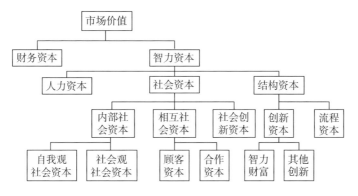

图 2.15　Mcelroy（2002）智力资本框架

Stiles 和 Kulvisaechana（2003）认为，智力资本是一个整体的概念，如图 2.16 所示，要充分发挥智力资本的效能。企业仅仅拥有能力突出的员工是不够的，还要有效地对其能力进行整合；也就是说，必须将人力资本、社会资本和组织资本结合起来，才能进行价值创造。

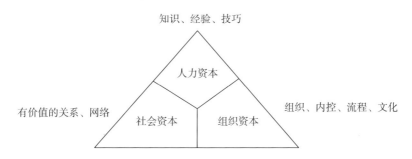

图 2.16　Stiles 和 Kulvisaechana（2003）智力资本组成概念

关于智力资本的构成，不同学者有不同的观点，对智力资本的分类也不同。回顾相关文献，智力资本的构成要素涵盖了人力资本、组织资本、结构资本、顾客资本、关系资本、流程资本、创新资本和其他资本（如社会资本、市场资本、网络资本、文化资本、智力财富资产和基础设施资产等）。本书将涉及智力资本分类的文献整理后，呈现如表 2.4 所示。

表 2.4 智力资本分类

学者（年代） \ 智力资本构成层面	人力资本	组织资本	结构资本	顾客资本	关系资本	流程资本	创新资本	其他资本
Brooking（1996）	√							√
Petrash（1996）	√	√		√				
Hubert（1996）	√		√	√				
Stewart（1997）	√		√	√				
Edvinsson 和 Malone（1997）	√	√	√	√			√	√
Ross 等（1997）	√	√	√		√			√
Sveiby（1997）	√		√	√				
Hope 和 Hope（1997）	√		√		√			
Bontis（1998）	√		√		√			
Lynn（1999）	√	√			√			
Bassi 和 Van Buren（1999）	√		√	√		√	√	
Johnson（1999）	√		√		√	√	√	
Dzinkowski（2000）	√	√	√	√	√			√
Brennan 和 Connell（2000）	√	√						
Sullivan（2000）	√		√	√				
Harrison 和 Sullivan（2000）	√							√
Petty 和 Guthrie（2000）	√		√		√	√	√	√
Wright，Dunford 和 Snell（2001）	√	√						√
Pablos（2003）	√		√		√			
Stiles 和 Kulvisaechana（2003）	√	√						√
郑美群和吴燕（2004）	√	√		·				√
Brown 等（2005）	√		√		√		√	
Tseng 和 Goo（2005）	√	√			√		√	
孔玉生等（2006）	√							
Rudez 和 Mihalic（2007）	√		√		√			
Huang 和 Hsueh（2007）	√		√		关系	√	√	
原毅军等（2007）	√		√		√			
Cheng 等（2008）	√			√		√	√	
Wang（2008）	√			√		√	√	

续表

学者（年代）＼智力资本构成层面	人力资本	组织资本	结构资本	顾客资本	关系资本	流程资本	创新资本	其他资本
Chiou 和 Hung（2008）	√			√		√	√	
刘超等（2008）	√			√	√	√	√	√
郝文杰和鞠晓峰（2008）	√			√		√	√	
谢晖和雷井生（2010）	√		√		√			
陆康等（2011）	√		√					√
林筠和陈虹（2011）	√	√						√
高丽等（2014）	√		√		√			
刘程军等（2015）	√		√		√		√	
傅传锐（2016）	√		√					

由表 2.4 可见，人力资本、结构资本、关系资本被大多数学者认为是智力资本的必要构成层面，其次是组织资本、顾客资本、流程资本和创新资本。通过整理智力资本的研究文献，不难发现，很多学者认为流程资本和创新资本是结构资本的细化，是从结构资本中分离出来的，而组织资本与结构资本的差别很小，很多学者也将二者等同视之，认为二者只是一个事物的不同称谓。此外，顾客资本也可以归入关系资本，并且顾客资本普遍被认为是关系资本中最为核心的部分。因此，本书将智力资本分为人力资本、结构资本和关系资本，以便我们能够更清楚地了解智力资本的价值创造作用。下面就智力资本的三个构成层面：人力资本、结构资本、关系资本的内涵进行详细阐述。

1. 人力资本的内涵

根据 Stewart（1997）、Edvinsson 和 Malone（1997）的观点，人力资本是智力资本的基础与核心，是智力资本发挥价值创造作用的主要驱动力，是企业所有成员的知识、经验、技术、能力的总和，同时 Chen 和 Lin（2004）也指出企业人力资本所创造的价值要远远高于土地、厂房、设备等有形资产所带来的价值。

Beverly（1992）指出，在现代企业中，人力资本的优劣将直接影响到资源配置的合理性、资源投入与产出的比例，人力资本在企业经营管理中所扮演的重要角色不亚于企业中任何一项无形和有形资产，由于人力资本具有较高的隐藏价值，若仍以传统的会计方法来评估其财务价值，显然是不合适的，而且很有可能会导致决策上的偏差。目前，人力资本成为企业中最重要的资产，这在学术界和企业界已达成了共识。然而，企业的管理者，尤其是高层管理者，如果不了解资源分配的原则，对人力资本也不进行训练和强化，企业就不能真正地拥有人力资本，更谈不上有效地利用人力资本。在知识经济时代，企业价值是通过员工的智力创造和积累所形成的，如何开发、利用、衡量员工的能力，直接关系到人力资本的价值创造。

人力资本对企业的生产经营、成长、创新皆有影响，不论是组织的知识管理、产品创新，还是营运流程管理皆与人力资本密切相关。人才是企业最重要的资产，企业成员所拥有的知识、创造力、技能和经验，都是人力资本的构成要素。在以往的研究中，有许多学者对人力资本的内涵有着较清楚的阐述，例如 Roos 和 Roos（1997）指出人力资本主要来源于专业能力、态度和智力敏捷度。

（1）专业能力：是人力资本中最难衡量的要素，它包括企业成员的知识、技能和秘诀。知识指技术或学术知识，它不是天生就有的，需要从教育中获得；技能是属于实践层面的，它与知识既有联系又有差别，例如，一个拥有高度知识的人，也有可能只具有很低的技能，也就无法将知识应用于实践中；秘诀是知识和经验在长期的磨合中形成的绝技，既来源于教育，又来源于实践。

（2）态度：它与企业成员的人格特征有关，组织也可以通过激励的方式来改善人员的态度，使其在工作中的行为产生更多价值，它包括动机、行为与品德。了解组织成员的动机，然后恰当地激励，就可以收到事半功倍的效果；创造一个互动的环境，可以提升企业成员在工作中的行为价值；品德的判断方式是社会伦理道德的观点，而与企业的成败无关。

（3）智力敏捷度：是将知识由一种形态转化为另一种形态的能力，包括创新、模仿、适应和整合四项。创新能力是在原有知识的基础上产生新知识的能力，这种全新的尝试是企业可持续发展的关键因素；模仿能力是指仿效四周环境，把其他产业、领域的先进理念、方法等应用于本企业的能力；适应能力是企业在激烈的竞争环境中，尝试将一套解决问题的方案应用于不同的环境中，能够适应环境变化的能力；整合能力是将一个概念或想法转化为产品或服务的能力，这种能力可以将人力资本与结构资本、财务资本相联结。

2. 结构资本的内涵

Edvinsson 和 Malone（1997）认为，结构资本是指员工在追求个人绩效或企业绩效时所依赖的机制或结构，它是人力资本的具体化。换句话说，一个能力较高的员工若处在组织制度或生产流程不健全的环境中，其价值创造作用也会大幅降低。结构资本代表着企业的组织化能力，是一个用来复制、传递、存储智力材料的有形系统。如果将物质资本和人力资本看成是企业的"硬件"，结构资本则是企业的"软件"，企业在经营管理过程中积累的结构资本越多，企业的营利能力也就越强。同时，企业结构资本的存量决定了其资源配置的能力，也是企业维持竞争优势的保障。

根据 Stewart（1999）、Zangoueinezhad 和 Moshabaki（2009）的观点，结构资本可以具体化为组织结构、操作流程、信息传递设施、资料库、组织策略、行政方案以及其他能够提升企业市场价值的资本总和。结构资本还代表着企业物质资本与人力资本的结合方式，为企业知识的创造、传递、使用提供便利条件，对企业价值的增值具有促进作用。此外，结构资本是与企业产品一同诞生的特殊资本，它是产品的附属品，而其本质则是知识的产物。同时结构资本还是一个充满弹性的信息基础设施，能够为企业成员的知识和信息的存储、复制及扩散提供帮助，通过知识转移，将员工的个人能力、技术转化为企业财富。

Edvinsson 和 Malone（1997）认为，结构资本犹如企业的基础设施一般，简单地说，就是员工下班后仍留在公司的，没有带回家的智力资产，其内涵包括信息技术系统的品质与范围、企业形象、专利资料库、组织化概念、商标、著作权等，还有一切能够将人力资本具体化的组织结构。因此，Bassi 和 Van Buren（1999）认为，结构资本能够使组织牢牢地掌握知识资产，通过结构资本的运用，可以维持和改善组织运作的效率。Roos 和 Roos（1997）认为，结构资本是能够为企业解决问题与创造价值的整体系统与流程，是能够将人力资本转化为结构性资产的知识与能力，并将结构资本分为外部关系、组织结构、创新与发展三个层面。

（1）外部关系：包括与顾客、供应商、股东、其他投资人，以及利益相关者的关系，其成功的关键在于长期的信息技术与商品的流量。衡量对外关系的指标有企业与外界的交易量、与外界维持良好关系的时间、合作伙伴的满意度、顾客的满意度等。

（2）组织结构：代表企业的市场价值，包括基础设施、生产程序、企业文化。基础设施是组织从结构配置，以及专利、商标、品牌等智慧财产中获得的价值，属于硬体形式；生产程序是协调整个组织，使其能够统一运作，有序进行生产经营活动；企业文化是企业整体形象的体现，它是组织内长期互动与演化的结果，是组织成员的行为依据。

（3）创新与发展：是未来经过智力资本改善后，能够产生价值的无形资产，即在未来能够创造价值，然而目前尚未产生价值的资产，如新产品的研发、生产流程改造、员工培训计划等。

3. 关系资本的内涵

关系资本早期是建立在人与人之间的相互信任、相互合作、友好、承诺基础上的一种关系资源，而企业的关系资本则是依赖外部关系的作用，来实现企业价值的提升。除了传统的顾客资本外，关系资本还包括供应商、合作伙伴等其他外部环境，企业与外部环境的互动关系，是企业营利的主要驱动力（Johnson，1999）。企业之所以能够利用关系资本创造价值，是因为良好的关系有利于资源交换，企业同客户、供应商、合作伙伴，甚至竞争者的互动，能够使企业获得在组织内部无法模仿或复制的竞争优势。例如，资源的共享、市场信息的交流，这些都有利于企业新产品的研发、生产流程的控制、产品的推广及营销，从而提升企业的整体实力。

关系资本是在利用人力资本和结构资本的基础上，对外向顾客、供应商及利害关系人所延伸的一种密切关系，加强彼此间的信任度，以促使单一的交易关系提升为合作伙伴关系。Edvinsson 和 Malone（1997）指出，关系资本具有丰富的内涵，不仅包括企业与市场、顾客、供应商的良好关系，而且还包括与社区、政府的互动，以及在整个产业中的地位。有不少学者的研究发现，在企业复杂的关系资本中顾客资本是企业能够获得竞争优势和持续经营的关键。

Stewart（1997）认为，若将顾客资本加以扩大就可以代表关系资本，企业与顾客来往间的关系，包含了深度（渗透力）、广度（涵盖面）及黏度（忠诚度），并将顾客资本分为顾客满意度、顾客参与度、与顾客一同创新的能力、提供客制化服务的能力，以及与顾客结盟的价值五部分。

（1）顾客满意度：只有建立在企业财务绩效提升的基础上它才有意义，满意度的衡量指标有业务增加量、顾客忠诚度（滞留率）及价格弹性等。

（2）顾客参与度：组织放权予与顾客，让顾客有参与感，除了与顾客更亲近外，彼此之间的信任感也会同时增加。此外，研发团队也可邀请不同的顾客参与，通过深刻了解顾客的需求，来开发出符合顾客需求的新产品。

（3）与顾客一同创新的能力：不论顾客是谁，都是企业获利的来源，而与顾客一同创新可以帮助企业与顾客达成各自的目标，实现双赢。

（4）提供客制化服务的能力：在市场趋势由大量生产和大量营销逐渐转变为以目标客户群为主的大背景下，企业的策略方向也由提升市场占有率转变为提升最有价值的客户关系。企业与客户建立良好的关系，提供更好的服务，开发出适合客户需要的产品或服务，就能提升客制化服务的能力。

（5）与顾客结盟的价值：要积累顾客资本，企业与顾客之间不能处于互相对抗，互相图利的地位，必须寻求双方利益的平衡点，若企业与顾客从单一的交易关系转化为长期的结盟关系，不论亏损还是获利，双方都会共同面对。

2.2.3　智力资本的衡量

关于智力资本的衡量，学术界主要从财务层面、管理层面和个别资本层面来探讨。财务层面是通过公式计算，以及历年产业资料的对比，来为测量企业提供智力资本的价值；管理层面则着重于提出智力资本实际应用的方法与框架；个别资本层面可以帮助企业了解不同资本间相互影响的情况，弄清智力资本存量与流量的状况。

1. 财务层面的衡量

（1）市场价值与账面价值的差额或市场价值与账面价值的比率。

1969 年，Galbraith 首次提出智力资本的概念时就用它来解释企业市场价值与账面价值的差额。Stewart（1997）指出，当企业的智力资本是以市场价值减去账面价值的差来衡量时，虽然在计算上非常容易，但仍然会受到市场瞬息万变和管理当局对账面价值操控的影响。总之，通过市场价值与账面价值的比率来衡量智力资本，可以排除利率高低和股市涨跌等外部因素的影响，更可在同行业中进行比较，以了解企业的实际情况。

（2） Tobin's Q 值。

Tobin's Q 值是由诺贝尔经济学奖得主 Tobin 于 1981 年提出的，表示资产的市场价值与其重置成本的比值，当 Tobin's Q 值越高时，代表企业拥有的智力资本越多。由于 Tobin's Q 值具有多种功用，Stewart 选用其来替代市场价值与账面价值比，这样可以避免资产折价过快的问题，将不同折旧策略的差异降低到最小，Tobin's Q 值在比较同一行业内的企业表现能力时效果明显，但却不适合跨行业间的比较。

（3） 无形资产定价法（CIV）。

CIV = （1 - 平均所得税率） × ［企业平均税前利润 - （同行业平均利润率 × 企业平均无形资产余额）］ ÷ 折现率。Stewart（1997）认为，一家企业的市场价值不仅应包括有形资产，而且还应包括无形资产，而无形资产价值的大小更能体现企业的能力。虽然无形资产定价法的计算过程比较繁琐，但结果较为精确，能明确显示出企业无形资产的实际价值，可以作为投资决策的依据。

2. 管理层面的衡量

平衡计分卡（Balanced Scorecard，BSC）是非常重要的企业衡量系统，可以从管理层面来有效地衡量智力资本。美国哈佛大学商学院教授罗柏·克普兰（Robert S. Kaplan）与再生全球策略集团（Renaissance Worldwide Strategy Group）创始人兼总裁戴维·诺顿（David P. Norton）于 1992 年，在总结绩效制度的发展趋势和绩效衡量方法的基础上提出了平衡计分卡的概念，共同开发了这个策略性绩效评估工具。克普兰和诺顿提出的平衡计分卡的最大特色在于颠覆了以往仅仅以单一的财务性指标作为绩效评估的工具。它主张除了财务性指标之外，还要将顾客满意度、内部业务流程、学习与成长等营运性指标作为绩效评估的标准，这些营运性指标可以很好地弥补财务性指标的不足，还有利于组织的高层管理者更为快速、全面地了解组织的现状。平衡计分卡包括三个核心的内涵：第一，平衡计分卡所衡量的重点在于组织预期的目标，即绩效衡量的内容、模式与组织目标、组织策略相结合，将组织的策略与目标纳入衡量模式当中；第二，打破传统的仅以财务指标衡量组织绩效的惯例，尝试以涵盖财务、客户、内部业务流程、学习与成长在内的一套更加广泛、更具整合性的评估方式来衡量组织的营运表现；第三，财务、客户、内部业务流程、学习与成长，这四个层面存在着因果关系，可以通过绘制战略地图来引导组织进行策略管理和制定大政方针。

Kaplan 和 Norton（1996）提出的平衡计分卡主要包含了财务、客户、内部业务流程和学习与成长四个方面，由此来评估企业绩效，同时将组织与策略结合起来，并将策略转化为具体的行动方案。另外，Kaplan 和 Norton 还认为，通过平衡计分卡的整合能够为企业所有成员统一正确的方向，同时企业还可以通过投资于顾客、供应商、员工工作流程、科学技术及创新等项目，来提升未来的价值，而这种价值所积累的成果就是智力资本。平衡计分卡保留了以前对财务性指标的关注，并在此基础上将直接或间接影响财务绩效的驱动因素也纳入衡量指标，使得企业在追求当今经营绩效的同时，也能更多地重视企业未来的成长与发展。平衡计分卡可以充分利用组织目标和策略之间的互动因果关系，将衡量指标和绩效驱动因素有效地结合在一起，能够比较明确地显示出组织的策略发展规划。总而言之，平衡计分卡并不仅仅是一个战术性或营运性的绩效衡量系统，而是一个战略性的管理信息系统，有助于管理者制定组织的长期发展战略。当今组织的管理流程具有较高的复杂性，这就要求管理人员能够从不同侧面来观察组织绩效的表现，平衡计分卡的四个层面能够使管理人员全面地了解组织的运营状况，以便对组织的经营绩效作出正确的评估。平衡计分卡每个层面之间都是环环相扣的，存在着因果循环的关系，同时，平衡计分卡的四个层面也回答了组织运作的四个基本问题：股东是否满意公司的表现（财务层面）、客户是否满意公司的表现（客户层面）、公司在其所在行业或领域中的优势（内部业务流程层面）、公司改善及创造价值的能力（学习与成长层面）。由于平衡计分卡是本书后续章节研究中所要用到的一项非常关键的方法，因此，这里就平衡计分卡四个方面的衡量标准作简要说明。

（1）财务层面。

影响财务的因素有产业类别、竞争环境和企业策略，Kaplan 和 Norton 建议制定财务策略时，要充分考虑企业所处的发展阶段（成长、维持、收获）和策略主题（营业收入成长、降低成本或改造生产力、资产利用），利用矩阵方式将这些主题加以组合，从而形成恰当的财务目标，如表 2.5 所示。

表 2.5　Kaplan 和 Norton（1996）财务的衡量指标

策略阶段	提高营业收入	降低成本或改进生产力	提高资产利用率
成长期	◆营业收入成长率 ◆产品或服务占营业收入的比率	◆员工平均收益率	◆投资占营业收入的比率 ◆研发占营业收入的比率
维持期	◆产品或服务占营业收入的比率 ◆目标顾客占有率	◆相比于竞争对手的成本下降率 ◆间接收入占营业收入的比率	◆资金周转率 ◆资产报酬率 ◆资产利用率
收获期	◆产品或服务的获利率 ◆目标顾客增长率	◆单位产品或服务的成本下降率	◆投资报酬率 ◆资产增长率

（2）客户层面。

客户的衡量指标包括顾客争取率、市场占有率、顾客获利率、顾客满意度、顾客维持率，这些指标代表企业的生产、经营、后勤及产品或服务的开发流程。如图 2.17 所示，顾客争取率反映企业吸引、赢得新顾客或新业务的速度，可以是绝对数，也可以是相对数；市场占有率是企业在市场中所占有业务的比率，以顾客数量、销售收入或销售量来计算；顾客获利率是用来衡量扣除维持顾客所需的特殊费用后的净利润；顾客满意度是顾客对消费的满足感，是一种心理体验，可根据价值主张中的特定绩效准则来评估；顾客维持率是企业与既有顾客保持良好关系的比率，可以用绝对数或相对数表示。

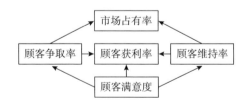

图 2.17　Kaplan 和 Norton（1996）客户的衡量指标

（3）内部业务流程层面。

传统的绩效衡量仅注重监测与改善业务流程的成本高低、品质好坏和时间长短，而平衡计分卡是通过外界（如顾客、股东）的期待，所衍生出对内部业务流程的要求。因此在衡量业务流程之前，要先要分析组织的价值链，如图 2.18 所示，如何从了解顾客需求到满足顾客需求。

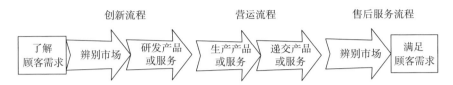

图 2.18　Kaplan 和 Norton（1996）内部业务流程的价值链

（4）学习与成长层面。

Kaplan 和 Norton（1996）的研究发现，绝大多数企业都是通过考量员工满意度、员工留任率和员工生产力这三组核心标准，来分析学习与成长能力，其中员工满意度最为重要，它是员工留任率和员工生产力的基础。除了这三组核心衡量标准，还要以特定的驱动因素来进行补充，这些驱动因素往往源自于三个关键促成因子，它们是员工技能、科技基础体系、行动氛围。学习与成长衡量指标如图 2.19 所示，其驱动因素如表 2.6 所示。

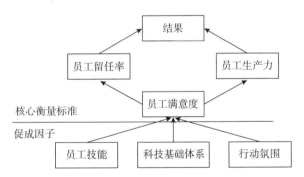

图 2.19　Kaplan 和 Norton（1996）学习与成长的衡量指标

表 2.6　Kaplan 和 Norton（1996）学习与成长的驱动因素

学习与成长构面	驱动因素
员工技能	◆策略性技术　◆培训水平　◆技术发挥
科技基础体系	◆策略性科技　◆策略性资料库　◆经验积累　◆专属软件◆专利权、著作权
行动氛围	◆决策周期　◆策略重点　◆授权员工　◆个人配合度　◆士气◆团队意识

3. 个别资本层面的衡量

当今对智力资本存量与流量的衡量，大多以由管理会计学发展出来的平衡计分卡为基础，最具代表性的有 Edvinsson 和 Malone（1997）的智力资本报告书、Stewart（1997）关于智力资本的阐述、Sveiby（1998）对无形资产的测量，以下就这三种衡量进行详细探讨。

（1）Edvinsson 和 Malone（1997）的《智力资本报告书》。

《智力资本报告书》与平衡计分卡的方法既有很多相似之处，也存在一定差异，它将平衡计分卡的内部业务流程分为了人力与流程两部分，即从五个部分去衡量智力资本，包括财务、顾客、流程、人力，以及发展与更新，每部分衡量指标的特点如下。

① 财务：即财务绩效，如员工的市场价值、员工的潜在价值。

② 顾客：即与顾客之间的关系，如顾客满意度、顾客增长量或减少量、顾客平均规模及市场占有率。

③ 流程：即内部流程的效率，如管理费用、管理误差及故障处理时间。

④ 人力：即为顾客解决问题的员工能力与管理者的能力，如领导力、员工流动率。

⑤ 发展与更新：即为发展人力与结构资本所进行的投资，如研发费用、员工的培训费用。

（2）Stewart（1997）关于智力资本的阐述。

Stewart 的智力资本阐述与平衡计分卡的概念颇为相似，皆对智力资本进行了指标构建，其将智力资本分为人力资本、结构资本和顾客资本，下面就这三种资本的计算依据作简要阐述，其衡量指标如表 2.7 所示。

① 人力资本的计算依据。

第一，创新：既是人力资本的输出面，又是结构资本的效率面，其衡量工具是新产品或服务的销售额，新产品或服务占销售额的比重越高，表示企业的创新越符合市场的需求。

第二，员工士气：士气高低对财务绩效有明显的影响，士气高的员工才能专心工作，同时还有助于营造良好的企业文化。

第三，经验与学习：其衡量工具包括员工的平均年龄与资历、员工流动率和员工潜在价值。

第四，企业人才库：是企业拥有的包括科研、技能、客户名称和商业秘密等信息库，它能让员工轻易找到所需的资料，有助于知识的积累和转移。

② 结构资本的计算依据。

第一，市场价值：其影响因素包括技巧（如独家秘方）、营销工具（如版权、品牌、广告、许可证、注册商标、包装设计）、技术知识（如手册、资料库、信息系统、品质管理标准）。

第二，扁平化程度：是指重要的提议与决议之比，如新产品的开发与上市时间。

第三，行政费用：包括业务成本与总务费用。

③ 顾客资本的计算依据。

第一，顾客满意度：测量工具包括业务增加率、价格容忍度。

第二，顾客忠诚度：是顾客再度购买与参与活动的意愿，参照顾客平均每年往来生意的多少来衡量。

第三，与顾客的结盟价值：顾客资本是企业与顾客共有的，因此必须要深入了解顾客的财力与成长率，为顾客量身打造适合他们的产品或服务，如此才能对某一特定市场的客户积累独特的竞争优势。

表 2.7　Stewart（1997）智力资本的衡量指标

智力资本衡量指标		
人力资本	结构资本	顾客资本
◆新产品或服务的销售额	◆流动资本周转率	◆顾客满意度
◆员工的平均年龄与资历	◆重要提议与决议之比	◆顾客再次购买
◆员工满意度调查	◆新产品的开发与上市时间	◆顾客规模（平均营业额）
◆员工流动率	◆营业收入与业务成本之比	◆市场占有率
◆员工的潜在价值	◆营业收入与总务费用之比	◆让利顾客的费用
◆管理人员人数	◆知识库藏价值	◆与顾客维持良好关系的时间
◆人才训练计划		◆库存产品利用率
◆企业人才库		

（3）Sveiby（1998）对无形资产的测量。

Sveiby（1998）认为，智力资本属于企业的无形资产，必须同时使用财务性和非财务性指标才能精确的衡量，但在非财务性指标的诠释上可能会遇到困难。Sveiby 主张从知识的观点出发，应用内部结构、外部结构和员工能力三项指标，并通过个案分析，可以对无形资产进行有效测量。

① 内部结构：是企业的内部知识流程，包括管理制度、观念模式、信息系统与研发能力。当今的竞争方式已经和过去迥然不同，企业不仅重视制造成本的节约与优势，而且更加重视拥有雄厚的科研能力与关键技术。至于信息系统则有助于缩短作业流程，加速信息的传递，以利于决策的进行。内部结构的衡量指标有科研投资占营业收入的比例、科研团队的规模、科研人员的年龄与资历、科研人员能够使用的信息科技或资料的数量等。

② 外部结构：包括与顾客、供应商之间的关系。由于企业价值来源于与客户关系的建立与维持，因此企业应将客户关系视为一项宝贵的资产。此外，与供应商保持良好的关系可以改善生产力、加快物流速度和精简成本费用，从而提升营利能力。外部结构的衡量指标有顾客增长率、顾客满意度、顾客忠诚度等。

③ 员工能力：员工不仅是企业的无形资产，更是联结内部结构与外部结构的重要纽带。因此，企业必须认识到员工能够创造潜在的收益，要对员工的结构和胜任能力进行有效评估。员工能力的衡量指标有员工的年龄与资历、员工的平均受教育程度、员工的潜在价值、员工的培训成本、员工的相对薪酬水平等。

2.3　基于社会责任的绿色智力资本相关研究

2.3.1　智力资本与企业社会责任的关系

在绿色经济时代下，企业要实现可持续发展，就必须承担营利、环境保护和社会关怀的社会责任。此外，随着知识经济时代下经济全球化的不断深入发展，作为知识资源的智力资本逐渐成为企业的核心竞争资源，而这种新兴的资源是以社会责任为导向的，同时又是企业履行社会责任的主要推动力。在社会责任的引导下，可以通过人力资本的提升、结构资本的强化和关系资本的维持，来实现企业的可持续发展。由此可见，在绿色经济时代与知识经济时代的双重背景下，智力资本与企业社会责任的关系非常密切，企业社会责任是提升智力资本的基础与前提，智力资本是实践企业社会责任的动力。

一方面，企业在追求经济利益的同时，还要兼顾环境与社会的利益，社会责任对于企业的影响力与日俱增。Coupland（2006）指出，企业承担社会责任，奉行诚信经营的原则，可以提升企业形象，刺激创新，从而促进智力资本的开发。Guenster 等（2011）强调企业经济方面责任是通过向消费者提供产品或服务，以满足社会大众的需求，同时也能为企业带来利润，而企业为了获得更多的利润，就要改善员工的能力，提升人力资本的水平。企业环境方面的责任是要在经营管理过程中减少对环境的污染，因此要对内部流程结构进行调整，在产品的研发、生产、销售各个环节都要重视环保理念，这也有效地改善了结构资本。Fry 和 Slocum（2008）强调企业社会方面的责任是通过与利益相关者建立互信、互惠、合作的关系，以促进各方绩效趋于平衡，使关系资本更加稳固。

另一方面，智力资本策略涉及研发、采购、生产、销售等企业运作流程，Oliveira、Rodrigues 和 Craig（2010）指出善用智力资本对于完善组织内部管理、财务透明化，与利益相关者保持稳定的互利关系皆有积极作用，这些正是企业履行社会责任的重要环节。同时，智力资本的三个构面对社会责任皆有积极的推动作用：首先，人力资本包括员工的能力、知识、技能、教育、工作经验、自身素质等，这些都是实践社会责任所不可或缺的，当员工具备环保理念、公益理念、绿色知识、绿色技能时，其社会责任心就会越强；其次，结构资本包括企业的运作流程、结构设计、组织文化、管理模式等，这些是企业履行社会责任的基础环节，结构资本的优劣直接关乎企业承担社会责任的能力；关系资本是组织与顾客、供应商、社区等外部环境的互动关系，企业维持并提升关系资本，改善企业与环境的关系，本身就是在履行社会责任的义务。

通过上述分析，不难看出，社会责任与智力资本是一种循环互动的关系；换句话说，将社会责任理念注入智力资本，会使智力资本的力量、功能大幅提升，企业、社会与环境都会因此而受益，与此同时，随着智力资本实力的提升，也为企业实践社会责任提供了源源不断的动力。这种以社会责任为导向的智力资本，是一种全新理念的智力资本，它不仅继承了智力资本的价值创造能力，而且更是新增了环境保护和社会关怀的能力，它是知识经济和绿色经济双重时代背景下的产物，也有研究者称之为"绿色智力资本"。

2.3.2　绿色智力资本的起源与内涵

自 20 世纪 90 年代以来，企业经营管理模式的思维发生了很大的变化，追求可持续发展已经成为企业界的共识。企业经营管理的目标也不再是单一的实现利润最大化，取而代之的是建立可持续发展的绿色营运模式，兼顾经济、社会、环境的综合绩效。Hart（1997）指出，企业应以生产绿色环保型产品为目标，循环利用有限的资源，努力维持生态平衡，积极履行社会责任。Berry 和 Rondinelli（1998）指出，企业致力于环境管理，采取相应对策减少产品研发、生产、销售环节中对环境的污染，使用绿色技术提高生产率，不仅能够提升企业声誉和企业形象，而且还能拓展新的市场机会，从而获得持久性的竞争优势。进入 21 世纪以后，越来越多的企业将可持续发展作为经营管理的目标，通过绿色管理模式，将产品生产过程中的资源损耗和环境污染降低到最低程度，促进经济与环境绩效的双赢。"如何创建绿色企业"的主题成为全球关注的焦点，绿色企业应在人力资源管理上通过教育培训增加员工的绿色知识和技术，在内部运作流程上导入可持续发展的理念，创建绿色工作环境，在财务上将环境负债纳入资产负债表，在营销上应鼓励顾客的绿色消费，提升顾客对绿色产品的需求。因此，绿色智力资本是创建绿色企业不可或缺的资源和动力，企业通过绿色人力资本的提升，绿色结构资本的强化和绿色关系资本的维持，来推动企业的绿化进程。

Dzinkowski（2000）指出，绿色智力资本是企业内部具有环保理念、公益理念和创新理念的知识、能力与关系的总和，是能够帮助企业提升市场竞争力的无形资产，它主要由绿色人力资本、绿色结构资本和绿色关系资本构成。朱长丰（2010）在 Dzinkowski 研究的基础上，对绿色智力资本三个构面的概念进行了补充和完善，指出绿色人力资本是企业员工具有的绿色知识、绿色技能、绿色创新能力，以及在绿色管理方面的经验；绿色结构资本是企业所拥有的绿色信息技术系统、绿色管理机制、绿色管理哲学、绿色组织文化等内部运作流程；绿色关系资本是企业与顾客、社区、供应商、合作伙伴，甚至竞争对手在环境保护、社会责任等领域的互动关系。Chen（2008）专门针对绿色智力资本构面之一的绿色人力资本展开深入研究，将员工在绿色创新及环境管理上的知识、技术、能力、创造力、态度等视为绿色人力资本，并指出对于绿色企业而言，要研发、生产环保型绿色产品或服务，员工不仅要具备环境保护、节能减排、可持续发展等绿色知识、技术和能力，而且还必须具备绿色理念、绿色态度，以及社会责任意识。

2.4　绿色智力资本对企业绩效影响的相关研究

Jackson 和 Schuler（2002）指出，企业员工的绿色知识、技术和能力可以为企业带来经济价值，企业通过绿色人力资本投资来提高员工的知识、技术和能力，能够有效地改善生产力和企业绩效。在产品或服务研发、生产和销售的过程中，绿色人力资本能够带来创新的思维，减少资源的消耗以及对环境的污染，从而降低成本费用。此外，绿色人力资本能够较好地解决环境问题、社会问题，为组织营造一个良好的外部环境，从而促进组织绩效的改善。因此，绿色人力资本不仅能够降低企业的成本费用，而且同时也能提高产品或服务的可靠性，相比于传统的人力资本，绿色人力资本更具弹性，功能也更为强大。此外，当外部环境发生改变时，企业也要随之调整策略方向，通过将曾经能够带来竞争优势的人力资本升级为绿色人力资本，以应对新的竞争环境。Lepak 和 Snell（1999）指出，外部竞争环境的改变会导致人力资本策略性价值和特殊性价值的减弱，因此，在绿色经济时代下，企业应该加强绿色人力资本的投资，以提升人力资本策略性及特殊性价值。绿色人力资本投资必须依靠绿色人力资源规划。首先对企业当前的人力资本进行评估，然后明确组织中目前绿色知识、技术、能力与将来需求的差距有多大，最后制定组织策略来弥补组织所缺乏的绿色知识、技术和能力。Wright、Dunford 和 Snell（2001）指出企业应按照策略目标来培养绿色人力资本，只有绿色人力资本与企业的发展方向和需求相吻合，才能够增强市场竞争力，提升企业绩效。

绿色人力资本可以由四部分组成：绿色人力资本量（企业员工所拥有丰富的绿色知识、技术和能力）、绿色人力资本契合度（绿色人力资本的发展方向必须与企业的目标保持一致）、绿色人力资本拓展性（应将绿色人力资本分散给不同的人才，使其在组织内部进行传播，而不应集中于某一部分群体）、绿色人力资本专属性（员工所具有的绿色人力资本，仅能为本企业提升绩效，一旦被竞争对手挖角，其价值创造能力会大大减弱）。因此，企业根据经济、社会、环境发展的需要，不断积累符合企业长远发展策略的绿色人力资本，尤其是尽可能地培养出企业专属型绿色人才,才能保障企业绩效的长期稳定增长。

Youndt、Subramaniam 和 Snell（2004）指出绿色结构资本能够帮助企业在最佳的时间,使用最佳的方法,满足顾客的绿色需求,以促进经济和环境绩效的共同提升。绿色结构资本对企业绩效的促进作用,主要表现在其能够有效地降低组织的成本费用。首先,绿色结构资本可以将组织内的绿色知识和经验制度化,并且通过组织学习,避免重蹈覆辙,从而降低经营成本,使企业获益;其次,绿色结构资本能够被复制,重复使用,还可以稍作修改而用于应对新的环境,因为不需要另起炉灶,所以有助于节约成本费用;最后,绿色结构资本涉及企业流程和信息系统,能够帮助企业过滤信息、简化信息处理过程,从而达到减少成本浪费,提升绩效的目的。Katila 和 Ahuja（2002）认为,绿色结构资本能够将资料库、专利权、组织结构、组织文化及业务流程等制度化与系统化,促进绿色知识植根于组织内部,增强绿色知识的价值创造能力,因此,绿色结构资本不但能够对绿色知识起到深化作用,而且还能进一步提升企业的绿色创新能力和经济绩效。

与绿色结构资本相似,绿色关系资本同样具有降低企业成本费用的功能。企业与顾客、供应商、合作伙伴之间的绿色互动关系,以及绿色知识分享,都可以帮助企业减少创新、生产、销售等环节的开销,尤其是能够有效地降低环境负债,提高绿色产品生产效率。Van Aken 和 Weggeman（2000）认为,企业在绿色研发过程中,很大程度上要依赖绿色关系网络成员间的互补性绿色资源与能力,通过维持绿色关系资本,提高绿色技术,可以更多地改善经营绩效。在绿色经济时代下,除了绿色研发、绿色专利等这些重要的无形资产外,良好的外部关系,尤其是客户关系对企业竞争力的影响同样不容小视。在积累绿色关系资本,维持企业竞争优势的过程中,供应商与客户扮演着关键的角色,并且二者之间的关系越密切,企业的营利能力就越强。为了满足顾客的绿色需求,企业就必须与供应商共同分享绿色产品的专业知识,还要对供应商定期做质量评价,评价审核工作包括供应商的质量系统完整性、质量是否达到公司的标准等。对于表现良好的厂商,可成为公司的长期合作伙伴,而对表现较差的厂商将终止与其合作。从绿色关系资本的建立来看,合纵连横的网络关系能够使企业的价值创造能力更强。此外,绿色关系资本还需要企业内部其他资源的配合，特别是其与绿色人力资本、绿色结构资本之间三者的整体契合度，通过三者的协同作用才能发挥绿色智力资本对企业绩效的最大效能。

　　本书整理了近年来国内外学者关于绿色智力资本与企业绩效关系的研究，呈现如表 2.8 所示，几乎所有绿色智力资本对企业绩效影响的研究结果都是正向的。

表 2.8　绿色智力资本对企业绩效的影响研究

学者	年代	研究主题及结果
Guthrie	2001	通过研究绿色智力资本对企业绩效的贡献后发现，拥有丰富绿色智力资本的企业创新能力较强，能够及时满足客户的绿色需求，有助于企业绩效的提升
Youndt、Subramaniam 和 Snell	2004	从人力资源管理、信息技术和绿色创新三个角度对绿色智力资本与企业绩效的关系进行探讨。研究结果显示，绿色智力资本投入得越多，企业绩效可提升的空间也就越大
Tseng 和 Goo	2005	以制造业为样本，分析绿色智力资本与企业绩效的关系。研究结果发现，绿色人力资本、绿色关系资本皆对企业绩效有显著正向影响，绿色结构资本虽未对企业绩效产生直接影响，但通过与创新资本的交互作用间接影响了企业绩效
Saenz、Aramburu 和 Rivera	2009	比较高新技术企业与非高新技术企业的绿色智力资本价值创造作用的差异性。研究结果显示，绿色知识的交流与创新成果对于高新技术企业价值创造的影响力更为显著
朱长丰	2010	以电子和信息产业为样本，研究绿色智力资本与企业竞争力的关系、对企业绩效的影响。研究结果显示，绿色智力资本对企业竞争力有显著正向影响，绿色智力资本投资是提升企业绩效的有效途径
潘楚林和田虹	2016	以自然资源基础理论和知识管理论为基础，研究经济新常态和资源环境约束下绿色智力资本对企业竞争优势的影响机理。研究结果显示，绿色智力资本能够借助绿色创新的中介作用对企业竞争优势产生正向影响

　　综上所述，在知识经济和绿色经济的双重时代背景下，企业的竞争优势源于绿色产品的研发、绿色品牌与形象的塑造、高效的物流系统、先进的管理模式，以及良好的客户关系等。企业若想获得持久性的竞争优势，则要依靠组织

的绿色知识与能力，即将员工个人绿色知识转移到组织层面上，使知识能够在组织内部得到快速复制、分享、积累和创新。企业绿色智力资本策略，就是首先将企业行动所需的经验和信息进行存储，然后通过制度化和信息系统加强绿色知识、经验的交流，促使绿色知识与能力成为企业的无形资产，这样一来即使出现人才流动的现象，也不会影响企业绩效的持续提升。Edvinsson 和 Malone（1997）指出，从属于智力资本的绿色创新能力是衡量企业绩效的重要指标，是企业未来绩效成长的保障。在企业的账面上，绿色智力资本的投资属于成本费用，似乎与企业绩效是反向关系，然而，绿色人力资本投资有利于改善人力资源管理，绿色结构资本、绿色创新资本投资则有利于提升绿色研发与创新能力，绿色关系资本投资则有利于改善客户关系、提升企业形象，这些支出都是维持企业生存和发展所必需的，并且绿色智力资本的投资的中长期回报率相当惊人；换句话说，随着时间的推移，绿色智力资本对企业绩效的促进作用就越明显。

2.5　本章小结

本章围绕本书的研究主题，回顾并总结了前人的相关研究成果。首先，回顾了企业社会责任的相关研究，包括企业社会责任的定义、企业社会责任的范畴，以及企业社会责任的功能；其次，整理了智力资本的相关研究，包括智力资本的概念、智力资本的构成要素，以及智力资本的衡量方法；再次，在梳理企业社会责任与智力资本文献的基础上，归纳了基于社会责任的绿色智力资本的研究进展，包括智力资本与企业社会责任的关系，以及绿色智力资本的起源与内涵；最后，分别从绿色人力资本、绿色结构资本和绿色关系资本的角度阐述了绿色智力资本对企业绩效的影响。目前，国内、外学者对智力资本、企业社会责任皆有较深入的研究，但二者之间的联系却鲜为人知，并且在当前知识经济和绿色经济的双重时代背景下，如何正确认识基于社会责任的绿色智力资本及其对企业绩效的影响不仅关乎企业的可持续发展，而且同时也关系到社会与环境的可持续发展。本章通过全面系统的文献综述，为后续章节针对"绿色智力资本"展开深入研究奠定了良好的理论基础。

第3章 基于社会责任的绿色智力资本理论分析框架

3.1 绿色智力资本的理论依据

绿色智力资本理论是知识经济和绿色经济双重时代背景下的产物，尽管应用绿色智力资本理论来分析企业绩效问题是一个崭新的研究领域，然而绿色智力资本思想的起源却拥有深厚的历史底蕴。绿色智力资本是由智力资本绿化而来的，是智力资本的升级，早在20世纪八九十年代，智力资本就已逐渐成为学术界研究的一个热门课题，智力资本的理论来源涉及人力资本理论、知识基础理论、知识管理理论和竞争优势理论，这些理论的不断发展与完善都为智力资本的研究奠定了坚实的理论基础。进入21世纪以后，公众对于企业社会责任的要求空前高涨，同时绿色经济理念陡然兴起，这些都对企业界产生了重大影响，也为智力资本的研究注入了新的元素，循环经济理论、企业社会责任理论也为智力资本的绿化提供了理论基础。对于这些理论的学习与研究，能够使我们更加清楚地了解绿色智力资本理论的思想理念，也为绿色智力资本理论框架的构建提供了理论依据。

3.1.1 人力资本理论

1935年，美国哈佛大学教授、著名经济学家 Walsh 在其所著的《人力资本观》一书中，使用人力资本成本效益的概念来分析不同教育程度投资、所产出的能力和收入的差异，这一论述后来成为人力资本理论的奠基，也使得美国成为现代人力资本理论的发源地。20世纪60年代，美国有两位著名经济学家的学术成果为人力资本理论的发展作出巨大贡献，这两位学者后来也双双获得了"诺贝尔经济学奖"。其中的一位是有着"人力资本理论之父"之称的

1979 年"诺贝尔经济学奖"得主西奥多·舒尔茨。1960 年，舒尔茨在其所著的《用教育形成资本》一书中指出，人力资本的内涵就是将经济学的资源配置理念应用于劳动力。1961 年，舒尔茨又在其著作《人力资本投资》一书中提出，教育投资是形成人力资本的重要途径，教育不仅能够提高员工的认知力、生产力，而且还有助于员工的健康和延长其寿命，进而增强企业的竞争力。同时，舒尔茨还指出，人力资本在各生产要素间具有相互替代作用，人力资本投资回报要远大于物质资本投资回报，并且不断增加人力资本投资，能够平衡员工的收入，使收入分配更加公平合理。而另一位是 1992 年"诺贝尔经济学奖"得主盖瑞·贝克。贝克在其 1964 年所著的《人力资本》一书中指出，人力资本投资的边际收入与边际成本相等，同时提出人力资本可以分为一般性人力资本和专属性人力资本，一般性人力资本是指员工的能力和经验，专属性人力资本是指员工在某一特殊领域的特殊经验。此后，贝克在人力资本理论的基础上，又提出了"人力资源"的理念，有后来者居上之势。

在传统的经济学理论框架中，一提到"资本"，通常指的是物质资本，"资本投资"过程就是物质资本的积累过程，但是人类的能力、知识与经验，通常不被认为是"资本"，而人类为了获取这些能力、知识与经验所付出的成本也不被认为是"资本投资"。然而，这并不意味着经济学者没有看到劳动力的重要作用，实际上，经济学一贯将劳动力视为与资金、土地、厂房、设备的物质资本一样重要的生产要素，只是传统的经济学认为劳动力是没有差异的，所有劳动力的品质都是相同的。因此，之后的劳动经济学理论认为教育和培训能够提高员工能力及其劳动的质量，并将人力资本投资视为改善生产力的重要途径。

自 20 世纪中期以来，人力资本理论在学术界的地位与日俱增，如今已成为了当代经济学理论的重要组成部分，然而这绝不是偶然的，我们可以从具体的现象中看到一些端倪。首先，很多早期的西方学者一直认为，物质资本是经济增长的充要条件，然而"二战"以后，作为战败国的日本和德国在缺乏物质资本和自然资源的情况下，依靠其所拥有的能够与其他生产要素相配合的高水平的人力，得以在短期内摆脱战败国的命运，进而迅速崛起，这也使得学术界开始质疑"物质资本是促进经济发展的充要条件"这一论断的正确性。其次，早期的经济学者也非常看重自然资源对经济增长的重要作用，然而无论是工业革命的发源地英国，还是后来崛起的新兴发达国家，如瑞士、瑞典、挪威，以及亚洲的日本、韩国、新加坡等国都是自然资源贫乏的国家，这些国家之所以能够在经济上高速增长，很大程度上都要依赖其国内优秀的人力资本。从这两个现象不难看出，当今世界物质资本已经不再是国家经济增长的核心生产要素，人力资本则逐渐成为促进其经济发展的主角。未来的企业界将会是人才之争，尤其是高水平人才的角逐和比拼，人力资本对企业的重要作用早已毋庸置疑，企业若能根据自身经营理念，制定合理的人力资本投资策略，那么便能在激烈的市场竞争中占得先机，获得优势。

智力资本理论，乃至绿色智力资本理论都是对人力资本理论的继承和丰富，是为了适合当前知识经济和绿色经济的时代特征而对人力资本理论作出的革命性拓展。

3.1.2　知识基础理论

知识基础理论是在资源基础理论的基础上不断发展而衍生出来的应用于策略管理领域的一种新的理论。知识管理理论认为，知识是组织中最核心的资源，同时也是组织所拥有的专属性策略资源；换句话说，组织本身就是知识的整合体。存在于组织中的知识具有异质性，这些知识无处不在，例如，Gupta 和 Govindarajan（2000）指出组织的运作流程、规章制度、关键技术、客户关系、组织文化、管理信息系统等都隐藏着大量的知识。Bierly 和 Chakrabarty（1996）、Grant（1996）、Liebeskind（1996）皆从知识基础理论的视角阐述了因为不同组织的知识基础和知识能力不尽相同，所以组织绩效也会存在差异，并且如果组织能够建立起整合与运用知识的运行机制，便能有效地防止知识的外流或被竞争对手模仿，从而提升组织价值。

知识由结构化的经验、文化、价值观等主观见解和客观信息所构成，对组织而言，知识属于流动性的资产，是组织决策的主要依据。Nonaka（1994）认为，知识与资料、信息有着明显的差异，资料只是对客观事物所做的一般性记录，信息是归纳、整理出的有意义的资料，知识则是对信息进行吸收、内化而产生的。知识可以分为隐性知识和显性知识，隐性知识通常指个体所拥有的、难以形式化的、无法通过语言、文字具体表达出来的经验，隐性知识只能通过观察才能发现，通过自身的体验才能学习，显性知识则是指客观常识、原理等。相比于隐性知识，显性知识更容易在个体、组织间分享、传递，也不受时间的制约。

知识基础理论指出通过对知识的有效整合与管理，可以促进组织价值的大幅度提升，并且在知识资源上将会获得较大的优势。Grant（1996）从多个方面阐述了知识的特性：第一，知识具有可转移性，显性知识可以通过组织成员间的交流、沟通来实现转移，隐性知识则可以通过组织成员的观察和学习，在实践中完成转移，并且无论是组织与个体间的知识转移，还是个体之间的知识转移，都不用负担任何的成本费用；第二，知识具有聚合性，旧的知识能够通过吸收的方法同新的知识合二为一，并且借助语言的解释，知识的聚合效率可以得到较大程度的提高；第三，知识具有专用性，知识作为组织中最核心的资源，每一种知识都能够针对各种复杂的问题提出相应的专门对策。同时，Grant 还指出要提高知识的整合效率，就必须从两方面入手，首先，组织需要建立高效的知识整合机制，能够对知识进行专门的处理、加工、转化及应用；其次，组织要扩大一些特殊知识的应用广度，若能将特殊知识应用于更多的领域，发挥其更大的效能，就可以减少知识使用的边际成本。由此可见，对于组织来说，要面对数量众多且较为复杂的知识来源和知识种类，如何提高对知识资源的管理效率，如何发挥知识资源的最大效能，直接关乎组织的创新能力和竞争力。

当今，知识已经成为一个企业甚至一个国家成功的关键要素，企业必须以知识为基础，才能维持其价值创造能力。自 20 世纪 90 年代初开始，学术界在知识基础理论的前提下，逐渐形成了智力资本理论的基本观点，智力资本不但包括企业内部所拥有的能力、特长、创新思维等知识积累，还包括企业与外部的供应商、顾客、社区等利益相关者的关系。而绿色智力资本则是由企业内外部绿色知识、绿色信息、绿色经验及绿色关系所构成的，因此，知识基础理论是绿色智力资本的主要依据之一。

3.1.3　知识管理理论

1960 年，管理学大师彼得·德鲁克提出了"知识工作""知识工作者"等概念，并预测未来的世界将会是进入知识经济的时代，知识资源将取代传统的资金、土地、厂房、设备、劳动力等成为新兴的关键生产要素。所谓知识管理就是通过管理现有的知识，以满足组织当前和未来的需要，运用组织所拥有的智力资本，来为组织拓展或寻找新的发展空间。企业要适应复杂多变的社会环境，就必须通过知识管理来达到价值创造的目的。知识管理不仅能够提升企业价值，而且还能提升组织内创造性知识的存量与质量，进而促进企业竞争优势的建立和维持。目前，学术界认为，知识管理理论的重心主要集中在三个方向：组织文化层面、组织结构层面和资讯科技层面。

（1）知识管理理论的组织文化层面。

组织要进行有效的知识管理，就必须培植有助于知识发展的组织文化，使组织文化能够持续发展。组织文化是组织中共享的价值观与规范系统，可以影响组织成员之间，以及组织成员同外部人员之间的互动行为，管理人员可以通过组织文化来提升组织绩效。组织文化能够影响组织实施知识管理的难易度及管理的成效，所以组织应该大力发展适合知识管理的文化，这些组织文化有助于组织成员之间的信任、合作、学习和知识分享。因此，组织通过设计合理的奖惩制度能够促进组织成员完成知识管理的目标，并且奖惩制度还应与薪酬、绩效相结合，以强化奖惩的力度。此外，学习型组织有利于将知识系统、知识网络和知识工作者融为一体，发挥知识管理的最大效能。同时，建立与知识管理相关的绩效评估系统也非常重要，绩效评估的制度化能够使知识管理的组织文化得到可持续发展。

（2）知识管理理论的组织结构层面。

当组织拥有出众的技术和良好的组织结构时，知识管理的效率将会大幅提升。要发挥知识管理的最大效能，就必须有高层管理人员的支持，高层管理人员也可以借助知识管理的进程来促使组织成员拥有共同的目标和原则，同时，高层管理人员可以通过将组织目标明确化、统一化，使组织成员更容易执行，从而促进知识管理的绩效。另外，组织进行知识管理势必要承担相应的成本费用，因此知识管理的可行性，完全由实施知识管理对组织产生的效益决定，当然这种效益可以是有形效益，也可以是无形效益。

（3）知识管理理论的资讯科技层面。

资讯科技层面指的是知识管理所需的计算机和通信设备，组织应当拥有知识分类、存储的计算机资料库以及知识传播的通信设备。组织的知识管理要格外重视知识分享和知识转移，而资讯科技系统能够帮助组织成员间的知识交流、心得分享和经验传承。资讯科技是联结人与知识的纽带，完善的资讯科技系统能够保障知识管理的运作流程，并为知识的积累创造条件。在知识管理的过程中，资讯科技能够起到辅助的作用，有助于组织内外部人员的交流、沟通以及组织的知识存储，还能让组织成员快速地获得其所需的知识。

绿色智力资本的运作很大程度上要依赖于企业对知识的有效管理，尤其是绿色知识的创新、分享与传播，因此，知识管理理论也是绿色智力资本的主要依据之一。

3.1.4　竞争优势理论

竞争优势理论主要是研究"为什么有些企业的绩效要强于其他企业"的问题；换句话说，竞争优势理论旨在分析企业间绩效差异的原因。竞争优势是指企业相比于行业中的竞争者所拥有的特殊竞争优势，这种优势具体表现在企业的高营利能力和高市场占有率。企业的竞争优势可以理解为企业具有的核心能力，企业成功的关键在于企业的核心能力与经营管理模式的有效结合，两者契合度越高，竞争优势就越明显。竞争优势不仅来源于能够促进赢利的技术、资源上的优势，而且还来源于顾客的价值，可以用较低的成本取得同竞争对手相当的收益。简单来说，竞争优势来自低成本、差异化和集中化的优势，以及较好的效率、质量、创新及顾客反应。随着时代的变迁，企业的竞争环境在不断地变化，竞争优势理论也在不断演进，主要表现在以下三个方面。

（1）从组织外部到组织内部的演进。

被誉为"竞争战略之父"的哈佛大学商学院著名教授迈克尔·波特是最早对竞争优势理论展开研究的学者，主要是将产业结构学派的策略思想引入竞争优势的研究，其基本模式为结构—行为—绩效（S—C—P），该模型的实质在于企业绩效由其所在的竞争环境所决定。迈克尔·波特所提出的著名的"波特五力模型"就是用来解释企业所处的产业环境决定了该产业内企业绩效的差异。20世纪80年代以后，市场需求呈现出多样化趋势，技术创新、产品更新换代的速度逐渐变快，竞争环境更加复杂多变。在这一背景下，如何从组织内部来挖掘核心竞争能力，逐渐成为竞争优势理论研究的主题。学术界开始主张不同的资源能力是形成企业绩效差别的主要原因，从而否定了经济学界认为企业不存在差异的假设。

（2）从竞争到竞合的演进。

过去研究者对于竞争优势理论的研究都是建立在对抗竞争的基础之上，更多考虑通过怎样的竞争方式，才能获得更大的优势。然而，在现实中很多企业的竞争优势都不是通过自身的实力取得的，而是依靠企业所在的一个群体，或者说是一个企业联盟，是通过企业间的共同合作所获得的。进入 21 世纪以来，许多国家，尤其是发达国家的企业纷纷将资源整合理论、策略联盟理论、虚拟组织理论、供应链合作理论、产业集群理论等应用于企业的经营管理，作为企业战略决策的指导思想。竞合就是不同组织之间，或者不同企业之间所形成的合作关系，更确切地说是为了获得竞争优势而形成的合作关系。

（3）从静态到动态的演进。

20 世纪 90 年代以后，经济全球化逐渐成为时代的主题，国际市场的竞争越来越激烈，时间和速度成为了竞争对手之间新的比拼方式。学术界开始广泛关注企业如何在竞争全球化的背景下，获取并维持竞争优势。越来越多的研究者发现，面临快速变化的外部环境，企业不能一味被动接受，这样永远跟不上市场发展的步伐，应该通过不断学习和创新来主动适应外部环境，甚至主动创造适合企业发展的外部环境。竞争优势理论中最为关键的问题就是创新，唯有通过连续不断创新才能获得持久性的竞争优势。

企业绿色智力资本的本质功能在于创造价值，创造经济价值、环境价值和社会价值，要实现价值创造的目的就必须依靠企业竞争优势。因此，深入了解竞争优势理论有利于我们正确把握智力资本的功能。

3.1.5　循环经济理论

循环经济理论的核心理念在于资源的可持续利用，强调按照生态学的循环规律重新建立经济系统，在经济循环中合理地使用各种资源、能源，减少因经济活动而导致的对环境和社会的负面影响，形成环保型经济机制。循环经济的目的在于保护环境、节约资源、实现经济和社会的可持续发展，以低消耗、高利用和低排放为特征，实现资源、能源在经济活动中的循环使用。从当今经济社会的发展趋势来看，循环经济是最具可持续发展理念的经济模式。循环经济结合了生态规律和经济规律，建立以环境保护和资源节约为基础的新经济形态。目前，循环经济理论的研究重点表现在技术层面、经济层面和社会层面。

（1）技术层面。

循环经济融合了生产技术、资源节约技术和环境保护技术，对于企业生产经营过程中发生的污染、浪费现象进行源头预防和全程监控，尽可能地减少经济活动对环境的冲击。应用具体技术包括：通过提高资源、能源的利用率，来减少资源、能源的损耗；通过改进生产技术，以减少产品生产加工环节的废物排放量；通过生产更多的可回收产品，以实现资源的循环使用；通过对有害排放物的无害化加工处理，来保护自然环境，促进生态平衡，实现经济和社会的可持续发展。

（2）经济层面。

循环经济理论认为，资源和环境属于社会的稀缺资本，主张在保护环境的前提下合理地使用资源，实现环境保护和经济发展的双赢。这种新的经济发展模式，强调将企业的外部成本内部化，将企业的生产经营活动纳入自然循环过程，使得资源、能源在不断循环的过程中得到最为高效的利用，将企业生产经营活动对环境和社会造成的负面作用控制在最低程度，从而促进企业绩效、环境绩效和社会绩效的平衡发展。

（3）社会层面。

循环经济旨在实现人与自然界的和谐相处，将生态系统的运作方式和运作规律移植到经济发展模式中，促进社会生产方式由追求数量上的物质成长转变为追求质量上的服务成长，从而推动全社会的文化创新、科技创新和制度创新等，提倡从生产到消费的各个环节的环保型与节约型的经济行为和规范，营造可持续发展的社会环境。

绿色智力资本所具有的"绿色"理念强调的正是对企业和社会可持续发展的促进，以及对环境保护的贡献，这也是绿色智力资本与传统智力资本的重要区别。而这一"绿色"理念与循环经济理论是相吻合的；换句话说，循环经济理论为智力资本的"绿化"提供了直接的理论依据。

3.1.6 企业社会责任理论

企业社会责任理论的研究重点在于强调企业不能仅仅将股东财富最大化作为企业的唯一目标，应该更多地关注企业利害关系人的共同利益，如员工、顾客、社区、供应商等，将企业社会责任作为企业经营管理的指导思想，企业应积极主动地回馈社会、参与公益活动，维护经济、社会、环境的有序发展。世界企业可持续发展协会认为，企业在追求经济利益的同时，要自觉地按照社会伦理道德约束自身的行为，努力改善员工、所在社区，以及社会大众的生活品质。企业社会责任理论所强调的企业应重视服务大众和公益事业，并不是要改变企业是营利性组织的性质，而是要在股东和企业利益相关者之间寻求一个最佳的平衡点。因此，企业社会责任理论试图调和股东利益、企业利益相关者利益和非股东企业参与者利益。

"社会契约关系"是企业社会责任理论中一个重要的概念。所谓"社会契约关系"就是企业在追求经济绩效时，不能损害社会的利益，还应为社会的进步作出贡献。"社会契约关系"包含两个层面：其一，企业是营利性组织，也是社会的公民，作为社会成员，自然与社会之间存在社会契约，对社会负有"债务"，这个"债务"就是要求企业在进行生产经营活动的过程中，要遵循社会公德，善待其他社会成员，积极为社会创造更多福祉；其二，企业同非股东企业参与者之间存在着一种"无形的契约"，例如，从表面上来看，企业与员工是一种雇佣关系，或者只是存在着雇佣契约，而出于社会伦理道德考虑，企业与员工间还存在着"工作保障契约"，即企业不能为了股东的利益而牺牲员工的利益，同样，这种"无形的契约"的存在，也会大大提升员工对企业的忠诚度和归属感。

2002 年欧盟发布的绿皮书（Eoropean Commission Green Paper，July，2002）中指出，企业社会责任是企业有义务减少其商业活动对环境与社会的负面影响，并且应重视与其利益相关者之间的互动合作。由此可见，当今国际社会对于企业社会责任关注的重心在于环境保护和社会关怀，以及企业活动对社会造成的负面影响最小化。

本书所研究的绿色智力资本是基于社会责任的绿色智力资本，强调依靠绿色智力资本将企业社会责任转化为企业价值，更加重视绿色智力资本对于企业、环境和社会的综合影响。将企业社会责任理论纳入绿色智力资本的理论依据，符合当今社会高度重视环境保护和社会正义的时代背景，也丰富了智力资本的研究领域。

3.2 绿色智力资本的重新认识

上一节回顾了绿色智力资本的相关理论，以及对于绿色智力资本的指导意义。这些理论能够帮助我们正确理解绿色智力资本的内涵，以及重新认识绿色智力资本的概念与维度。

3.2.1 绿色智力资本概念的界定

如果说智力资本是知识经济时代中企业最核心的资源，那么绿色智力资本也将成为绿色经济时代中企业创造价值的关键要素。相比于智力资本，绿色智力资本的理念更加新颖，也更加先进，它是智力资本的绿化和升级，符合当今绿色经济全球化的时代特征。虽然 20 世纪 90 年代以后智力资本便成为了学术界的研究热点，然而直到进入 21 世纪以后，国内外学者对于绿色智力资本的研究才有所涉及，例如 Dzinkowski（2000）、Chen（2008）、朱长丰（2010）的相关研究，但是这些研究也多以现象观察为主，关于绿色智力资本内涵研究的深度与广度也不够。特别是近年来在"社会责任"和"绿色经济"大行其道的社会环境下，绿色智力资本已俨然成为企业实现可持续发展战略所不可或缺的核心资本。因此，我们有必要结合当前的时代特征继续深入挖掘绿色智力资本的内涵。

在借鉴国内外现有的关于绿色智力资本的研究成果，以及结合企业社会责任理念的基础上，本书对绿色智力资本的概念进行重新界定，认为绿色智力资本是指能够承担营利、环境保护和社会关怀责任的企业无形资产，包括绿色知识、绿色工作经验、绿色技术、绿色机制，以及与利益相关者形成的绿色关系等，它能够促进经济绩效、环境绩效和社会绩效的平衡发展，推动企业，乃至整个社会的可持续发展。

3.2.2 绿色智力资本维度的界定

过去研究者由于研究背景的不同，对于智力资本的分类也不尽相同。虽然关于智力资本的构成在学术界尚无统一的规范，但是近年来大多数学者还是继承了 Botis（1998）和 Johnson（1999）提出的观点，将智力资本大致分为人力资本、结构资本和关系资本展开研究。以至后来的绿色智力资本研究者也沿用了这一观点，以绿色人力资本、绿色结构资本和绿色关系资本来界定绿色智力资本的维度，如 Dzinkowski（2000）、朱长丰（2010）的相关研究。

近年来，随着科技、网络和信息的加速升级，企业所面临的产业环境变得空前的复杂多变，竞争异常激烈，产品生命周期不断缩短，企业只有持续增加研发投资，通过技术创新来不断推出新产品，才能维持自身的竞争优势。换句话说，企业创新，尤其是知识创新、技术创新已经成为企业生存所必需的活动，而企业创新能力的高低则直接取决于创新资本。尽管过去学者在研究智力资本时，经常将创新资本视为结构资本的一部分，但也不能否认创新资本与结构资本需要不同的管理活动，再加上绿色技术、绿色创新是企业绿化的核心驱动力。因此，本书认为在研究绿色智力资本的构成要素时，有必要将创新资本从结构资本中分离出来，作为一个独立的维度进行研究。

鉴于上述分析，本书借鉴并拓展前人关于绿色智力资本构成要素的研究，将绿色智力资本的维度界定为绿色人力资本、绿色结构资本、绿色关系资本和绿色创新资本。

绿色人力资本是员工具有的绿色知识和实践社会责任的能力，是企业进行价值创造的基础性资源，可以通过教育培训来提升员工的绿色知识与技能。在绿色经济时代中，绿色人力资本代表生产力的关键要素，它能够将企业社会责任转化为企业价值。

绿色结构资本是具体化、权力化的组织结构，它能够将企业可持续发展战略转化为结构性资产，是企业创造价值、保护环境和贡献社会的基础。企业要实践社会责任，就必须建立与之配套的管理方式与运作机制，包括社会责任管理信息系统、教育培训、内部奖惩制度与外部公关营销等。

绿色关系资本是企业与利益相关者之间建立的长期的绿色合作关系，包括企业形象、企业声誉和绿色产品的公众认知度等，这种关系网络所衍生出的价值是难以被竞争对手模仿和复制的。在当今企业产品与技术的生命周期都不断缩短的情况下，绿色关系资本的作用更为重要。

绿色创新资本是企业拥有的在产品、服务和工作流程等方面的绿色技术和能力，虽然创新资本在一定程度上从属于结构资本，但是在如今知识经济和绿色经济的双重时代背景下，企业的外部环境既复杂又多变，企业只有不断地创新才能保障未来的经济成长，所以必须将创新资本从结构资本中分离出来，通过绿色产品和服务的研发、生产、营销、回收等环节，来推动企业和社会的可持续发展。

绿色智力资本维度之间存在着复杂的互动关系，也正是由于它们彼此间的相互配合，才能促进企业的经济绩效、环境绩效与社会绩效的平衡发展。其中，绿色人力资本是核心，是企业进行价值创造和实践社会责任的关键；绿色结构资本为绿色人力资本发挥作用提供了一个良好的平台，同时也是绿色人力资本价值转化的结果；绿色关系资本是由绿色人力资本所营造的，同样，良好的绿色关系资本也会促进绿色人力资本的提升。绿色结构资本与绿色关系资本之间的关系也十分密切，一方面，绿色结构资本是绿色关系资本形成的前提；另一方面，绿色关系资本是绿色结构资本的拓展和延伸；而创新资本涉及企业的各个环节，如员工创新、流程创新、顾客创新等，因此绿色创新资本能够为绿色人力资本、绿色结构资本和绿色关系资本的发展提供支持；反过来，绿色人力资本、绿色结构资本和绿色关系资本的提升也会促进绿色创新资本的增长。绿色智力资本各维度之间的关系如图 3.1 所示。

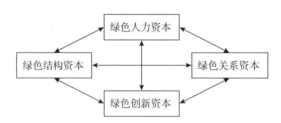

图 3.1　绿色智力资本各维度之间的关系

3.3　绿色智力资本的功能

3.3.1　绿色智力资本的价值创造功能

价值创造功能是智力资本的主要功能，而绿色智力资本作为智力资本的绿化和升级，同样继承了这一功能。过去许多研究者都发现了智力资本与组织价值创造的关系，而这一价值创造过程是基于知识创造到价值创造的转化。Despres 和 Chauvel（1999）指出，进入知识经济时代以后，知识被学术界公认为是企业价值创造的一项重要资源。Liebowitz 和 Suen（2000）则认为，价值创造与知识管理的关系可以通过智力资本来理解。同样，绿色智力资本的价值创造功能主要体现在将知识，尤其是绿色知识转化为企业价值的过程。

根据资源基础论的观点，企业要进行价值创造，就必须拥有关键性资源，通常具有价值性、稀缺性、难模仿性和不可替代性的资源是企业创造价值、获取持久性竞争优势的关键。在知识经济时代，在企业的众多资源中，"智力"是最为核心的，具有价值、稀缺、难以模仿和不可替代的特性，因此，智力资本在企业价值创造的过程中扮演着非常重要的角色。而在绿色经济时代，绿色智力资本则是企业竞争优势的来源，其所具有的"绿色"特殊性不仅能够为企业创造价值和提升经济绩效，而且对环境和社会绩效皆有贡献。

Jackson 和 Schuler（2002）指出，员工的绿色知识、技术和能力能够为企业带来经济性的价值，而且企业通过绿色智力资本的投资可以增加组织绿色知识、技术和能力，并且随着时间的不断推移，绿色智力资本投资所产生的对企业生产力的改善效果就越明显。绿色智力资本的特殊性就在于其具有符合企业策略性价值的绿色知识、技术、能力、态度与理念，并能为环境和社会带来正面效益。企业拥有较多的绿色智力资本，其绿色创新能力就越强，能够生产出更多的节约资源、能源的绿色产品或服务，在生产方式、管理方式上以低碳节能为依据，有效地促进企业价值和竞争力的提升。

随着绿色经济的深入发展，越来越多的企业都会转型为绿色企业，绿色智力资本的价值创造功能也会更加凸显。绿色企业的价值主要源于高素质的绿色人才（绿色人力资本）、内部健全的低碳环保型流程结构（绿色结构资本）、与利益相关者所保持的良好的绿色合作与互动（绿色关系资本），以及强大的绿色产品研发能力（绿色创新资本）。因此，绿色智力资本的四大构成要素已经成为当今创造企业价值的驱动因子。关于绿色智力资本的价值创造机理，本书将在第 4 章进行更为深入的探析。

3.3.2　绿色智力资市的环境保护功能

环境保护是绿色智力资本的"绿色"特征的直接体现，由于绿色人力、结构、关系和创新涉及企业经营管理的各个方面，因此绿色智力资本可以有效地将"环保"理念植入企业，最大限度地减少企业活动对环境所造成的负面影响。Chen（2008）指出，企业员工在环境管理方面的绿色知识、技能、经验、态度等（绿色人力资本），与环境保护、节能减排和企业的可持续发展息息相关。根据资源基础论的观点，企业的生存与发展受到资源、能源和生态环境的制约，因此，Hart（1997）强调企业制定预防污染、节约资源的管理方式和运作流程（绿色结构资本），可以达成保护自然环境和经济发展的双重目标。Stock、Hanna 和 Edwards（1997）指出，企业生产绿色产品，满足消费者的绿色需求，可以维持良好的顾客关系（绿色关系资本），提升环境绩效，增加企业竞争力。Klassen 和 Whybark（1999）认为，企业通过增加污染防治创新技术（绿色创新资本）的投资，可以有效地减少企业对环境的污染，在提升环境绩效的同时，也能达到改善经济绩效的目的。

绿色智力资本在环境保护和改善企业环境绩效方面的贡献主要体现在以下五个方面：第一，可以节约企业资源，降低成本费用，避免因污染环境而导致的法律纠纷；第二，企业通过生产绿色环保型产品，可以满足顾客的绿色需求，避免发生因顾客抵制而造成的损失；第三，企业与利益相关者维持良好的绿色合作关系，可以在政府和公众心目中建立良好的企业形象；第四，通过培养拥有绿色知识和技能的企业员工，可以有效地提升经济绩效和环境绩效；第五，绿色智力资本可以使企业获得独特的竞争地位，促进企业与社会的可持续发展。

借助于绿色智力资本，可以将环境保护理念整合到企业整体的经营体系中，有效地改善企业对环境的态度，培养企业积极主动的环保精神，从而推动各项环境管理活动的有序进行。企业还应根据环境管理活动中存在的问题，及时地调整组织结构与管理策略。企业通过绿色智力资本，能够发展出具有持久性竞争优势的环境策略，企业的绿色能力、技术、组织程序、关系网络等都是竞争对手无法复制和模仿的，属于稀缺性的资源。因此，绿色智力资本不仅致力于环境保护，而且还有助于强化企业品牌和形象，增强自身发展能力，有效地将知识管理与环境管理相结合，提升环境创新能力，改善环境绩效。

3.3.3 绿色智力资本的社会关怀功能

本书提出的绿色智力资本是以实践企业社会责任为前提的，或者是说建立在社会责任的基础之上的，社会关怀是这种基于社会责任的绿色智力资本的一项独特的功能。企业社会责任与绿色智力资本之间的关系十分密切，企业构建基于社会责任的员工教育培训及奖惩制度，可以提升企业的可持续经营管理能力，通过绿色智力资本的运用，能够明确地向社会传递出企业的可持续发展战略。企业依靠绿色智力资本，可以有效地开展实践社会责任的活动与措施。例如，Kumar 和 George（2007）、Chen（2008）、Epstein（2008）、Oliveira、Rodrigues 和 Craig（2010）的研究都强调绿色采购、研发环保型产品或服务、积极参与社会公益活动、完善组织内部的监管体系、财务透明化，以及与利益相关者保持互利合作关系等，这些活动都能够促进企业社会责任的推广。

Carroll（1991）表示，企业社会责任由低到高依次为经济责任、法律责任、道德责任和慈善责任，要求企业除了创造财富、对股东负责之外，应更多地承担"社会好公民"的责任，即积极地回馈社会。融入社会责任理念的绿色智力资本，在帮助企业获得竞争优势的同时，能够积极地降低社会与环境成本，更加关注员工、顾客、社区等利益相关者的利益。通过绿色人力资本的培育、绿色结构资本的强化、绿色关系资本的维持，以及绿色创新资本的提升，可以促进企业保障员工权益、保护环境、参与慈善事业、关怀社会弱势群体等。

过去研究者 Dzinkowski（2000）、朱长丰（2010）认为，绿色智力资本的"绿色"就仅是指环保、节能、减排的理念。事实上，这种"绿色"理念还应包括社会公平正义和社会品质的提升。因此，绿色智力资本也可以称之为：可持续发展的智力资本，追求经济、环境、社会绩效的共同提升。绿色智力资本是企业实现可持续发展的关键资源，利用绿色人力、结构、关系、创新，最大限度地降低产品或服务对环境与社会造成的负面影响，将绿色发展理念融入企业使命，与利益相关者之间建立起互信互惠的合作关系，在环保、教育、医疗卫生等方面为社会带来更多福祉。

3.4　绿色智力资本的理论分析框架构建

尽管早在 20 世纪 90 年代智力资本就已经成为学术界的研究热点，也积累了较多的研究成果，但是关于绿色智力资本的研究却是在近年来才逐渐得到学术界的关注，更是鲜有研究者将企业社会责任理念引入这一研究领域。本书结合当前知识经济和绿色经济的双重时代特征，综合运用人力资本理论、知识基础理论、知识管理理论、竞争优势理论、循环经济理论和企业社会责任理论，深入挖掘绿色智力资本的内涵，在前人研究的基础上，融入社会责任理念，重新界定绿色智力资本的概念和维度。本书认为，绿色智力资本应以社会责任为基础，拥有价值创造、环境保护和社会关怀三大功能，能够促进经济绩效、环境绩效和社会绩效的综合发展。本书建立的绿色智力资本的理论分析框架，如图3.2所示。

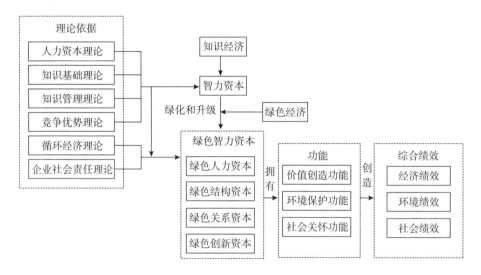

图3.2　绿色智力资本的理论分析框架

　　绿色智力资本是对智力资本的继承和发展，是智力资本的绿化和升级，是融入社会责任理念的智力资本，符合当前知识经济和绿色经济双重时代特征的需要。本书在整理绿色智力相关理论依据的基础上，清晰地界定了绿色智力资本及其四个维度的内涵，分析了绿色智力资本的功能，提出了绿色智力资本的理论分析框架，弥补了学术界关于绿色智力资本缺乏合适的理论框架、理论依据的缺陷，丰富和发展了智力资本的研究领域，同时，对于企业的管理实践也具有一定的指导意义。

　　第一，培育绿色人力资本。绿色人力资本是推动企业可持续发展的核心动力，拥有越多的绿色员工，企业的竞争优势就会越大。由于员工被称为企业的"内部顾客"，因此必须重视满足员工对绿色知识的需要，使员工树立社会责任价值观，通过提供员工各种学习方案和教育培训，来提升员工的绿色技术和能力。通过结构化的组织流程，使得绿色知识在组织中传播，并且将参与公益活动纳入企业奖励制度，最大限度地发挥绿色员工在企业生产经营活动中的影响力。

第二，强化绿色结构资本。落实公司治理制度是企业的当务之急，健全经营管理体制可以有效地吸引潜在的投资者，降低企业风险，提升企业绩效。在信息化社会，公众可以通过各种媒体了解企业的营运状况，对于企业的负面信息也格外敏感。因此，企业应注重提升产品或服务的品质，提供符合社会需求的绿色产品，重视对弱势群体的服务，在生产流通环节积极采取各种节能减排的方式来保护企业的内、外部环境，及时地通过媒体向社会发布企业的财务和社会责任报告书，使大众更好地了解企业自身的状况。

第三，维持绿色关系资本。为了减少企业活动所引发的社会问题，企业应与顾客、社区、供应商、政府等利益相关者保持良好的互动关系。企业可以通过整合各种社会资源来降低成本费用，强化企业的社会价值，在满足社会需求的同时，主动承担社会责任，尤其是自发性责任，积极参与环保、教育等社会公益活动。社会是企业利润的来源，企业应按照社会的期望而改变自身，在享受社会赋予机会的同时，更要积极地回馈社会。

第四，提升绿色创新资本。企业投资绿色创新资本的主要目的是为了减少企业资源、能源的浪费，以及企业活动对于自然环境的污染和破坏。绿色创新不应仅局限在企业产品的研发上，而是要形成一种多向的绿色创新思维，从产品的研发、生产、销售、使用、报废、回收、分解、再利用等各个环节建立一套完整的绿色循环体系。这样不仅能够最大限度降低企业的成本费用，而且还能够打造最具环保品质的绿色产品。

3.5　本章小结

本章在总结绿色智力资本相关理论的基础上，重新界定了绿色智力资本的概念和维度，深入诠释了绿色智力资本的内涵，提出了绿色智力资本的功能，归纳、构建了绿色智力资本的理论分析框架，弥补学术界关于绿色智力资本缺乏合适的理论框架的缺陷，并且对于企业的管理实践也具有一定的指导意义。

第4章 基于社会责任的
绿色智力资本价值创造机理

本书的第3章阐述了绿色智力资本具有价值创造、环境保护和社会关怀三大功能，其中价值创造是绿色智力资本的首要功能。在绿色经济时代中，绿色智力资本是创造企业价值的动力，绿色人力资本、绿色结构资本、绿色关系资本和绿色创新资本作为绿色智力资本的"四要素"，自然成为企业价值的驱动因素，能够帮助企业获得持久性的竞争优势。本章首先从组织价值创造出发，全面、系统地剖析绿色智力资本各要素的价值创造作用，探索绿色智力资本如何将社会责任转化为企业价值，归纳绿色智力资本的价值创造机理。

4.1 组织的价值创造

4.1.1 基于知识管理的组织价值创造

进入知识经济社会以来，组织价值创造被越来越多的学者视为知识管理研究领域的热门课题，根据 Rezgui（2007）、Vorakulpipat 和 Rezgui（2008）、Liebowitz 和 Suen（2000）、McAdam 和 Galloway（2005）的观点，组织价值创造的整个过程应由人力资源网络、社会资本、智力资本、技术资本和改变流程五个因素共同来完成。其中人力资源网络为组织学习提供了一个动态网络，是知识管理的一个重要衡量指标；社会资本的理念已经在知识管理领域被广泛接受，广义的社会资本可包括实体资本、财务资本和人力资本，能够提升企业的附加价值；智力资本在近年来已经成为知识管理研究中最受关注的领域，并且智力资本可以作为组织价值创造的衡量工具；技术资本借助知识管理被广泛地用于知识创造、储存、转化等组织流程，是价值创造的必要条件；改变流程可以帮助企业在竞争激烈且复杂多变的环境中，获取并保持竞争优势。

　　Vorakulpipat 和 Rezgui（2008）指出，知识管理研究的重心正逐渐由知识分享向价值创造转移，应更多地关注知识对组织和社会的影响力。组织学习能力是知识管理的一个重要研究领域，组织要适应快速变化的竞争环境，就必须将知识分享上升到知识创造，再将知识创造上升到价值创造。根据 Liebowitz 和 Suen（2000）、Gebert 等（2003）、Rezgui（2007）的观点，知识管理与价值创造存在着紧密的联系，知识是组织中一项极其重要的资源，并且通过智力资本可以更为清晰地了解知识管理与组织价值创造的关系。根据 Bartol 和 Srivastava（2002）、MacNeil（2003）、MacNeil（2004）、Taylor 和 Wright（2004）、Wasko 和 Faraj（2005）的观点，知识管理活动受到多种因素的影响，例如，个人因素、组织因素和科技因素。在个人因素方面，个人的经验、价值观、动机和信念都直接影响着知识管理的进程，其中员工的个人动机决定其知识分享的意愿，当员工认为知识分享的结果对其有利，才会具有知识分享的动机。在组织因素方面，组织风气是知识管理的重要驱动因素，例如，组织的报酬系统、开放式的领导风气以及高层管理者的支持等。在科技因素方面，信息技术和网络技术为促进知识分享、知识整合和知识扩散提供了便捷条件。

　　Carlucci、Marr 和 Schiuma（2004）在分析知识管理与绩效管理的相关文献后发现，知识管理活动对组织绩效具有明显的影响效果，并且根据资源基础理论和能力基础理论，界定了知识管理的策略与操作构面。此外，Carlucci 等还提出了四条基本假设：假设一，知识管理赋予组织生存与发展的能力；假设二，组织运作流程的效能与效率取决于组织能力；假设三，知识管理所创造的价值取决于组织的运作流程；假设四，组织中关键人物所具有的价值可以改善组织绩效。由此可见，有效的知识管理能够提升组织绩效和创造价值，知识创造价值的过程如图 4.1 所示。

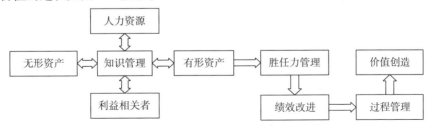

图 4.1　Carlucci、Marr 和 Schiuma（2004）知识创造价值的过程

Huang 和 Hsueh（2007）指出，对于知识型企业来说，智力资本是其最为关键的资产，并且实证研究了百余家企业的智力资本与企业绩效的关系。研究结果发现，结构资本、关系资本对企业绩效有着明显的直接促进作用，而人力资本对于企业绩效的直接促进作用却不显著，原因在于员工的教育程度和培训不足，同时，研究还发现，人力资本对于结构资本和关系资本具有正向的影响，而且人力资本通过与关系资本的交互作用间接影响了企业绩效。

4.1.2　顾客关系管理与知识管理的关系

顾客关系管理是组织运作的一个非常重要的环节，是企业流程的一部分。Srivastava、Shervani 和 Fahey（1999）指出，企业流程是一个相对广义的概念，简单来说，就是企业为了将其投入的资源转化成预期的结果而进行的一系列活动，而顾客关系管理的目的也是为了获得更多的利益，它是由众多不同子流程构成的集合。过去研究顾客关系管理的学者，如 Kracklauer、Passenheim 和 Seifert（2001），Tan、Yen 和 Fang（2002），皆强调良好的顾客关系是维持企业生存与发展的关键要素，企业用于改善顾客关系的投资回报，要远高于企业其他投资所获得的收益。而 Ryals（2003）也指出，不同顾客所体现的价值也不尽相同，企业只有将有限的资源投资到正确的顾客关系上，才能实现收益最大化。Zablah、Bellenger 和 Johnston（2004）从策略管理的视角，阐述了企业要实现可持续发展，就必须拥有长期、稳定、可获利的顾客关系，并不断按照顾客的期望而改变自身，制定针对不同客户群的营销策略。Reichheld（1996）从管理哲学的视角，阐述了顾客关系管理的重心在于顾客忠诚度与企业盈利之间有着密切的联系，提升顾客忠诚度是改善企业绩效的重要途径，同时，Piccoli 等（2003）、Zablah、Bellenger 和 Johnston（2004）的研究还指出，顾客忠诚度只有在企业和顾客的良性互动过程中才能够维持并获得提升，企业增加维持顾客关系的投资，可以有效地提升其市场竞争力和控制力。顾客关系管理的过程能够产生大量的知识，企业通过有效的知识管理可以判断和划分不同顾客群的重要程度，根据这一重要程度来优先处理其关系，并通过与顾客展开有效地互动，来挖掘顾客的终身价值，因此，有些学者如 Campbell（2003）、Stefanou 和 Sarmaniotis（2003）将知识管理视为顾客关系管理流程的子流程。

4.1.3 组织价值创造的驱动因素

组织价值创造的驱动因素总体上可以归纳为知识分享、信息技术与组织文化等方面，接下来本书将结合前人的相关研究成果，来探讨知识分享、信息技术与组织文化在进行价值创造和提升组织绩效的过程中所扮演的重要角色。

Vorakulpipat 和 Rezgui（2008）认为，知识分享是一种持续性学习的动态过程，其目的就是通过组织学习将知识转化为组织价值。过去研究者指出，知识分享对于组织的发展至关重要，它对于组织绩效，尤其是创新绩效有着明显的促进作用。知识分享可以界定为组织的一项社会互动文化，包括员工的知识、经验和技术等的交换，借助于知识分享，组织可以建立自己的知识网络，以帮助员工共同存取相关的信息。Alberto（2000）指出，知识分享在个人特性与个人发展过程中的重要性，并强调知识分享对保障企业竞争力的关键作用。Saeidaa 等（2007）认为，组织系统的各要素间存在的互动关系是组织创新的源泉，而要素之间的互动要靠知识分享来维持，并提出了一个知识分享对组织创新及竞争力的影响模式，如图 4.2 所示。

知识分享可以通过员工之间的沟通与交流来实现，而信息技术则为员工之间的交流提供了便利条件。当今信息技术已经成为保障组织中日常业务正常进行的重要支撑，同时组织的信息系统能够促使员工以电子化的方式分享其知识和经验。Goh（2005）指出，组织管理者要满足员工的知识分享愿望，就必须设计一个适合知识流通的信息系统，来促进员工间的交流与合作，这种信息系统的设计原理要依据群体绩效，而不是依据个体绩效。因为组织所拥有的信息技术会影响组织的创新能力和内部的知识分享，所以组织必须要利用信息技术构建知识分享平台，使员工能够表达各自的观点和态度。此外，组织的支持也相当重要。例如，鼓励、奖励措施，皆有助于员工之间的交流与沟通，从而促进组织内部的知识分享，以达到创新并获取竞争优势的目的。知识管理系统是指应用于管理组织知识的一种信息系统类型；换句话说，知识管理系统是以信息技术为基础，来保障和促进知识的分享、转换、储存与创造。Vorakulpipat 和 Rezgui（2008）指出，虽然信息技术对于知识管理具有重要的作用，能够赋予组织信息化的处理能力，但是社会环境与信息技术的互动关系也是影响知识管理的重要因素。Saeidaa 等（2007）认为，信息技术是组织获取竞争优势的关键，它能够促进员工之间创新思维的交流，有助于知识的传播扩散，从而提升组织的创新能力和竞争力。

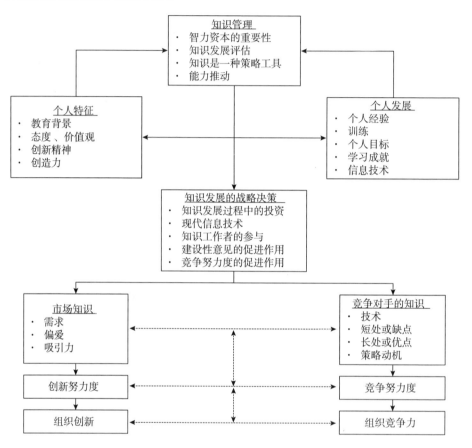

图 4.2 Saeidaa 等（2007）知识分享对组织创新及竞争力的影响模式

Al-Alawi 等（2007）将组织文化划分为六项，分别是信息系统、人、流程、领导性、回馈系统及组织结构，同时强调组织文化是每个组织所特有的信仰、知觉感受、行为和象征符号等，具体来说，组织文化是组织中所有成员共同拥有的价值观、信仰、行为形态等的综合体系，这种文化体系形成了自下而上的组织认同感，从而使组织有能力来应对内、外部环境的变化。Vorakulpipat 和 Rezgui（2008）指出，知识分享需要组织文化的支持与配合，才能发挥知识管理的最大成效，相比于变更组织文化，努力使知识管理策略与组织文化相融合，可能会起到事半功倍的效果。Rivera-Vazquez 等人（2009）认为，正是由于知识分享是组织创新的关键，因此了解组织文化如何影响知识分享就显得格外重要，然后才能培养组织独特的创新性文化。Lin 和 Lee（2006）指出，组织创新、知识分享与吸收离不开组织文化，组织文化不仅能够直接地为组织策略注入新的知识，还能改变员工的态度与行为，因此组织文化是影响组织创新和组织绩效的关键要素。

综上所述，知识分享、信息技术与组织文化在价值创造的过程中扮演着重要的角色，而这些要素与智力资本之间有着密切的联系，简单来说，它们属于组织的无形资产，是智力资本的表现形式。在当前绿色经济时代下，需要将绿色理念融入知识分享、信息技术与组织文化中，使这些要素得到升级，以发挥绿色智力资本的价值创造作用。

4.1.4　社会责任与企业绩效的关系

企业绩效能够以静态的方式比较客观地反映企业过去一段时间的营运状况，目前企业绩效的评价方式总体上可以分为两种：以市场为基础的评价方法和以会计为基础的评价方法。根据 Guerard（1997）、Brammer、Brooks 和 Pavelin（2005）、Anderson 和 Smith（2006）的研究，以市场为基础的评价方法主要是将市场指标作为企业绩效评估标准，例如股票报酬率，而这种评价方法得出的结论往往认为社会责任与企业绩效的关系不显著，有些甚至呈现出反向的关系，原因在于股票市场较多的关注短期回报，股票投资人对于企业社会责任的关注度相当有限。根据 Griffin 和 Mahon（1997）、Orlitzky、Schmidt 和 Rynes（2003）的研究，以会计为基础的评价方法主要是将年度财务报表作为企业绩效评估标准，例如资产报酬率、股东报酬率等，这种评价方法得出的结论大都认为社会责任对于企业绩效有正向的影响。因为这两种评价方法所选取的指标、准则、研究期间的不同，所以在研究结果上也会有所差异。Adam 和 Shavit（2008）指出，近年来学术界关于社会责任与企业绩效之间的关系得出了一个共识：投资社会责任前期在一定程度上会使企业营运成本增加，可能导致企业绩效暂时下跌现象的产生，而在中后期社会责任会提升企业形象和增加企业利润，并且时间越久，社会责任对于企业绩效的促进作用就会越明显，如图 4.3 所示。

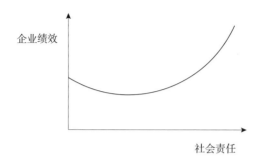

图 4.3　Adam 和 Shavit（2008）社会责任与企业绩效的关系

Martin（2002）提出了一个道德矩阵，用以解释社会责任与企业绩效之间的关系，道德矩阵由策略区、结构区、选择区、遵从区四个象限组成，由于企业决策的不同，每个象限所反映的社会责任与企业绩效的关系也会不同，如图 4.4 所示。策略区主张企业应更多地关注社会利益，而不是企业利益，注重回馈社会；结构区主张社会责任不应由企业独自承担，企业应联合外部力量共同实践社会责任；选择区主张企业应按照社会的期待而改变自身，努力成为社会的好公民；遵从区主张企业应承担法律规定的社会责任，即最低标准的社会责任。

策略区：企业推行的社会责任对于社会的帮助要远大于对于企业的帮助，因此企业经营者要想办法使社会责任有助于股东利益	结构区：社会责任对于企业有益，但也会为企业带来损失，因此不应由企业独自来实施，需要同其他社会组织合作
选择区：企业推行的社会责任除了对自身有所帮助，还能借此机会讨好社会大众，社会责任能够被大多企业所接受，逐渐成为社会常识	遵从区：企业不得不承担的社会责任，实践社会责任是为了遵从政府的法律法规，使企业能够正常营运，避免更大损失

图 4.4　Martin（2002）道德矩阵

根据世界企业可持续发展协会（WBCSD）的说法，企业需同时承担经济责任、环境保护责任及社会责任，才可算是真正地履行企业社会责任。企业社会责任包括：（1）员工权益；（2）消费者权益；（3）股东权益、经营信息披露及公司治理；（4）环境保护；（5）周边社区参与；（6）供应商关系；（7）遵守政策法规等七项议题。因此，身为企业公民必须取之于社会，用之于社会，例如企业捐助公益、参与社会发展与重视环境保护等，才能有利于企业绩效的长期改善。

4.2　从平衡计分卡的视角分析绿色智力资本

4.2.1　组织创造价值的绿色智力资本战略地图

平衡计分卡能够利用财务、客户、内部业务流程和创新学习四个层面，找出影响组织绩效的关键因素，并与组织策略相结合，通过奖励制度、回馈与学习的机制来修正组织策略，最终形成一个完整的策略性管理机制。同时，平衡计分卡之所以称为"平衡"，是源于组织内部和外部、过去和将来、主观和客观的评判标准。平衡计分卡将组织目标和组织策略转化为一套前后连贯的绩效衡量指标，形成全方位的衡量框架。这种新的绩效衡量框架是由组织目标和组织策略衍生而来的，它通过财务（financial aspect）、客户（customer aspect）、内部流程（internal business process aspect）和学习与成长（learning and growth aspect）四个构面来评价一个组织的经营绩效，进而促使组织目标的完成。平衡计分卡围绕财务、客户、内部流程和学习与成长的驱动因素，通过明确、严谨的方法来解释组织策略，最终形成特定的组织目标和量度。平衡计分卡对于组织管理者的最大帮助在于，它能够将众多散乱的竞争要素呈现在同一份管理报告中。例如顾客导向、缩短反应时间、缩短新产品上市时间、提升产品质量、团队合作等长期的管理问题。平衡计分卡四个层面之间的关系如图4.5所示，四个层面都涵盖了组织的目标、行动方案和绩效衡量方式等。

综上所述，组织的目标和策略是较为抽象的概念，不能直接地评估，要通过BSC的财务、客户、内部业务流程、学习与成长四个层面来衡量，才能使组织在兼顾财务绩效和非财务绩效的基础上，有效地制定组织价值创造的战略。

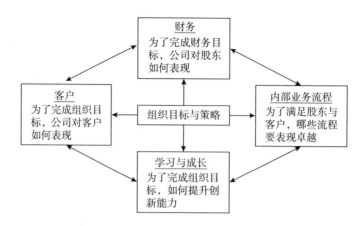

图 4.5　Kaplan 和 Norton（1996）BSC 的层面

战略地图同样是由罗柏·克普兰（Robert S. Kaplan）与戴维·诺顿（David P. Norton）提出的，它是在平衡计分卡的基础上丰富和完善而形成的，相比于平衡计分卡，战略地图增添了颗粒层和动态层。2004 年，罗柏·克普兰和戴维·诺顿在其所著的《战略地图——化无形资产为有形成果》一书中，提出战略地图是以平衡计分卡的四个层面为基础，通过分析这四个层面的互动关系来绘制组织战略因果关系图。这也使得平衡计分卡理论得到了升华，最终形成了一个"描述战略、衡量战略和管理战略"的严谨的逻辑体系。

由于平衡计分卡既可以用来衡量组织的有形资产，又可以用来衡量组织的无形资产，因此要解释智力资本或绿色智力资本具有价值创造的作用，可以通过绘制战略地图，来描述这一价值的创造过程。而绘制战略地图是一项较为复杂的工作，必须要遵循下列四个原则。

第一，企业的所有战略要在各自独立的前提下，保持一种平衡的状态。企业要追求长期绩效，就必须加强对社会责任，以及绿色智力资本等无形资产的投资，这样一来就会增加近期的成本费用，而与短期绩效发生冲突。营利是企业生存与发展的首要任务，因此企业的经济责任在于实现股东价值的持久性增长，这就要求对长期绩效的保障。与此同时，为了赢得更多的潜在投资人，企业也不能忽视对短期绩效的改善，而采取的手段有可能以牺牲长期绩效为代价。因此，在绘制战略地图时，应该考虑在增加投资来提升长期绩效与减少成本来改善短期绩效之间保持平衡，对于战略的起点要描述清楚。

第二，企业战略应该以差异性的价值主张为前提，提升顾客满意度是获取持久性价值创造能力的基础。企业战略的定位主要是针对社会和顾客，一方面要履行社会责任，让社会大众满意；另一方面提出的价值主张要让顾客满意。企业用来提升社会价值和顾客价值的最常用的价值主张包括：（1）降低产品成本，即降低生产流通环节的资源、能源的消耗；（2）产品创新，即通过研发新产品来提升市场占有率，尤其是通过绿色产品来吸引顾客；（3）完整的顾客解决方案，即提升产品或服务的品质，以及重视产品的回收再利用。这三个价值主张体现了企业的发展战略与社会、顾客的满意度息息相关。

第三，平衡计分卡与战略地图的财务层面、客户层面用以描述企业所期望的成果，其中财务层面体现了股东价值的提升主要依靠营业收入的成长和生产力的改善，客户层面体现了顾客消费支出占有率的提升主要依靠顾客的满意度、忠诚度、维持度以及新客户的比率。

第四，企业战略是由各种相辅相成的主题组合而成的，每个不同的主题都能够在不同的时间点上发挥功效，为企业创造价值。例如，营运流程管理能够通过减少成本开支和提升产品或服务的质量，来提升短期绩效；顾客管理流程能够通过营造良好的顾客关系，来维持自身的竞争优势；创新管理流程能够通过研发新产品，来开拓市场，以保障长期绩效的增长。

企业的战略整合决定了绿色智力资本的价值，平衡计分卡与战略地图的四个层面能够描述绿色智力资本在组织战略中所扮演的角色。绿色智力资本的价值主要来自于其能够协助企业执行战略的能力，这一能力要大于其本身的价值。然而，现在很多企业并未将组织战略与绿色智力资本相结合；换句话说，由于对绿色智力资本的开发和利用得不够，使得组织战略的实施往往是事半功倍，没有发挥出预期的效果。当绿色智力资本与企业战略紧密结合时，企业创造价值的准备状态就绪，同时拥有了执行企业战略所必备的变革能力。除此之外，企业还必须满足三个条件：其一，战略性工作族群内的绿色智力资本能力与战略主题要紧密配合；其二，绿色智力资本的各要素之间是相辅相成的，在战略主题内发挥协同化作用；其三，绿色智力资本还要与企业的其他资源相配合，营造便于企业战略实施的组织氛围。

本书按照平衡计分卡四个层面，结合绿色智力资本，绘制了组织创造价值的战略地图，如图4.6所示，该战略地图彰显了绿色智力资本与企业战略间的联结状态，绿色人力资本、绿色结构资本、绿色关系资本和绿色创新资本彼此间也应完全整合，即绿色智力资本的实力在于对各要素的整体考量，才能发挥其价值创造的最大作用。

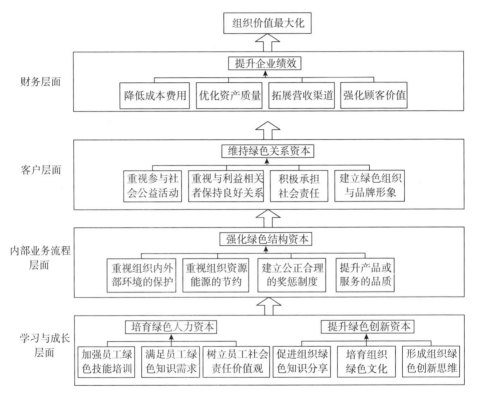

图4.6　组织创造价值的绿色智力资本战略地图

Marr 等（2004）指出，战略地图能够为组织成员呈现一个清晰的工作流程和组织的整体目标，使员工在互动合作的环境下，共同完成组织目标。战略地图的最大贡献在于指导企业如何将无形资产转化为有形资产，进而达成组织目标。值得一提的是，组织资产间存在着相互联系的特性，例如有形资产之间、无形资产之间、甚至有形资产与无形资产之间，通过不同资产之间的相互依赖与相互配合，才能创造出更多的价值。事实上，有很多无形资产都是隐藏在有形资产之中的，如环保型产品中蕴含的绿色知识和技术、生产工具或设备中蕴含的科技等，这些无形资产、有形资产要彼此互动才能创造价值。

综上所述，无论是有形资产，还是无形资产，以及绿色智力资本的各个要素，对于企业价值的贡献，都很难独立分析，必须深入掌握这些资产之间的相互影响和相互依赖的关系，才能有效地管理和运用这些资产。

4.2.2　平衡计分卡与绿色智力资本的关系

在当前知识经济与绿色经济的双重时代背景下，企业要维持并提升自身的竞争优势，只有依靠绿色智力资本，这也是为什么当今经济管理学领域如此关注的"绿色知识管理"的原因。平衡计分卡主张以知识管理为基础，同时使用财务指标与非财务指标来衡量企业绩效，可以有效地实施知识管理战略。Andriessen（2004）指出，平衡计分卡是一个非常强大的战略开发工具，它能够与智力资本相互配合，共同揭示企业的价值创造过程。虽然目前学术界承认平衡计分卡与智力资本或绿色智力资本之间存在着相互关系，但是究竟如何整合平衡计分卡和绿色智力资本，却鲜为人知。Kpalan 和 Norton（2004）指出，组织战略必须由智力资本来配合，但只是在平衡计分卡的学习与成长层面阐述了智力资本的作用。Wu（2005）对 Kpalan 和 Norton 的研究进行了补充，并以汽车产业为研究对象，从平衡计分卡的角度解释了智力资本如何作用于企业绩效。

企业对绿色智力资本的管理，能够提升其竞争优势，通过平衡计分卡的四个层面来开发、储备和利用绿色知识，进而将绿色知识转化为企业价值。平衡计分卡是一个全方位绩效衡量工具，其中客户层面可以对应绿色关系资本，内部业务流程层面可以对应绿色结构资本，学习与成长层面可以对应绿色人力资本和绿色创新资本。通过平衡计分卡来管理绿色智力资本，不仅能使绿色智力资本与企业绩效相联系，还可以掌握绿色智力资本各要素之间的互动关系。企业要实现可持续发展的战略，追求组织价值最大化，就必须将平衡计分卡与绿色智力资本相结合，本书所建立的"绿色智力资本计分卡"如图 4.7 所示。

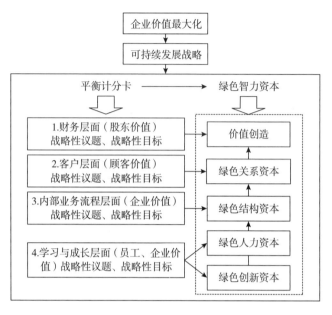

图 4.7　绿色智力资本计分卡

平衡计分卡与绿色智力资本的关系主要体现在两个方面：一方面，平衡计分卡能够引导绿色智力资本的形成；另一方面，使用平衡计分卡框架可以强化绿色智力资本的管理。当今企业要求得生存，实现可持续发展目标，就必须履行社会责任，以社会责任的战略性议题、战略性目标来引导绿色智力资本的形成，即战略性绿色智力资本。社会责任战略、平衡计分卡与绿色智力资本之间的关系如图 4.8 所示。

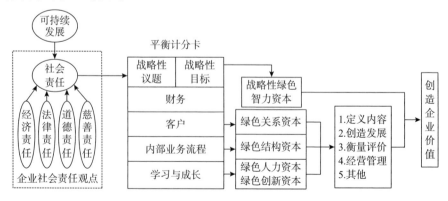

图 4.8　社会责任战略、平衡计分卡与绿色智力资本之间的关系

4.3　基于社会责任的绿色智力资本价值创造机理归纳

同智力资本一样，绿色智力资本也可以用来描述企业市场价值与账面价值的差异。在当前知识经济和绿色经济的双重时代背景下，绿色智力资本尽管没有呈现在企业的财务报表中，但却是企业最重要的资产，是以绿色知识为导向的无形资产。简单来说，绿色智力资本属于知识资源，这种知识资源来源于企业的技术、流程、重要关系及创新等，是企业价值创造的动力。这里需要强调的是，绿色智力资本的各要素之间必须是互动的；否则，这种知识资源是不能够创造价值的。因此，本书结合平衡计分卡、战略地图等技术，归纳了基于社会责任的绿色智力资本价值创造机理，如图 4.9 所示，着眼于当前知识经济和绿色经济的时代特征，企业为了实现自身的可持续发展，就必须以社会责任为基础来制定企业发展战略，根据发展战略形成战略性议题、战略性目标、战略性衡量指标和战略性行动方案，以引导企业有效地管理、运用和联结其所有的无形资产，即"绿色智力资本框架"的"四个要素"如何相互配合、相互补充来提升企业绩效、创造企业价值、形成竞争优势，最终实现企业价值最大化的目标，而这一价值创造过程，也是企业实践社会责任的过程。

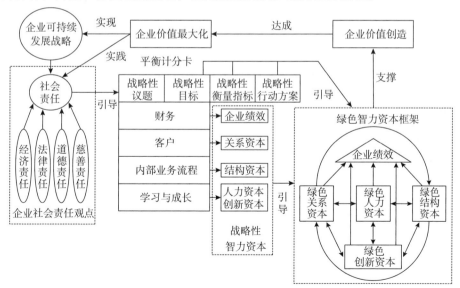

图 4.9　基于社会责任的绿色智力资本价值创造机理

4.3.1 绿色人力资市的价值创造作用

绿色人力资本是企业所有人员，包括员工与管理者，所拥有的绿色知识、技能、经验等个人能力，这一绿色能力可以通过一系列正式与非正式的方式，例如教育、培训、自我感知等，来得到发展、维持与强化，从而增加组织绿色人力资本的存量。拥有较丰富绿色人力资本的员工能够有效地减少生产与服务过程中的成本费用，尤其是环境成本，并且以绿色环保的方式为顾客提供产品或服务，能够使顾客和社会获得更多的利益，从而提升企业的竞争优势和潜在价值。具体来说，绿色人力资本能够激发组织的绿色创新流程，通过降低资源、能源的消耗，提高资产利用率等方式来节约成本、提升生产与服务的效率，并能有效地规划和解决组织中存在的问题。此外，绿色人力资本对于顾客和社会同样具有积极的作用，主要体现在通过增加产品或服务的可靠性来提升顾客的满意度和社会的认可度，从而保证顾客价值和社会价值。由此可见，相比于传统的人力资本，绿色人力资本更具有弹性，价值也更高，最大特色在于对环境和社会的贡献，可以说，绿色人力资本是当今企业的"心脏"和"灵魂"，是企业创造价值所不可或缺的关键要素。

因为企业大部分的绿色知识与技能都储存在绿色人力资本之中，所以绿色人力资本代表组织绿色知识的存量，呈现出组织拥有的绿色专业技术与相关技能。知识是实现创新的基本要素，在绿色经济时代下，企业要创造新技术、生产新产品以及开发新流程，就必须依靠绿色人力资本。企业要提升绿色人力资本，一方面可以通过招聘的方式，来获得其所需要的绿色人才；另一方面可以通过培养员工的社会责任意识、环保意识等训练的方式来增加绿色人力资本。在组织的众多资源中，人才是最为关键的，是企业正常营运的基础和前提，而代表组织绿色知识存量的绿色人力资本，是组织发展新思维、新产品、新服务与新流程的重要源泉。因此若想改善企业绩效，就要争取更多的绿色人力资本，来增强企业的价值创造能力。从平衡计分卡的角度来考虑绿色人力资本投资对于企业绩效的影响，可以发现，企业通过投入较多的资源在员工教育和培训方面，来增加企业的绿色知识，不仅能够提高员工的服务水平，而且还能提升公众的满意度，进而提升市场占有率和利润率。

4.3.2　绿色结构资本的价值创造作用

　　绿色结构资本是绿色人力资本的具体化，它是一套传递与储存绿色智能材料的有形系统，其表现形式呈现多样化，例如，硬件、软件、科技、制度、数据库、组织结构、信息系统等，它可以在组织内部复制、分享、传播。绿色结构资本是将绿色知识转化为企业财富的途径，尤其在节约成本费用方面的作用尤为凸显，这主要从三个方面体现出来：第一，企业能够从一些失败和教训中学到经验，这些经验能够使企业避免再犯同样的错误，而绿色结构资本能够用来储存企业学到的经验和教训，激励组织学习；第二，绿色结构资本能够被分享和复制，并且可以重复使用，这极大地降低了成本费用；第三，绿色结构资本能够帮助企业过滤和简化各种信息、情报，通过信息化处理过程来降低组织成本。与此同时，绿色结构资本在降低企业成本的过程中，还有助于顾客权益的提升。具体来说，首先，在降低企业错误率的同时，能够提升新产品或服务的上市速度，使顾客早日受益；其次，绿色结构资本中储存着大量的绿色知识，与顾客直接接触的组织员工可以方便地取得这些知识，从而迅速、准确地处理顾客的投诉和问题；最后，企业可以将重要的顾客信息存放在绿色结构资本之中，这样做有利于加强对顾客的绿色需求、偏好、行为等的管理，进而提升顾客满意度。因此，绿色结构资本能够帮助企业在正确的时间，以正确的方式为顾客提供最需要的绿色产品或服务。

　　相比于传统的结构资本，绿色结构资本的形成过程也是组织再造的过程，绿色结构资本提倡以社会和顾客为中心，加快对社会和顾客绿色需求的反应速度，提升社会和顾客的满意度。绿色结构资本核心思想是对企业目前的业务流程进行重新思考和重新设计，使用先进的制造技术、信息技术和现代化的管理手段，建立全新的环保型组织结构，在成本、质量、服务、速度等诸多领域都得到改善与提升。总而言之，绿色结构资本可以通过降低成本费用、改善产品或服务的品质、增强内部效率等方法，来提升企业绩效，创造企业价值，因此强化绿色结构资本投资，是企业生存与发展的重要途径。

4.3.3　绿色关系资本的价值创造作用

　　绿色关系资本是企业所拥有的隐藏的外部无形资产，它源于企业与外部的顾客、供应商、周边社区、政府等利益相关者之间关系中的绿色知识。企业通过与其利益相关者的互动关系获得的绿色知识，来正确引导业务流程，有效地解决问题，提升生产与服务的效率，实践社会责任，营造适合企业生存与发展的社会环境，使企业成为社会的主导者，而不是追随者。此外，绿色关系资本能够激发生产与服务环节的创新思维，提升产品或服务的质量与可靠性，从而有利于顾客与社会利益，与顾客形成绿色关系网络还能够及时地满足顾客的需求。

我们可以从投入与产出的角度来考虑绿色关系资本对企业价值的作用，若把绿色关系资本看作是投入项，那么与之相对应的产出项就是顾客与社会的满意度，而这一指标正是衡量企业绩效与竞争优势的关键。因此，明确绿色智力资本在提升顾客满意度与忠诚度，以及社会认可度的过程中所扮演的关键角色，有助于企业有针对性地制定绿色关系资本的投资策略，以提升企业绩效。绿色关系资本属于一种价值网络，具体的表现形式可以是企业形象、企业声誉、企业品牌等，而这些往往也是竞争对手难以模仿与复制的，其潜在的价值是不可估量的。在企业创造价值的过程中，绿色关系资本的贡献在于为企业与其利益相关者之间搭建起了一座桥梁，企业通过与顾客、供应商、社区等的良性互动关系，达成企业与其利益相关者的利益共享，在实现企业自身利益的同时，也保障了顾客与社会的利益，通过积极主动地回馈社会，来营造一个良好的社会环境，而社会环境的和谐，也为企业的可持续发展提供了必要的前提条件。

4.3.4　绿色创新资本的价值创造作用

绿色创新资本代表着企业的绿色创新能力，例如绿色产品与服务的开发与上市。相对于过去，在当今的绿色经济时代，产品的更新速度更快，尤其是绿色环保型产品更是企业开拓新市场、提升市场占有率与获利率的关键。绿色创新资本能够把企业的绿色知识、经验、技术等，进行系统性编码，并存储于企业的营运流程、组织架构、管理信息系统和组织文化中，将绿色创新理念渗透于企业经营管理的各个环节。由此可见，绿色创新资本不但包括静态的绿色知识存量，而且还包括动态的绿色知识存量，使绿色知识在组织内部形成一个正向的循环，而这一循环过程也容易产生新的知识，进而提升绿色知识的存量和创新绩效。

　　绿色创新资本通过环保理念和社会责任理念来引导企业创新，能够有效地节约创新过程中的资源、能源的消耗，降低成本费用，提升新产品或服务的价值，使企业获得竞争优势，并且在企业获利与环境保护之间形成平衡。企业在绿色创新上付出的环保支出，可以通过资源生产力的提升来得到补偿，并且绿色创新产品更符合当今时代的社会需求，很容易开拓和占领市场，企业还可以通过注册环保技术专利的方式，来获得长期的垄断收益。企业未来的生存、发展与社会环境、生态系统是息息相关的；换句话说，企业未来的发展战略与竞争优势源于绿色创新能力和环境保护能力。绿色创新资本能够帮助企业与环境实现良性互动，主要体现在绿色产品研发、环境监察、节能减排、资源的回收与再利用、参与社区活动等方面，从而提高品质、降低成本、减少污染，以达成提升企业社会价值的目的。

4.3.5　绿色智力资本各要素的协同化价值创造作用

　　在企业创造价值的过程中，绿色智力资本各要素都发挥着各自的作用，都是企业创造价值所不可或缺的要素，无论缺乏哪一个要素，都会导致绿色智力资本内部的各要素资本存量之间的比例失调，最终影响绿色智力资本整体效用的发挥。因此，要实现企业价值最大化，就必须注重绿色智力资本各要素的协同化作用，深入了解各要素之间的相互关系，通过各要素之间相互配合、相互结合的方式来创造价值；换句话说，绿色智力资本的整体效用，要大于绿色智力资本各要素的个体效用相加之和。要发挥绿色智力资本各要素的协同化价值创造作用，关键在于了解各要素之间的相互关系，即交互作用。接下来，本书将依次从绿色人力资本、绿色创新资本与绿色结构资本之间的关系，绿色人力资本、绿色创新资本与绿色关系资本之间的关系，以及绿色结构资本与绿色关系资本之间的关系这三方面来阐述。

1. 绿色人力资本、绿色创新资本与绿色结构资本之间的关系

　　企业员工所拥有的绿色知识、经验、技术等是产生创新思维的关键，绿色人才通过创新活动将知识转化为价值，并逐步改善组织流程。绿色人才在市场上属于稀缺资源，通过招募的方式虽然可以获得，但是难度很大，因此通过教育培训的方式来增加组织的绿色人力资本是较为有效的一种方式。不论是一般

技能培训，还是专业技能培训，员工都可以通过学习的方式获得绿色知识，同时学习在创新的过程中也扮演着重要的角色。简单来说，绿色创新资本是源于绿色人力资本的，并且组织学习，如教育培训等方式，能够发展、维持和强化创新能力。

绿色人力资本是绿色智力资本中最重要的组成部分，它对于绿色创新资本和绿色结构资本都具有驱动作用，原因在于人才，尤其是绿色人才是企业最重要的资源。通过对员工的教育培训，来提升其绿色知识、能力、技术等，然后与绿色创新资本、绿色结构资本相互配合、相互补充，来增加绿色知识存量，进而创造企业价值。绿色智力资本的各要素，虽然从表面上看是彼此独立的，而事实上，在价值平台上却是相辅相成、互相促进的。绿色人力资本代表整个组织当前所拥有的绿色知识存量，这些绿色知识存量能够发展组织的新构想、新产品、新服务与新制程，可以说是绿色创新资本和绿色结构资本的来源。因此，企业若想改善经营绩效、创造价值，就必须争取更多的绿色人力资本，夯实组织从事绿色创新的基础，形成完善的营运体系。

2. 绿色人力资本、绿色创新资本与绿色关系资本之间的关系

具有较丰富绿色人力资本的企业员工能够更好地满足顾客与社会的需求，同时企业与利益相关者之间形成的绿色关系资本，能够使员工学习到许多新的知识与经验，而这些知识都是企业内部所不曾接触过的。企业员工与顾客、供应商、社区等利益相关者之间的互动，能够促进知识的消化与吸收，增加企业的绿色知识存量，并在组织内部实现共享。此外，员工满意度、顾客满意度与企业绩效之间存在着因果关系。因此，激发组织内部绿色人力资本的潜力，能够对顾客进行准确的市场定位；换言之，企业员工所拥有的绿色知识、能力、技术越强，就越能满足顾客的绿色需求，就越重视对社区环境的保护，从而提升绿色关系资本。

如果将绿色智力资本看作是一棵大树，那么绿色人力资本就像是树根，能够吸收各种养分，而绿色创新资本就像是树干，能够传送与转换养分，而绿色关系资本就像是树叶，通过与外部环境的互动，使大树得到成长。企业要获得并维持竞争优势，需要把分散的信息与个人智能联结在一起，从而将隐藏在绿色人力资本中的知识、经验、技能等，在绿色创新思维的引导下，系统地转化为企业的整体知识，并融入组织结构、组织文化等领域，发挥价值创造作用。

企业拥有优秀的绿色人才，不仅能够提高组织的运作效率，还能积累丰富的绿色创新资本，同时，为了与利益相关者维持和发展友好关系，会积极配合他们的需求。例如，为不同的客户群体量身打造专属服务、保护周边社区的生态环境等，从而提升绿色关系资本存量。由此可见，企业绿色人力资本是绿色创新理念的源泉，是与利益相关者维持绿色互动关系的基础，是企业绩效最重要的动因。

3. 绿色结构资本与绿色关系资本之间的关系

对于企业绩效来说，绿色关系资本是一种潜在的驱动力，但是这种驱动力的强弱会随着绿色智力资本的其他要素的变化而发生改变。绿色关系资本的创造和维持，很大程度上依赖于组织文化、业务流程、组织内部制度等绿色结构资本。因为结构资本能够促进社会网络成员间的沟通，能够解决许多网络间的复杂问题。根据平衡计分卡的观点，良好的内部流程对于顾客关系具有促进作用，因此，为了获取市场信息、争取竞争优势，就要尽量完善和提升企业内部运作效率，研发能够使顾客和社会都受益的绿色环保型产品或服务，这种以社会和环境为导向的企业投资，不仅能够增加企业的长期利益，而且还能够优化组织流程。综上所述，企业的绿色关系资本是靠绿色结构资本来维持的，而绿色关系资本的持续积累也会促进绿色结构资本的增长，不论哪种绿色智力资本的提升，对于企业价值都具有积极的作用。

4.4 本章小结

本章首先探讨了组织价值创造的基本内容，涉及基于知识管理的组织价值创造、顾客关系管理与知识管理的关系、组织价值创造的驱动因素、社会责任与企业绩效的关系。其次，从平衡计分卡的视角分析了绿色智力资本，并绘制了组织创造价值的战略地图。最后，利用平衡计分卡、战略地图等技术，归纳了基于社会责任的绿色智力资本的价值创造机理，分别从绿色人力资本、绿色结构资本、绿色关系资本、绿色创新资本，以及绿色智力资本各要素的协同化作用等方面，系统地解释了基于社会责任的绿色智力资本的价值创造作用。

第5章 基于社会责任的绿色智力资本对企业绩效影响的概念模型

绿色智力资本是以社会责任为基础的，在当前知识经济和绿色经济的双重时代背景下，会直接影响企业绩效。本章从社会责任、绿色企业、绿色智力资本和企业绩效的基本概念出发，详细阐述基于社会责任的绿色智力资本对企业绩效的影响机制。在分析前人的相关研究和理论成果的基础上，提出了多项研究假设，构建了基于社会责任的绿色智力资本对企业绩效影响的概念模型。按照概念模型的特点，选取结构方程为研究方法，对研究变量进行定义，并设计测量指标，以确定调查方式、研究对象和实证过程。

5.1 相关概念分析

1. 社会责任

本章所要建立的绿色智力资本对企业绩效影响的概念模型，实际上是基于企业社会责任的概念模型，虽然在本书的第 2 章文献综述部分，已经对社会责任的相关研究文献进行了非常详细的整理，而企业社会责任作为概念模型中极其重要的一部分，在建立模型之前，这里仍然有必要对企业社会责任的内涵进行更为深入的挖掘。

学术界关于企业社会责任的研究经历了八十多年的发展历程。20 世纪 30 年代，企业社会责任的概念由哥伦比亚大学的 Berle 教授和哈佛大学的 Dodd 教授提出，但是当时学者们仅认为实现股东财富最大化就是企业应尽的责任。到了 20 世纪 50 年代，学术界逐渐意识到伦理道德也应该是企业社会责任的范畴。20 世纪 60 年代以后，学者们普遍提出企业社会责任应包括许多构面，其中经济责任、法律责任、道德责任最受关注。进入 20 世纪 70 年代，企业社会责任成为学术界关注的热门领域，越来越多的学者对企业社会责任进行界定，许多整合性的企业社会责任模型也应运而生，有关这一概念的研究热点一直延续到 20 世纪 90 年代。21 世纪以后，企业社会责任不再仅仅是一个概念，而是一种实践，一种融合了企业策略的具体实践。然而，这一实践应该如何操作，目前尚无统一的界定，企业社会责任包括的内容、范畴也是可大可小。世界企业可持续发展协会（WBCSD）将企业社会责任界定为企业所做的符合社会伦理道德的行为，认为企业不仅应对股东负责，而且还应对所有利益相关者负责。由此可见，企业社会责任强调的是合乎社会诚信、社会公德的行为，要求企业不能只顾获取经济利益，而不承担责任，对于顾客、员工、自然环境、周边社区等利益相关者的利益都不能忽视。当今是信息透明化的社会，企业的所作所为都会受到社会的监督，只顾自身利益而损害社会利益的企业必然被社会淘汰，企业应积极承担社会责任，即使降低当前经济利益也是暂时的，而对于企业的长久发展是有促进作用的。从 20 世纪 70 年代至今，企业社会责任之所以始终是全社会关注的焦点，是因为其与社会的可持续发展息息相关。企业社会责任的核心理念在于兼顾股东与其他利益相关者的利益，企业承担的社会责任不仅应包括经济、法律、道德这些基本责任，而且还应包括环境保护、公益以及慈善责任。此外，还应根据社会期望的目标和价值观，来确定企业的营运政策，将企业目标设定为社会福祉最大化，而不是股东财富最大化。早在 1987 年，世界环境与发展委员会（WCED）就对可持续发展进行了定义，提出可持续发展是指既要满足当代的需要，又不能因此而损害后代的需要和发展机会，具体来说，就是在不破坏生态环境的前提下，合理地使用资源、能源来满足当代的发展需求。因此，可持续发展强调的是世代间社会公平，形成生态环境与社会经济相互和谐的发展机制。企业实践社会责任的过程，有助于推广以可持续发展为核心的经营策略，并且结合知识管理、流程改造、顾客关系管理、信息科技等技术和方法，以帮助企业获得持久性的竞争优势。

2. 绿色企业

绿色企业是基于社会责任的绿色智力资本对企业绩效影响的概念模型的重要组成部分。自 18 世纪工业革命以来，社会经济飞速发展，人类的生活质量也随之得到了显著的提高，然而经济的发展也对自然环境造成了较大的冲击。直到 20 世纪中后期，国际社会开始逐渐意识到对自然资源的过度开发和使用，工业废弃物的随意排放所导致的环境污染，以及全球人口的爆炸式增长，都对人类的生存环境造成了极大的损害。而资源短缺、环境污染和生态失衡等问题，也在很大程度上制约了企业的可持续发展。20 世纪末，国际社会纷纷倡导绿色经济、绿色发展的理念。1992 年，世界企业可持续发展委员会（WBCSD）在巴西里约热内卢举办的地球高峰会议上提出了"生态效益"的概念；1995 年，经济合作与发展组织（OECD）在挪威罗森达尔（Rosendal）举办的研讨会上提出了生态空间、生态足迹、生态包袱、绿色会计、绿色设计等与企业可持续发展相关的概念，并且指出"生态效益"是绿色企业的核心价值。简单来说，生态效益就是产出除以投入的比率，产出是指企业或经济体的产品及业务的总和，投入是指企业或经济体对环境造成的压力总和。企业要转型为绿色企业，就必须重视生态效益，通过加强对生态环境的保护，来提高企业绩效和竞争力。同时，企业在提供产品或服务的过程中，更要注重对资源、能源的节约，尽可能地以最小的资源消耗获取最大的效益。

近年来，国际上一些知名的大企业，例如日本佳能公司（Canon）、日本精工爱普生公司（Epson）、美国施乐公司（Xerox）、美国摩托罗拉公司（Motorola）、美国国际商业机器公司（IBM）等都在努力地向绿色企业转型，并且普遍推行绿色经营管理的新模式，包括环境绩效评估、环境设计、产品回收、绿色采购及供应商管理等策略。Sarkis（1998）将企业在环境保护方面的义务归纳为五点：环境设计、生命周期分析、全面环境质量管理、绿色供应链管理和 ISO 14000 标准认证，同时将企业的绿色管理工作分为"清洁生产作业"和"绿色行政管理"，清洁生产作业包括业务流程改善、节省能源、废弃物减排、资源再生，绿色行政管理包括 ISO 14000、Responsible Care-RC、环保审核、绿色产品研发与推广、办公室环保、主动参与社区活动等项目。

本书在整理了国内、外关于环境保护、绿色管理、绿色企业等相关的文献、政策、法规后，归纳了绿色企业的管理流程，如图 5.1 所示，企业首先由绿色供应商提供环保型原材料，然后在产品的生产、运送、销售、售后服务等环节使用各种环境保护的管理方法来实现绿化，以减少对环境的冲击，同时，企业还应定期向社会公开其环境绩效等非财务方面的报告书，社会大众可以通过许多渠道来监督企业的行为，以督促企业向绿色企业转型。此外，企业在绿化的过程中，还应重视积极地回馈社会，例如，改善周边社区的环境质量、提升社会福利、提供就业机会、参与公益活动，以履行、落实在社会方面应尽的责任。由此可见，所谓绿色企业是指能够同时兼顾经济、环境和社会三个层面的绩效，以实现可持续发展的新型企业。

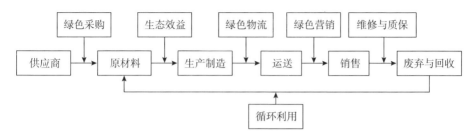

图 5.1　绿色企业的管理流程

3. 绿色智力资本

虽然在本书的第 2 章、第 3 章和第 4 章中已经对绿色智力资本的相关文献、理论、概念、维度、功能以及价值创造机理等进行了非常详细的探讨，而绿色智力资本作为概念模型中最为核心的部分，这里仍然有必要结合当前知识经济和绿色经济的双重时代特征对绿色智力资本的内涵进行更为深入的探索。

Epstein（2008）强调绿色智力资本是实现企业可持续发展和提升企业绩效所不可或缺的资本，但是这种绿色资源需要合理的配置，并且还要与组织的其他资源相互配合，才能发挥其最大效用。Roos（1997）指出绿色智力资本是对绿色知识、绿色经验、绿色技术、顾客关系的掌握，是价值创造差异化形成的原因。绿色智力资本的价值不会显示在企业的财务报表上，通过会计程序也很难计算出来，但却是企业参与市场竞争所必备的资源和能力，相比于有形资产，它能够帮助企业获得更多的优势，更是竞争对手难以模仿和复制的，并且企业绿色智力资本的投资回报率，会随着时间的推移而不断地提高。知识经济和绿色经济的相互融合为绿色智力资本的开发与培育提供了土壤，绿色智力资本也为企业进行价值创造、提升经营绩效提供了最为重要的资源。企业可持续发展的目标就是要兼顾经济绩效、环境绩效和社会绩效，在追求盈利的同时，更要注重对环境的保护和社会的关怀，绿色智力资本正是能够承担企业社会责任的知识与能力的无形资产，是实现企业可持续发展的动力之源。Sullivan（2000）指出，根据企业的管理活动和关注要素的不同，可以从不同侧面来构建绿色智力资本。因此，本书认为绿色人力、绿色结构、绿色关系和绿色创新四个层面是绿色智力资本最为核心的内容。绿色人力资本代表着组织员工学习可持续经营的能力，绿色结构资本能够将可持续发展的经营策略与学习能力结构化，绿色关系资本是企业内、外部利益相关者所形成的关系网络，绿色创新资本是企业所拥有的绿色研发、生产和营销等方面的技术和能力。

4. 企业绩效

企业绩效同样是基于社会责任的绿色智力资本对企业绩效影响的概念模型的重要组成部分。Kassem（1987）认为，企业绩效是衡量企业营运活动的重要指标，企业绩效可以视为企业目标的完成程度，即当企业执行一项新的策略时，必定要设立预期的目标，而企业绩效的优劣能够清晰地反映出企业策略的执行成效，以便及时地纠正策略的结果与原先计划之间的偏差。企业绩效对于企业管理的重要性不言而喻，然而企业绩效的衡量方法在学术界尚无统一的标准。无论是财务指标，还是非财务指标都可以被用来衡量企业绩效，例如，员工工作满意度、组织承诺、生产力、投资报酬率、销售获利率、销售成长率等，企业应根据自身的实际状况来寻求最合适的绩效衡量指标。Venkatraman和Ramanujam（1986）将企业绩效分为财务绩效、营运绩效和组织效能。财务绩效是企业绩效最为传统的衡量标准，代表着企业经济性目标的完成程度，财务绩效通常由每股盈余、营业成长率、资产报酬率及销售获利率等指标来测量。营运绩效是企业的业务绩效，通常由产品的市场占有率、产品或服务的质量及附加价值等非财务性指标来测量。组织效能代表企业整体实力和综合竞争力，通常由利益相关者的利益、员工士气等指标来测量。Hall（1999）认为，企业绩效可由目标模型和自然模型来衡量，目标模型用来测量企业目标是否完成，自然模型用来测量企业在环境中获取资源的能力。

Kaplan和Norton（1996）提出平衡计分卡是一种新型的绩效衡量系统，能够有效地衡量企业绩效。平衡计分卡包括四个层面，分别为财务、客户、内部业务流程、学习与成长。财务层面能够真实地反映出企业的历史绩效，检视企业策略的实施与执行是否达到了预期的效果，涉及营业收入、资本运用报酬率与附加价值等指标。客户层面能够清晰地反映顾客与市场的状况，有利于管理层有针对性地进行企业战略规划，涉及市场占有率、顾客争取率、顾客延续率与顾客满意度等指标。内部业务流程层面能够帮助企业在保留目标市场顾客的基础上，争取到新的顾客群，以满足股东期望，提升企业价值。学习与成长层面以人才、系统、组织程序为核心，通过观察企业财务、客户、内部业务流程的表现，找出企业的实际能力与目标之间的差距，借助学习与成长系统逐步缩小这一差距，以推动企业的长期发展与进步。Donaldson（1996）指出，企业绩效是检测企业目标完成程度的关键衡量指标，然而一些其他的因素或事件会对企业绩效产生影响，例如，组织结构、企业策略、外部环境等。Thoumrungroje 和 Tansuhaj（2005）认为，由于组织结构、发展策略等是由企业的高层领导者所决定，因此企业家精神和环境不确定性都会影响领导层决策，进而影响企业绩效的表现，并且环境不确定性程度越高，对于企业家精神的刺激作用也越强。此外，Hamel（2000）提出根据企业家精神的特点，企业家会通过观察市场的变化，来不断创造、寻求和利用机会，为企业谋划出最合适的发展策略、组织结构，从而获得最佳的企业绩效。

5.2　研究假设与概念模型

5.2.1　研究假设

近年来，全球各地都不约而同地出现了资源的危机现象，世界各国纷纷提倡以绿色经济来替代过去资源消耗多、环境污染重的褐色经济，于是企业社会责任也随之成为全球关注的焦点。21 世纪以来，中国国际化的步伐不断加快，而企业社会责任正是国内企业进军世界市场的基本条件。Porter（2004）指出，实践企业社会责任要明确四个理念，即"伦理道德""可持续发展""进入市场的资格"和"信誉保证"，并且指出企业实践社会责任能够提升企业声誉，帮助企业顺利转型为绿色企业，激励员工士气，进而促进企业绩效的增长。此外，企业社会责任还能强化企业绿色品牌的知名度和忠诚度，塑造绿色企业形象，增进顾客对企业的认同。企业社会责任所涉及的绿色管理活动包括环境管理、绿色采购、供应商管理、产品回收等，并能以此形成绿色雇主品牌来吸引更多的绿色人才加盟企业来共同建设可持续发展的绿色企业。越来越多的企业家也深信，为了追求可持续发展，企业必须积极地实践社会责任，而企业社会责任对于绿色企业的形成和发展必然会产生正面的影响。

20 世纪，世界经济飞速发展，许多企业为了追求经济利益而忽视了对生态环境的保护，由于对资源、能源的无节制开采，不仅导致了自然资源枯竭，而且也造成了许多无法处理的废弃物与污染，环境质量每况愈下。这些都导致社会反思企业社会责任的缺失，公众纷纷谴责企业不能只顾赚钱，而不承担责任，于是以社会责任推动的绿色管理模式成为企业界的共识。相比于企业界，学术界对于企业社会责任的关注更加强烈。Zairi 和 Peters（2002）认为，企业履行社会责任，对于绿色企业形象具有正向影响，并能提升企业的竞争优势。Brammer 和 Millington（2005）也提出，企业积极地贡献社会，参与环保活动和公益活动，主动承担对社会应尽的责任不仅能够使企业享有较好的声誉，而且对于企业的绿色可持续发展也具有推动作用。Porter（2004）则指出，企业社会责任与经营管理模式相结合，能够加速企业的绿化，有助于创建绿色企业和提升绿色品牌价值。由此可见，企业社会责任对于企业本身而言，并不仅仅是追求国际上兴起的重视社会责任的趋势，更重要的是建立绿色企业，形成市场竞争优势。

鉴于上述分析，本书提出下列假设：

H1：社会责任对于绿色企业存在正面影响。

社会经济学理论指出，企业既是营利性组织，也是社会的公民，企业的经营管理模式对社会、经济、环境都具有直接影响，因此企业除了追求经济利益，更要注重对社会和环境的贡献，在学术界企业社会责任也称为企业公民行为、衍生企业伦理、公司治理等课题。Carroll（1999）将企业的社会责任分为经济责任、法律责任、道德责任和慈善责任。其中，经济责任是企业通过有效地利用资源，提供满足顾客需求且价格合理的产品或服务，以达成获利和不断成长的目的，它是企业最根本的、必须履行的责任。法律责任是企业在经营管理过程中必须遵守的相关法令、规章、制度，即要在法律的制约下追求利润。道德责任是企业的经营理念要与社会的道德规范保持一致，当社会期望超过法律的要求时，企业应重视伦理道德，维护公共利益。慈善责任是超越经济、法律和道德的企业自发性行为，包括主动回馈社会、响应支持国家政策和提高人民生活品质等。

企业积极地推行社会责任，就要将企业的所有利益相关者视为经济考量的要素，并以此为依据设计相关的策略方案，例如增加绿色人力资源的教育和培训投入，增加绿色产品的研发投入，以及改善组织流程等，以获得长期稳定的发展。根据 Chen（2008）、Oliveira，Rodrigues 和 Craig（2010）的观点，企业社会责任与绿色智力资本紧密相关，绿色智力资本可以有效地调节企业内外部关系人的利益，是企业可持续发展的核心资源与能力，同时关注社会责任的企业，往往会更加重视绿色智力资本的投资，追求长期绩效。Shih（2008）认为企业积极地承担社会责任，有助于积累企业的绿色知识和能力，而这些对于绿色智力资本的开发与培育都具有促进作用，并且时间越长，效果就越明显。因此，企业社会责任与绿色智力资本、企业的长期绩效息息相关。Nelling 和 Webb（2009）则认为，企业履行社会责任，就要按照法律规范和道德标准来处理问题，这样不仅能够提升产品或服务的品质，而且还能增加顾客满意度，从而维持绿色关系资本，塑造良好的企业形象。Hubbard（2009）指出，企业在实践社会责任的过程中，可以不断地提升企业声誉，通过增加绿色研发投入，来提升科研能力、降低人力成本、强化顾客忠诚度。企业社会责任就是要求企业实现营利、环境保护和社会关怀的目标，这就必须掌握消费市场、资本市场、供应链和营运环境的信息，这一过程有助于企业确立竞争优势，提升自身形象和信誉，而信誉又能强化产品或服务的顾客偏好，提升顾客资本。此外，Lin（2010）也指出，企业实践社会责任的过程，也是创造市场价值、提升组织凝聚力与员工向心力的过程，同时还能节约绿色智力资本，改善员工的工作绩效。由此可见，社会责任是企业诚信运营的基础，也是绿色智力资本发挥价值创造作用的前提，企业通过实践社会责任可以有效地培育绿色人力资本，强化绿色结构资本，维持绿色关系资本和提升绿色创新资本，进而来促进经济、环境、社会三方面绩效的全面发展。

鉴于上述分析，本书提出下列假设：

H2a：社会责任对于绿色人力资本存在正面影响；

H2b：社会责任对于绿色结构资本存在正面影响；

H2c：社会责任对于绿色关系资本存在正面影响；

H2d：社会责任对于绿色创新资本存在正面影响。

企业营运的目的在于追求利润、生存、稳定、发展，绿色企业就是要在经济体系、生态体系与社会体系之间求得平衡发展，既要满足现今社会的需求，又不能不顾及未来社会的利益。近年来全球环境恶化问题层出不穷，如何实现可持续发展成为全人类共同面临的问题。世界企业可持续发展委员会（WBCSD）指出解决环境问题的关键在于创建绿色企业，通过企业社会责任的落实，为企业本身和社会环境赢得可持续发展的新机会。因此，企业要解决环境问题，实现可持续发展的目标，就必须使自身转型为绿色企业。1994 年，John Davis 在其著作《绿色企业：可持续发展的管理》一书中对绿色企业的范畴进行了详细的界定，主要包括十个方面内容：第一，绿色企业应不断地扩展自身的服务范围；第二，绿色企业应加强产品的售后服务；第三，绿色企业应注重产品的回收再利用；第四，绿色企业应注重提高产品的质量；第五，绿色企业必须最大限度地减少生产制造过程对环境所造成的污染；第六，绿色企业必须最大限度地减少资源的浪费；第七，绿色企业应注重提升系统流程的运作效率；第八，绿色企业的产品制造环节应尽量使用可再生资源；第九，绿色企业应追求以最小的资源投入获取最大的产出；第十，绿色企业应注重提升员工的技能，尤其是在环保方面的能力。由此可见，绿色企业所强调的理念与绿色智力资本完全相符，绿色企业的范畴涵盖了绿色人力、绿色结构、绿色关系和绿色创新，对绿色智力资本具有积极的促进作用。

本书认为，建立绿色企业的关键在于将可持续发展作为企业经营管理的目标，使用各种绿色管理手段，以最大限度地减少企业的产品或服务对环境造成的污染，以及资源能源的消耗，尽可能多地从事有助于社会公益、经济发展、环境保护等方面的社会性活动，并逐渐提升与之相关的经验和能力。因此，绿色企业的管理工作主要体现在：培养员工的环保理念、公益理念，提升员工的绿色知识和能力，并且吸引更多的绿色人才加盟企业，以形成企业的绿色人力资本；减少企业生产流通过程中对环境造成的污染，尽量避免资源浪费，提升企业的运作效率，以形成绿色结构资本；保障员工、顾客、周边社区等利益相关者的利益，积极地回馈社会，以形成绿色关系资本；努力研发可以回收再利用的产品，并且尽量减少生产产品所需的资源、能源，以形成绿色创新资本。因此，绿色企业是以公益和环保为导向的卓越企业，为绿色智力资本的形成和发展提供了肥沃的土壤，也为绿色智力资本发挥价值创造、环境保护和社会关怀的三大功能，创造了积极的条件。

鉴于上述分析，本书提出下列假设：

H3a：绿色企业对于绿色人力资本存在正面影响；

H3b：绿色企业对于绿色结构资本存在正面影响；

H3c：绿色企业对于绿色关系资本存在正面影响；

H3d：绿色企业对于绿色创新资本存在正面影响。

企业要维持竞争优势，提升经营绩效，就必须拥有关键资源。Barney（1991）指出，根据资源基础论的观点，能够使企业获得竞争优势的资源应该具有价值性、稀缺性、难模仿性和不可替代性，而在企业中，智力资本是所有资源中最为关键的，在提升企业绩效的过程中扮演着重要的角色。在知识经济时代，传统的智力资本是价值创造的主要动力，同样，在绿色经济时代，也必须将传统的智力资本转化为绿色智力资本，才能为企业创造更多的价值，促进经济和环境绩效的平衡发展。

Wright 和 McMahan（1992）指出，从策略性人力资源管理的角度来看，人力资源管理是一项整合性的行为，随着社会大众环保意识的不断增强，企业的经营策略势必发生改变，相应地也要调整人力资源需求规划，通过绿色人才的招募和培训，可以不断提升组织的创新能力和适应能力，进而达成改善企业绩效的目标。绿色人力资本是具有策略性价值和特殊性价值的知识、技术、能力、态度与理念，并能同时对企业绩效、社会绩效、环境绩效具有正向影响，具有绿色人力资本的员工，能够发挥其绿色创新能力，有助于企业获得持久性的竞争优势，同时这种绿色创新能力对环境保护也颇有贡献，通过环保节能型产品的研发，以及生产方式、管理方式的改善，降低企业在营利过程中对环境的冲击，减少环境污染和资源浪费。

绿色结构资本是组织学习与知识创新的主要载体，而企业要应对快速变化的外部环境，及时有效地处理新问题，组织学习与知识创新是必不可少的。绿色结构资本能够将员工的绿色知识、能力、经验、特长等建成绿色人才资料库系统，有助于企业的人力资源规划，并且该资料库对于知识管理、绿色产品研发的规格与流程、市场偏好、顾客投诉等信息的分析与处理皆有指导作用。根据 Millson 和 Wilemon（2002）、Hoegl、Weikauf 和 Gemuenden（2004）、Jackson 等人（2006）的观点，要挖掘绿色人力资本的全部潜力，也必须借助绿色结构资本，通过组织所拥有的丰富的绿色知识和经验，以及良好的信息平台，来进行绿色研发、绿色生产及绿色营销等活动，在提升企业绩效的过程中，发挥企业对社会的最大价值。

Podolny 和 Page（1998）提出企业的绿色关系能够提升组织学习能力，进而促进创新绩效和经营绩效。一方面，绿色关系网络可以实现战略合作伙伴之间的绿色知识转移，促进组织学习；另一方面，企业与社区、环境等利益相关者之间的交流互动能够产生新的知识。因此，Kale、Singh 和 Perlmutter（2000）指出借助绿色关系网络，企业可以获得所缺的绿色知识与资源，进而达成以绿色结构资本为基础的企业及其利益相关者的共同目标，促进并强化绿色关系网络成员间的互信、互惠及合作关系，带动企业与社会绩效的整体提升。

Porter 和 van der Linde（1995）指出，企业的绿色产品创新能够减少资源的消耗，以及生产过程中污染物的排放，并且率先推出绿色环保型产品较容易得到社会大众的接受，有利于企业开拓市场，扩大竞争优势，提升企业绩效。Kammerer（2009）认为，企业研发出的绿色产品在生命周期的各个环节都对企业绩效具有促进作用，同时也能解决不同的环境问题。Rosa 和 Pierpaolo（2010）则认为，企业绿色创新能力有助于提升资源的使用效率，提高企业声誉，使企业在符合法律和道德要求的前提下，不断促进企业绩效的改善。由此可见，绿色创新资本可以通过减少资源的消耗和降低环境成本，来帮助企业增加营利能力，以绿色产品来扩展市场，不仅能够使企业成为市场先驱，而且还能改善企业绩效，获得竞争优势。

鉴于上述分析，本书提出下列假设：

H4a：绿色人力资本对于企业绩效存在正面影响；

H4b：绿色结构资本对于企业绩效存在正面影响；

H4c：绿色关系资本对于企业绩效存在正面影响；

H4d：绿色创新资本对于企业绩效存在正面影响。

5.2.2 概念模型

本书在对社会责任、绿色企业、绿色智力资本和企业绩效的概念，以及相关文献进行回顾和分析的基础上，发现这些概念之间存在着相互影响关系。首先，社会责任对于绿色企业具有正向影响；其次，社会责任对于绿色智力资本（包括绿色人力资本、绿色结构资本、绿色关系资本和绿色创新资本）具有正向影响；再次，绿色企业对于绿色智力资本（包括绿色人力资本、绿色结构资本、绿色关系资本和绿色创新资本）具有正向影响；最后，绿色智力资本（包括绿色人力资本、绿色结构资本、绿色关系资本和绿色创新资本）对于企业绩效具有正向影响。因此，为了更加深入探析基于社会责任的绿色智力资本对企业绩效的影响机制，本书提出了一个概念模型，如图 5.2 所示，以研究社会责任、绿色企业、绿色智力资本和企业绩效之间的影响关系，揭示基于社会责任的绿色智力资本对企业绩效的作用机理。

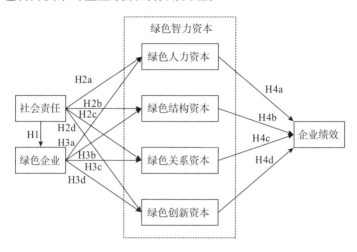

图 5.2　基于社会责任的绿色智力资本对企业绩效影响的概念模型

5.3　研究方法——结构方程模型

因为社会责任、绿色企业、绿色智力资本（包括绿色人力资本、绿色结构资本、绿色关系资本和绿色创新资本）和企业绩效等皆非能够直接观测的变量，所以仅采用传统的统计学方法不能对这些变量进行精确的测量，也无法深入研究这些变量间关系。根据 Malaeb、Summers 和 Pugesek（2000）、Pugesek、Tomer A 和 von Eye（2003）的观点，结构方程模型（Structural Equation Modeling，SEM）是一种融合了因素分析（Factoring Analysis）和路径分析（Path Analysis）的高级统计方法，主要用于研究变量之间的关系，作为理论验证的工具。侯杰泰、温忠麟和成子娟（2004）指出，作为一种非常重要的统计分析工具，结构方程模型的应用范围也极为广泛，已普遍应用于经济学、管理学、社会学、心理学、生物学、化学等许多学科和领域。因此，本书使用结构方程模型来探索基于社会责任的绿色智力资本对企业绩效的影响。

5.3.1 结构方程模型的基本原理

作为一种统计分析方法，结构方程模型早期的发展源于经济计量学和心理计量学，而结构方程模型除了包含因素分析和路径分析之外，还包含了多变量分析技术，因此逐渐被社会科学领域所重视和接受。结构方程模型可以通过因素分析、路径分析、回归分析、方差分析等，来研究变量间的因果关系。结构方程模型可以同时处理一系列或多组自变量与因变量之间的关系，分为两种模式：第一，测量模式，主要描述潜变量与观测变量之间的关系，用以解释潜变量如何取决于观测变量，以及观测变量的测量性质（如信度、效度）；第二，结构模式，主要描述潜变量之间的因果关系，包括自变量、因变量的测量误差、双向因果关系，同时发生及相互依赖性。

结构方程模型目的在于，检验观测变量与潜变量之间的关系，包括四个种类，分别为外生观测变量（以 X 表示）、内生观测变量（以 Y 表示）、外生潜变量（以 ξ 表示）、内生潜变量（以 η 表示），结构方程模型如图 5.3 所示，其中的符号说明如表 5.1 所示。

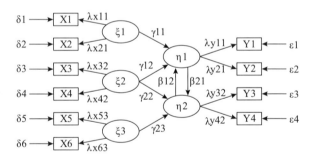

图 5.3　结构方程模型

表 5.1　结构方程模型符号说明

符号	类型	说明
X	变量	外生潜变量 ξ 的观测变量，用方形表示，可由外生潜变量解释
Y	变量	内生潜变量 η 的观测变量，用方形表示，可由内生潜变量解释
ξ	变量	外生潜变量，用圆形表示，不受其他潜变量影响
η	变量	内生潜变量，用圆形表示，受其他潜变量影响

符号	类型	说明
δ	误差	观测变量 x 的测量误差，外生潜变量无法解释部分
ε	误差	观测变量 y 的测量误差，内生潜变量无法解释部分
λx	回归	外生潜变量对观测变量 x 的影响关系
λy	回归	内生潜变量对观测变量 y 的影响关系
β	回归	内生潜变量之间的影响关系
γ	回归	外生潜变量对内生潜变量的影响关系

根据图 5.3，结构方程模型有三个潜在自变量 ξ_1、ξ_2、ξ_3，两个潜在因变量 η_1、η_2，这两个自变量可由下列方程式表示：

$$\eta_1 = \gamma_{11}\xi_1 + \gamma_{12}\xi_2 + \beta_{12}\eta_2 + \zeta_1 \tag{5.1}$$

$$\eta_2 = \gamma_{22}\xi_2 + \gamma_{23}\xi_3 + \beta_{21}\eta_1 + \zeta_2 \tag{5.2}$$

方程式（5.1）、（5.2）中的 ζ 表示内生潜变量的估计残差，无法由外生潜变量解释的部分。将这两个方程式合并，可由下列矩阵表示：

$$\begin{bmatrix} \eta_1 \\ \eta_2 \end{bmatrix} = \begin{bmatrix} \gamma_{11} & \gamma_{12} & 0 \\ 0 & \gamma_{22} & \gamma_{23} \end{bmatrix} \times \begin{bmatrix} \xi_1 \\ \xi_2 \\ \xi_3 \end{bmatrix} + \begin{bmatrix} 0 & \beta_{12} \\ \beta_{21} & 0 \end{bmatrix} \times \begin{bmatrix} \eta_1 \\ \eta_2 \end{bmatrix} + \begin{bmatrix} \xi_1 \\ \xi_2 \end{bmatrix} \tag{5.3}$$

因此，结构方程模型可以表示为：

$$\eta = \gamma\xi + \beta\eta + \zeta \tag{5.4}$$

其中，β 和 γ 皆为路径系数，β 表示内生潜变量之间的影响关系，γ 表示外生潜变量对内生潜变量的影响关系，ζ 为残差量，表示结构方程模型中无法解释的部分。

5.3.2　结构方程模型的分析步骤

Hair 等人（2006）提出，结构方程模型的分析过程主要包括六个步骤：第一，界定研究构面；第二，构建与拓展整体测量模型；第三，设计研究方式以产生实证结果；第四，评估测量模型的有效性；第五，详细阐述与构建结构模型；第六，评估结构模型的有效性。结构方程模型分析步骤的流程，如图 5.4 所示。

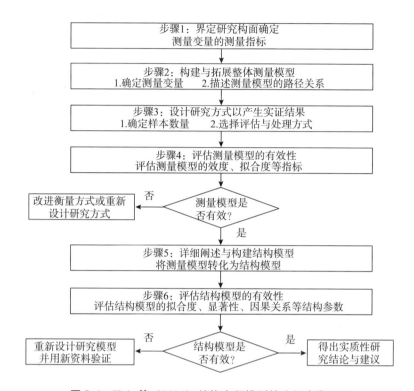

图 5.4 Hair 等（2006）结构方程模型的分析步骤流程

1. 界定研究构面

在这一步骤中，主要完成两方面的工作：一方面，对研究构面进行操作性定义，界定研究构面在现实中的意义，以便能够加以测量，界定方式主要是通过将前人研究文献中已验证过的结果作为衡量指标，或者研究者自己创造出来的衡量指标；另一方面，对研究量表进行提前测试，通过预先测试，可以将研究量表中一致性和稳定性较差的问题项删除，以便接下来对研究模型的顺利验证。

2. 构建与拓展整体测量模型

在这一步骤中，是在对研究量表进行预先测试的基础上，确定具体的研究变量，描绘出观测变量与潜变量之间的相互关系，进而建立整体的测量模型。

3. 设计研究方式以产生实证结果

在这一步骤中，主要完成两方面的工作：一方面，确定研究设计的方式，包括资料分析的形式（如相关系数矩阵、共变量矩阵）、遗漏值处理方式（如完全删除法、配对删除法、最大期望法），以及样本量的大小；另一方面，确定模型评估的方式，包括研究模型结构（经过概念的归纳、文献的整理与推导，形成待验证的假设模型）、参数估计方法（如最小平方法、最大似然估计法、加权最小平方法、一般化最小平方法、渐进分配自由法）、统计软件的选择（如 LISREL、EQS、AMOS、CALIS）。

4. 评估测量模型的有效性

在这一步骤中，主要是检验假设模型是否能够描述实际变量之间的关系，包括效度分析（如收敛效度、区别效度）、卡方自由度检验、各种拟合度指标（如拟合优度、校正拟合优度、标准拟合指数、比较拟合指数、非正态化拟合指数、近似误差均方根等）。

5. 详细阐述与构建结构模型

在这一步骤中，研究人员需要通过建立结构模型来检验潜变量之间的假设关系，并且路径分析可以用来讨论潜变量之间的相互影响关系，路径关系图可以呈现一个完整的模型结构，包含测量模型与结构模型。

6. 评估结构模型的有效性

在这一步骤中，主要是检验结构模型的效度和理论假设关系，而结构模型的检验必须是建立在测量模型达到理想拟合度的基础之上的，否则这一检验毫无意义。值得注意的是，测量模型与结构模型的有效性检验存在两个不同：第一，研究人员可以在不同理论假设的前提下，形成不同的替代模型，并对不同的模型进行比较；第二，结构关系的估计参数不同，应根据假设关系和实证资料来确定。

5.4　问卷设计

设计调查问卷是问卷调查法非常关键的环节，因为调查问卷的质量将会直接影响后续的研究工作，所以为了确保能够设计出高质量的调查问卷，本书通过四个步骤来设计调查问卷。

1. 确定调查问卷的具体内容

本书调研的目的在于深入了解基于社会责任的绿色智力资本对企业绩效的

影响效果，所要调查的内容非常宽泛，涵盖了社会责任的四个层面，即经济责任、法律责任、道德责任和慈善责任；绿色企业的三个层面，即绿色机构、绿色功能和绿色商品；绿色智力资本的四个层面，即绿色人力资本、绿色结构资本、绿色关系资本和绿色创新资本；以及企业绩效等方面的问题。

2. 确定调查问卷的具体形式

本书设计的调查问卷形式参照目前学术界研究经济管理类问题普遍使用的问卷格式，即以多个测量指标来描述和评估一个变量，此外，由于调查问卷采用的是定性问题，因此，将研究过程中所涉及的变量使用 Likert 五点量表来进行测量，在评分方面，按照 5 = 非常同意，4 = 同意，3 = 一般，2 = 不同意，1 = 非常不同意的标准进行打分。

3. 形成初始的调查问卷

本书在借鉴国内、外相关研究文献和对已有量表进行比较分析的基础上，开发出基于社会责任的绿色智力资本对企业绩效影响的研究量表。为了能够使研究变量具有说服力，可以同国际相关研究接轨。本书在开发量表的过程中，尽量参考一些较为完善的标准量表，而对于那些目前尚无成熟量表的变量，按照过去研究者对于变量内涵的表述，并结合当前我国企业的实际情况来设计研究量表，进而形成了初始的调查问卷。

4. 形成正式的调查问卷

为了能够保障本书设计的调查问卷的科学性、合理性，在初始调查问卷形成之后，首先邀请了多位高校相关研究领域的专家和企业的管理人员对初始问卷进行了讨论和试填，根据专家的意见对初始问卷的测量题目进行修改，并删除了容易产生歧义的题目，然后进行小样本测试，即预先发放 50 份调查问卷，以访谈的方式对每一个问题项进行详细说明，听取被调查对象的建议，并对回收的有效问卷的样本数据进行信度和效度的初步检验，根据检验结果以及被调查者反馈的意见，再次对调查问卷的内容进行调整，逐一校对和确认每一个问题项，形成了最终正式的调查问卷（详见附录 A）。

5.5　研究变量与测量指标

本书提出的基于社会责任的绿色智力资本对企业绩效影响的概念模型主要

包括社会责任、绿色企业、绿色智力资本（绿色人力资本、绿色结构资本、绿色关系资本、绿色创新资本）和企业绩效等构面。为了进一步深入探析研究变量之间的内在关系，本书在借鉴前人相关研究成果的基础上，结合绿色智力资本的内涵，有针对性地对每个研究变量进行详细的分析和界定，并确定各自的测量指标，以满足后续研究的需要。

1. 社会责任

Carroll（1999）将企业社会责任从低到高依次分为经济责任、法律责任、道德责任和自发责任，其中经济责任是追求利润，是对企业经营最基本的要求，法律责任是要求企业在法律的制约下来追求利润，因此，经济责任和法律责任是企业必须履行的社会责任，而道德责任则是被社会所期望的，要求企业的经营理念与社会的道德规范保持一致，自发责任则是企业所渴望的最高层次的社会责任，是超越经济、法律和道德的自发性行为。本书主要参考 Carroll（1999）、Maignan 和 Ferrell（2000）、Lin（2010）的研究成果，经过相应调整后，认为社会责任应包括经济责任、法律责任、道德责任和慈善责任，并且提出下列关于企业社会责任的测量指标，如表 5.2 所示。

表 5.2　社会责任的测量指标

变量	测量指标
经济责任	01 公司的营利能力
	02 公司的营销能力
	03 公司的营运成本
法律责任	04 公司对保障员工合法权益的重视程度
	05 公司对保护顾客隐私权的重视程度
	06 公司对在其网站或其他媒介披露财务、营运等法律规定相关信息的重视程度
道德责任	07 公司对顾客投诉的重视程度
	08 公司提高员工职业道德的重视程度
	09 公司考核升迁制度的公平性
慈善责任	10 公司对周边社区关怀的重视程度
	11 公司对回馈社会的积极程度
	12 公司对员工参与社会公益活动的态度

2. 绿色企业

本书在归纳前人研究文献的基础上，认为绿色企业应该是以可持续发展作为经营目标，使用绿色管理方法，所提供的产品或服务应尽可能地减少资源的消耗和降低对环境的污染，并且积极参与社会公益活动，从而形成一种具有企业自身特色的绿色品牌形象。本书主要参考 Walters（1978）、John（1994）的研究成果，经过相应调整后，认为绿色企业应包括绿色机构、绿色功能和绿色商品，并且提出下列关于绿色企业的测量指标，如表 5.3 所示。

表 5.3　绿色企业的测量指标

变量	测量指标
绿色机构	13 公司的企业形象
	14 公司服务站点的数量
绿色功能	15 公司产品或服务的定价
	16 公司推动公益基金会的重视程度
绿色商品	17 公司产品或服务的品质
	18 公司的绿色品牌产品

3. 绿色智力资本

本书认为，在当前知识经济和绿色经济的双重时代背景下，绿色智力资本是具有价值创造、环境保护和社会关怀能力的企业无形资产，能够兼顾经济绩效、环境绩效和社会绩效，是推动企业可持续发展的核心动力。本书主要参考 Chen（2008）、Epstein（2008）的研究成果，经过相应调整和扩展后，认为绿色智力资本应包括绿色人力资本、绿色结构资本、绿色关系资本和绿色创新资本，并且提出下列关于绿色智力资本的测量指标，如表 5.4 所示。

表 5.4　绿色智力资本的测量指标

变量	测量指标
绿色人力资本	19 公司员工对满足顾客绿色需求的重视程度
	20 公司员工对节约公司资源的重视程度
	21 公司员工对服务弱势群体的重视程度

变量	测量指标
绿色结构资本	22 公司对员工教育与培训的重视程度
	23 公司对内部环境监控与保护的重视程度
	24 公司的奖惩制度
绿色关系资本	25 公司对内部团队合作的重视程度
	26 公司中长期客户的比例
	27 公司与社会公益组织保持合作关系的重视程度
绿色创新资本	28 公司在产品的设计与研发上对未来回收和再利用的重视程度
	29 公司对降低产品制造过程中废弃物排放的重视程度
	30 公司对推动环保型产品来开拓市场的态度

4. 企业绩效

随着市场环境的不断变化，以及学术理论的不断演进，学者们对于企业绩效的研究已经不再像过去单一地重视财务层面的绩效。目前，学术界普遍认为，企业绩效是检验组织目标完成度的一个重要标准，关于企业绩效的衡量层面的探讨主要集中在三个层面：第一，财务绩效，例如投资报酬率、销售额成长率、每股盈余等；第二，事业绩效，例如市场占有率、新产品比例、产品质量、营销能力等；第三，组织各种目标的完成度。本书在总结众多学者关于企业绩效衡量依据的基础上，主要参考 Steensma 和 Corley（2000）、Matsuno、Mentzer 和 Özsomer（2002）、Morgan、Vorhies 和 Manson（2009）的研究成果，提出下列关于企业绩效的测量指标，如表 5.5 所示。

表 5.5　企业绩效的测量指标

变量	测量指标
企业绩效	31 公司的市场占有率
	32 公司的投资回报率
	33 公司的销售成长率
	34 公司每年预定财务目标的完成度
	35 公司争取到新顾客群的难易度

5.6 实证研究过程

本书在发放和回收调查问卷之后，对有效问卷的数据资料进行整理和归纳，然后使用 SPSS17.0 软件和 LISREL8.7 软件对样本数据进行处理分析。实证研究的过程包括叙述性统计分析、信度与效度分析、潜变量相关性分析、结构方程模型分析。各阶段的具体工作如下。

1. 叙述性统计分析

叙述性统计分析主要是通过对样本数据的分析和描述，来了解被调查者对调查问卷的填写情况，以及样本数据的总体结构与特征。

2. 信度与效度分析

信度分析主要是测量各变量之间的一致性，即在条件相似的情况下，重复操作可以得到稳定、一致的结果。Cronbach α 系数是目前最为普遍的信度检验指标，通常当 Cronbach α 值大于 0.6 时，表示量表的信度可以接受，而当 Cronbach α 值大于 0.7 时，则表示量表的内部一致性较高，信度良好。

效度分析主要是检验量表所能测到的想要的测量特性的正确程度，即概念定义与操作化定义是否契合。本书的效度分析又分为了收敛效度分析和区别效度分析，收敛效度是考察量表中同一变量的不同问题项的相关度，而区别效度则是考察相似概念的区别程度，或者同一概念在多种测量下的一致程度。

3. 潜变量相关性分析

本书使用 Pearson 相关系数来测量潜变量之间的相关性，来判断各变量之间的正、负相关关系，以及是否显著。

4. 结构方程模型分析

本书使用 LISREL 软件对理论建构的结构方程模型进行验证性因素分析，首先检验数据资料与理论模型的拟合度，然后做路径分析，来检验理论模型、研究假设的正确与否。

5.7 本章小结

本章在对社会责任、绿色企业、绿色智力资本和企业绩效相关概念进行评述的基础上，结合前人的相关研究的理论成果，提出了 13 条研究假设，构建了基于社会责任的绿色智力资本对企业绩效影响的概念模型，并按照模型的特点，选取结构方程为研究方法，进而设计了相关的调查问卷，确定了相关的研究变量与测量指标，并对接下来的实证研究过程进行了介绍。

第6章 基于社会责任的绿色智力资本对企业绩效影响的实证分析

6.1 样本数据的采集与概况

本书使用问卷调查的方法来收集数据资料，在问卷发放上，主要采用以面对面的形式发放纸质问卷与以 E-mail 的形式发放电子问卷相结合的方法。本书的调研对象主要以公司的管理者为主，包括中、高层管理者和基层管理者，以及部分资深员工，从上至下覆盖了公司的所有阶层，便于全面了解公司，且要求调研对象具有较丰富的管理经验或已经在其所在公司工作了较长的时间，对公司的整体情况有着较为清晰的了解，从而保证调查的有效性。为了确保调查问卷的回收率、时间限制、答题质量等要求，本书在能力所及的情况下，尽可能地利用社会关系和人脉资源，寻找符合要求的调研对象，尽量保证调研对象所在城市、行业、企业来源方面的分散性与随机性，以及比较熟悉其所在公司情况，能够真实准确地填写调查问卷。本书共计发放调查问卷 500 份，回收问卷 357 份，去除无效问卷 51 份，最终得到有效问卷 306 份，有效回收率为 61.2%。

6.1.1 个人与公司统计资料

对于调研对象个人资料的统计，由表 6.1 所示，主要分为职位和学历两个方面。

在职位方面，从回收的 306 份有效问卷来看，资深员工有 34 份，占 11.11%，基层管理者有 97 份，占 31.70%，中、高层管理者有 175 份，占 57.19%。从统计资料的结果来看，中、高层管理者的人数最多，超过了半数以上，由此可见，被调查对象以企业中、高层管理者为主。

在学历方面，从回收的 306 份有效问卷来看，专科以下有 14 份，占

4.58%；专科有 86 份，占 28.10%；本科有 132 份，占 43.14%；硕士研究生有 63 份，占 20.59%；博士研究生有 11 份，占 3.59%。从统计资料的结果来看，拥有本科及以上学历的人数较多，达到了总样本量的六成以上，由此可见，被调查对象总体上拥有较高的学历。

表6.1　调研对象个人资料

项目	类别	数量（人）	百分比（%）
职位	资深员工	34	11.11
	基层管理者	97	31.70
	中、高层管理者	175	57.19
学历	专科以下	14	4.58
	专科	86	28.10
	本科	132	43.14
	硕士研究生	63	20.59
	博士研究生	11	3.59

对于调研对象所在公司的基本资料的统计，由表 6.2 所示，主要分为行业、性质和员工数 3 个方面。

在行业方面，从回收的 306 份有效问卷来看，传统制造业（如食品、纺织、钢铁、家电等民生工程与基础工业）有 65 份，占 21.24%；高新技术产业（如通信、电子信息、生物医药、新能源、新材料等）有 121 份，占 39.54%；服务业（如银行、证券、中介、餐饮、旅游、文化、教育培训等）有 113 份，占 36.93%；其他行业有 7 份，占 2.29%。从统计资料的结果来看，高新技术产业与服务业旗鼓相当，各自占总样本量的比重都接近于四成，由此可见，样本公司所处的行业以高新技术产业和服务业为主。

在性质方面，从回收的 306 份有效问卷来看，国有企业有 89 份，占 29.08%；集体企业有 43 份，占 14.05%；民营企业有 93 份，占 30.39%；中外合资企业有 57 份，占 18.63%；外商独资企业有 14 份，占 4.58%；其他性质的企业有 10 份，占 3.27%。从统计资料的结果来看，国有企业与民营企业的样本居多，各自占总样本量的比重都接近于三成，由此可见，样本公司的性质以国有企业与民营企业为主。

在员工人数方面，从回收的 306 份有效问卷来看，100 人以下的有 91 份，占 29.74%；100 ~ 500 人的有 118 份，占 38.56%；500 ~ 1000 人的有 34 份，占 11.11%；1000 ~ 3000 人的有 40 份，占 13.07%；3000 人以上的有 23 份，占 7.52%。从统计资料的结果来看，500 人以下的企业居多，占总样本量的比重接近于七成，由此可见，样本公司的规模总体上不是很大。

表 6.2　样本公司基本资料

项目	类别	数量	百分比（%）
行业	传统制造业	65	21.24
	高新技术产业	121	39.54
	服务业	113	36.93
	其他	7	2.29
性质	国有	89	29.08
	集体	43	14.05
	民营	93	30.39
	中外合资	57	18.63
	外商独资	14	4.58
	其他	10	3.27
员工数	100 人以下	91	29.74
	100 ~ 500 人	118	38.56
	500 ~ 1000 人	34	11.11
	1000 ~ 3000 人	40	13.07
	3000 人以上	23	7.52

6.1.2　叙述性统计分析

叙述性统计分析可以通过对样本数据的分析和描述，来简单了解样本数据的总体结构和特征。本书使用的是 Likert 五点量表，在评分方面，其中 5 = 非常同意，4 = 同意，3 = 一般，2 = 不同意，1 = 非常不同意。如此通过量化以后，再计算各变量问题项的平均数与标准差来分析被调查对象对于各问题项的态度和观点。通常，若某问题项得分的平均数较高，说明被调查对象对该问题项有着较高的认同度，若某问题项得分的标准差较小，说明被调查对象对该问题项的态度有着较高的一致性。

（1）社会责任方面。

通过表 6.3 可以看出，社会责任问题项的总体平均得分为 3.429，由此可知，被调查对象对于社会责任问题项基本认同。在 12 个问题项中，重视程度较高的问题项有 4 个，按照排名顺序，依次为"降低营运成本""保障员工合法权益""提高员工的职业道德""营利能力"。在这 4 个问题项中，有两个来源于经济责任，各有一个来源于法律责任和道德责任，这说明被调查对象在经济责任方面的认可度较高，在法律责任方面和道德责任方面也具有一定的认可度，而在慈善责任方面的认可度相对略低。

表 6.3 社会责任各题项统计情况

题项	平均得分	标准差	排序
01 本公司营利能力较强	3.783	1.046	4
02 本公司营销能力较强	3.261	1.197	7
03 本公司努力降低营运成本	4.015	1.183	1
04 本公司重视保障员工合法权益	3.903	1.152	2
05 本公司重视保护顾客隐私权	3.212	1.094	12
06 本公司重视在其网站或其他媒介披露财务、营运等法律规定的相关信息	3.267	1.116	6
07 本公司重视并能及时处理顾客的投诉	3.362	1.069	5
08 本公司重视提高员工的职业道德	3.817	1.127	3
09 本公司的考核升迁制度的公平性较高	3.228	1.107	11
10 本公司重视对周边社区的关怀	3.258	1.108	8
11 本公司积极地回馈社会	3.245	1.160	9
12 本公司鼓励员工参与社会公益活动	3.232	1.117	10
总体	3.429	1.168	—

（2）绿色企业方面。

通过表 6.4 可以看出，绿色企业问题项的总体平均得分为 3.502，由此可知，被调查对象对于绿色企业问题项基本认同。在 6 个问题项中，重视程度较高的问题项有 3 个，按照排名顺序，依次为"产品或服务的品质""企业形象""绿色品牌产品"。在这 3 个问题项中，有两个来源于绿色商品，有一个来源于绿色机构，这说明被调查对象在绿色商品方面的认可度较高，在绿色机构方面也具有一定的认可度，而在绿色功能方面的认可度相对略低。

表 6.4　绿色企业各题项统计情况

题项	平均得分	标准差	排序
13 本公司拥有良好的企业形象	3.791	1.124	2
14 本公司服务站点的数量较多	3.303	1.089	4
15 本公司产品或服务的定价很少受到顾客的质疑	3.239	1.036	6
16 本公司重视公益基金会的推动	3.248	1.020	5
17 本公司产品或服务的品质较高	3.842	1.093	1
18 本公司拥有自己独特的绿色品牌产品	3.768	1.104	3
总体	3.502	1.081	—

（3）绿色智力资本方面。

通过表 6.5 可以看出，绿色智力资本问题项的总体平均得分为 3.536，由此可知，被调查对象对于绿色智力资本问题项基本认同。在 12 个问题项中，重视程度较高的问题项有 5 个，按照排名顺序，依次为"员工的教育与培训""产品的设计与研发上较多的考虑未来的回收和再利用""奖惩制度""降低产品制造过程中的废弃物的排放""对弱势群体的服务"。在这 5 个问题项中，各有两个来源于绿色结构资本和绿色创新资本，有一个来源于绿色人力资本。这说明被调查对象在绿色结构资本方面和绿色创新资本方面的认可度较高，在绿色人力资本方面也具有一定的认可度，而在绿色关系资本方面的认可度相对略低。

表 6.5　绿色智力资本各题项统计情况

题项	平均得分	标准差	排序
19 本公司员工重视对顾客绿色需求的满足	3.403	1.092	7
20 本公司员工重视对公司资源的节约	3.284	1.075	10
21 本公司员工重视对弱势群体的服务	3.798	1.051	5
22 本公司重视对员工的教育与培训	4.107	1.097	1
23 本公司重视对内部环境的监控与保护	3.320	1.117	9
24 本公司有较好的奖惩制度	3.920	1.063	3
25 本公司重视内部团队合作	3.430	1.055	6

题项	平均得分	标准差	排序
26 本公司的中长期客户的比例较高	3.216	1.077	12
27 本公司重视与社会公益组织保持合作关系	3.222	1.042	11
28 本公司在产品的设计与研发上较多地考虑未来的回收和再利用	3.925	1.058	2
29 本公司重视降低产品制造过程中的废弃物的排放	3.850	1.033	4
30 本公司积极推动环保型产品来开拓市场	3.337	0.986	8
总体	3.536	1.104	—

（4）企业绩效方面。

通过表6.6可以看出，企业绩效问题项的总体平均得分为3.558，由此可知被调查对象对于企业绩效问题项基本认同。在5个问题项中，按照重视程度排名顺序，依次为"预定的财务目标""市场占有率""投资回报率""销售成长率""新的顾客群"。

表 6.6　企业绩效各题项统计情况

题项	平均得分	标准差	排序
31 本公司的市场占有率较高	3.645	1.008	2
32 本公司的投资回报率较高	3.576	1.044	3
33 本公司的销售成长率较高	3.561	1.061	4
34 本公司每年都能完成预定的财务目标	3.979	0.995	1
35 本公司比较容易争取到新的顾客群	3.080	1.168	5
总体	3.558	1.037	—

6.2　信度与效度分析

6.2.1　信度分析

信度表示数据资料的可靠性，信度分析的目的是为了要了解所收集的数据资料的可信度和测量工具本身的稳定度，所谓的稳定度则表示无论研究者以同一问卷进行几次调研，都会呈现出相类似的分析结果。在社会科学研究领域中，使用测量工具来收集数据资料的前提是，这种测量工具必须拥有较高的稳定度，并采用适当的统计方法对收集来的数据资料进行分析，所得到的结论才会有意义，容易被人们所接受。目前，信度检验有许多种方式，本书采用的是 Cronbach α 系数来检验信度，这是 Likert 量表最常用的，也是社会科学普遍认同的信度检验方法。该检验方法是 1951 年由 Cronbach 提出的，是通过检验量表的各测量题目之间一致性来确定 Cronbach α 系数的大小，通常 Cronbach α 系数越大（即越接近于1），则说明量表的内部一致性越高。Cronbach α 系数的函数表达式为：

$$\alpha = \left(\frac{K}{K-1} \right) \left(1 - \Sigma \frac{S_i^2}{S^2} \right) \tag{6.1}$$

由内部一致性 α 的函数式 6.1 可见，K 代表测量项目的个数，S_i^2 代表每个测量项目得分的变异量，S^2 代表测量总分的变异量。

虽然学术界普遍认同 Cronbach α 系数越接近于 1 则表示问卷的信度越高，而 Cronbach α 系数究竟达到多少才表示问卷的可信度是可以接受的，学者们有着不同的观点。Nunnally（1978）指出，量表各构面的 Cronbach α 值必须大于 0.7，才说明问题项具备较好的内部一致性，量表拥有参考的可信度。Wortzel（1979）则认为，Cronbach α 值若大于 0.7，则表示量表"相当可信"，若介于 0.35 ~ 0.7，则表示量表"可信"，若小于 0.35 表示量表"不可信"。Fornell 和 Larcker（1981）指出，Cronbach α 值可以接受的最低值为 0.6，小于 0.6 则表示量表内部一致性较差。吴统雄（1984）提出了一个信度评价标准，Cronbach α 值大于 0.9 表示非常可信，在 0.7 ~ 0.9 表示很可信，在 0.5 ~ 0.7 表示较可信，在 0.4 ~ 0.5 表示尚可信，在 0.3 ~ 0.4 表示勉强可信，0.3 以下表示不可信。William（1998）认为，当 Cronbach α 值在 0.7 以上时，量表为高信度，而在 0.35 ~ 0.7 时，表示信度尚可。吴明隆（2010）在其所著的《问卷分析统计与实务——SPSS 操作与应用》一书中，给出了一个信度判别准则，如表 6.7 所示。

表 6.7 吴明隆（2010）信度判别准则

内部一致性 Cronbach α 系数值	分量表信度
0.900 以上	非常理想
0.800 ~ 0.899	甚佳
0.700 ~ 0.799	佳

内部一致性 Cronbach α 系数值	分量表信度
0.600 ~ 0.699	尚可
0.500 ~ 0.599	可但偏低
0.500 以下	欠佳最好删除

综合众家学者的观点，本书认为当 Cronbach α 值大于 0.6 时，量表的信度可以接受；当 Cronbach α 值大于 0.7 时，量表的内部一致性较高，具有良好的信度，并以此为标准来进行信度分析。此外，在进行信度分析时，还可以通过问题项的分项对总项的相关系数，即总体相关系数（CITC），来验证该分项与总项内其他各分项的内部一致性，根据 Nunnally（1978）的观点，当 CITC 的值大于 0.5 时，表示问题项与总体的相关程度良好，内部一致性较高。

由表 6.8 所示，社会责任量表的 Cronbach α 值为 0.924，大于 0.7，同时，量表中各题项的 CITC 值都介于 0.619 ~ 0.756，皆大于 0.5，并且若删除该题项，则量表的 Cronbach α 值将有所降低，说明社会责任量表的内部一致性较高，具有较好的信度。

表 6.8　社会责任量表的信度分析结果

题项	CITC	删除题项后的 α 值	Cronbach α
01 本公司营利能力较强	0.678	0.918	
02 本公司营销能力较强	0.685	0.918	
03 本公司努力降低营运成本	0.756	0.915	
04 本公司重视保障员工合法权益	0.734	0.916	
05 本公司重视保护顾客隐私权	0.714	0.917	
06 本公司重视在其网站或其他媒介披露财务、营运等法律规定的相关信息	0.682	0.918	0.924
07 本公司重视并能及时处理顾客的投诉	0.661	0.919	
08 本公司重视提高员工的职业道德	0.619	0.920	
09 本公司的考核升迁制度的公平性较高	0.680	0.918	
10 本公司重视对周边社区的关怀	0.663	0.919	
11 本公司积极地回馈社会	0.665	0.919	
12 本公司鼓励员工参与社会公益活动	0.631	0.920	

由表 6.9 所示，绿色企业量表的 Cronbach α 值为 0.824，大于 0.7，同时，量表中各题项的 CITC 值都介于 0.510 ~ 0.638，皆大于 0.5，并且若删除该题项，则量表的 Cronbach α 值将有所降低，说明绿色企业量表的内部一致性较高，具有较好的信度。

表 6.9　绿色企业量表的信度分析结果

题项	CITC	删除题项后的 α 值	Cronbach α
13 本公司拥有良好的企业形象	0.608	0.792	
14 本公司服务站点的数量较多	0.590	0.796	
15 本公司产品或服务的定价很少受到顾客的质疑	0.638	0.786	0.824
16 本公司重视公益基金会的推动	0.591	0.796	
17 本公司产品或服务的品质较高	0.614	0.791	
18 本公司拥有自己独特的绿色品牌产品	0.510	0.813	

由表 6.10 所示，绿色智力资本量表中绿色人力资本、绿色结构资本、绿色关系资本和绿色创新资本的 Cronbach α 值都介于 0.713 ~ 0.784，皆大于 0.7，同时，量表中各题项的 CITC 值都介于 0.516 ~ 0.656，皆大于 0.5，并且若删除该题项，则量表的 Cronbach α 值将有所降低，说明绿色智力资本量表的内部一致性较高，具有较好的信度。

表 6.10　绿色智力资本量表的信度分析结果

	题项	CITC	删除题项后的 α 值	Cronbach α
绿色人力资本	19 本公司员工重视对顾客绿色需求的满足	0.516	0.622	
	20 本公司员工重视对公司资源的节约	0.620	0.487	0.713
	21 本公司员工重视对弱势群体的服务	0.538	0.705	
绿色结构资本	22 本公司重视对员工的教育与培训	0.656	0.670	
	23 本公司重视对内部环境的监控与保护	0.620	0.710	0.784
	24 本公司有较好的奖惩制度	0.592	0.739	

续表

题项		CITC	删除题项后的 α 值	Cronbach α
绿色关系资本	25 本公司重视内部团队合作	0.597	0.715	0.733
	26 本公司的中、长期客户的比例较高	0.649	0.529	
	27 本公司重视与社会公益组织保持合作关系	0.527	0.679	
绿色创新资本	28 本公司在产品的设计与研发上较多地考虑未来的回收和再利用	0.551	0.657	0.734
	29 本公司重视降低产品制造过程中的废弃物的排放	0.589	0.609	
	30 本公司积极推动环保型产品来开拓市场	0.534	0.675	

由表 6.11 所示，企业绩效量表的 Cronbach α 值为 0.850，大于 0.7，同时，量表中各题项的 CITC 值都介于 0.616 ~ 0.724，皆大于 0.5，并且若删除该题项，则量表的 Cronbach α 值将有所降低，说明企业绩效量表的内部一致性较高，具有较好的信度。

表 6.11 企业绩效量表的信度分析结果

题项	CITC	删除题项后的 α 值	Cronbach α
31 本公司的市场占有率较高	0.618	0.829	0.850
32 本公司的投资回报率较高	0.672	0.816	
33 本公司的销售成长率较高	0.681	0.813	
34 本公司每年都能完成预定的财务目标	0.724	0.803	
35 本公司比较容易争取到新的顾客群	0.616	0.833	

6.2.2 效度分析

效度就是正确程度，如果测量工具缺少效度，那么它将毫无利用价值。效度分析用于检验研究者想要衡量事物的真实含义的程度，效度越高，则表明测量结果越能够代表受测者的真实反应和研究变量的真实性，而实现研究者的测量目的。目前，学术界按照特殊性和目的性不同，将效度分为内容效度、效标效度和建构效度 3 种类型。

内容效度用来检验测量目标在所呈现的代表性样本的表现程度，内容效度的高低取决于样本是否具有代表性。内容效度一定程度上也会受研究者主观判断的影响，有些研究者认为较高的内容效度，其他人可能觉得并非如此。由此可见，决定内容效度的关键因素在于测量工具所遵循的学术严谨程序。因此，测量工具应该建立在良好的理论基础之上，或者经过专家有效地评估，才能保障题目与所要测量的内容或能力有密切相关，可以代表该领域所涵盖的范围，使测量的内容具有代表性。正是由于内容效度的判定涉及个人的主观性，所以一般不独立检验，仅对测量结果给予总体评价。本书所设计的调查问卷是建立在前人研究成果基础之上的，并且邀请了多位高校相关研究领域的专家和企业的管理人员对初始的调查问卷进行了讨论和试填，根据专家的意见对初始问卷的测量题目进行了修改，并形成了最终的问卷，因此调查问卷已经具备了一定的内容效度。

效标效度以经验性的方法，研究测量分数与外在效标之间的关系，所谓的效标就是要预测的某些行为。效标效度又称为准则关联效度、实用效度、实证效度或统计效度，这种效度是建立在实证数据基础之上的。效标效度并不涉及构面的问题，通常以同时效度或预测效度呈现，同时效度强调的是效标分数和测量分数同时获取，目的在于利用测量分数评估个人在效标方面的实际情况；预测效度是效标分数在测量实施一段时间后取得的，目的在于使用测量分数预测个人在效标方面的未来表现。因为本书的目的并不是预测，所以不进行效标效度检验。

建构效度又称为构念效度，建构是一个抽象的概念，例如个性、态度、动机等，是无法直接观察到的，只能通过观察与之相关的各种行为或表现来感知。建构效度是用来检验理论上某些概念或特质的程度，或者说是构面能否真实反映实际状况，以说明理论上的建构，即理论建构可以用良好的数据资料来验证其所测量的概念。建构效度是3种效度分析中最常用，也是最重要的一种，它来源于理论逻辑，并且通过真实数据来验证理论的合理性、正确性，分析过程非常严谨。建构效度分析又包括收敛效度分析和区别效度分析，本书分别使用这两项统计分析程序来检验各变量及其构面是否具有建构效度。

（1）收敛效度分析。

收敛效度是指检验相同潜在特质（或构念）的测量指标是否会落在同一

个因素上，也就是说相同构面的问题项彼此间的相关性。收敛效度主要通过因子载荷值、平均变异抽取量（AVE）和组合信度（CR）来检验，当因子载荷值大于 0.5，平均变异抽取量（AVE）大于 0.5，组合信度（CR）大于 0.7，表示该变量内各问题项具有良好的收敛效度。

由表 6.12 所示，社会责任量表中各题项的因子载荷值都介于 0.681 ~ 0.820，皆大于 0.5，CR 的值为 0.940，大于 0.7，AVE 的值为 0.567，大于 0.5，说明社会责任量表具有较好的收敛效度。

表 6.12 社会责任量表的收敛效度分析结果

题项	因子载荷值	CR	AVE
01. 公司营利能力较强	0.735		
02. 公司营销能力较强	0.745		
03. 公司努力降低营运成本	0.807		
04. 公司重视保障员工合法权益	0.789		
05. 公司重视保护顾客隐私权	0.771		
06. 公司重视在公司网站或其他媒介披露其财务、营运等法律规定的相关信息	0.742	0.940	0.567
07. 公司重视并能及时处理顾客的投诉	0.820		
08. 公司重视提高员工的职业道德	0.681		
09. 公司的考核升迁制度的公平性较高	0.735		
10. 公司重视对周边社区的关怀	0.721		
11. 公司积极地回馈社会	0.783		
12. 公司鼓励员工参与社会公益活动	0.693		

由表 6.13 所示，绿色企业量表中各题项的因子载荷值都介于 0.651 ~ 0.856，皆大于 0.5，CR 的值为 0.891，大于 0.7，AVE 的值为 0.579，大于 0.5，说明绿色企业量表具有较好的收敛效度。

表6.13　绿色企业量表的收敛效度分析结果

题项	因子载荷值	CR	AVE
13. 公司拥有良好的企业形象	0.746		
14. 公司服务站点的数量较多	0.791		
15. 公司产品或服务的定价很少受到顾客的质疑	0.774	0.891	0.579
16. 公司重视公益基金会的推动	0.730		
17. 公司产品或服务的品质较高	0.856		
18. 公司拥有自己独特的绿色品牌产品	0.651		

由表6.14所示，绿色智力资本量表中绿色人力资本、绿色结构资本、绿色关系资本和绿色创新资本各题项的因子载荷值都介于0.762～0.868，皆大于0.5，CR的值都介于0.850～0.874，皆大于0.7，AVE的值都介于0.653～0.698，皆大于0.5，说明绿色智力资本量表具有较好的收敛效度。

表6.14　绿色智力资本潜变量的收敛效度分析结果

	题项	因子载荷值	CR	AVE
绿色人力资本	19. 员工重视对顾客绿色需求的满足	0.795		
	20. 员工重视对公司资源的节约	0.860	0.851	0.656
	21. 员工重视对弱势群体的服务	0.772		
绿色结构资本	22. 公司重视对员工的教育与培训	0.857		
	23. 公司重视对内部环境的监控与保护	0.834	0.874	0.698
	24. 公司有较好的奖惩制度	0.815		
绿色关系资本	25. 公司重视内部团队合作	0.762		
	26. 公司的中、长期客户的比例较高	0.868	0.855	0.663
	27. 公司重视与社会公益组织保持合作关系	0.810		
绿色创新资本	28. 公司在产品的设计与研发上较多地考虑未来的回收和再利用	0.803		
	29. 公司重视降低产品制造过程中的废弃物的排放	0.830	0.850	0.653
	30. 公司积极推动环保型产品来开拓市场	0.791		

由表6.15所示，企业绩效量表中各题项的因子载荷值都介于0.754～0.840，皆大于0.5，CR的值为0.894，大于0.7，AVE的值为0.629，大于0.5，说明企业绩效量表具有较好的收敛效度。

表 6.15　企业绩效潜变量的收敛效度分析结果

题项	因子载荷值	CR	AVE
31. 公司的市场占有率较高	0.756		
32. 公司的投资回报率较高	0.800		
33. 公司的销售成长率较高	0.811	0.894	0.629
34. 公司每年都能完成预定的财务目标	0.840		
35. 公司比较容易争取到新的顾客群	0.754		

（2）区别效度分析。

区别效度是指各构面的潜在特质与其他构面的潜在特质之间的低度相关或存在显著差异，用以检验问题项与其他概念问题项之间的区别程度。通常潜变量之间的相关程度皆小于潜变量内部的相关程度，则表示问题项具有良好的区别效度。当各变量的平均变异抽取量（AVE）大于各变量之间的相互解释变异量（相关系数的平方），则证明量表具有区别效度。由表 6.16 所示，潜变量的 AVE 值（对角线上的数值），皆大于潜变量之间相关系数的平方值（对角线下的数值），说明量表的区别效度良好。

表 6.16　量表的区别效度分析结果

潜变量	社会责任	绿色企业	绿色人力资本	绿色结构资本	绿色关系资本	绿色创新资本	企业绩效
社会责任	0.567						
绿色企业	0.232	0.579					
绿色人力资本	0.114	0.186	0.656				
绿色结构资本	0.126	0.201	0.168	0.698			
绿色关系资本	0.116	0.213	0.146	0.160	0.663		
绿色创新资本	0.172	0.249	0.112	0.142	0.132	0.653	
企业绩效	0.151	0.265	0.172	0.166	0.149	0.229	0.629

6.3　相关分析

相关分析是一种用以了解各变量之间相关程度的方法，一般使用 Pearson 相关系数来进行检验。相关分析的过程包括 3 个步骤：第一，通过相关系数的正负号，来判断变量间是正相关或是负相关；第二，相关系数是介于 -1 ~ +1，当相关系数为 0 时，表示变量间不相关，当相关系数接近于 1 或 -1 时，表示变量间相关程度较高；第三，检验相关系数的显著性，分析相关的显著程度。若变量间相关程度越高，并且显著性越强，则可以初步判断两变量存在显著因果关系。由表 6.17 所示，各潜变量之间具有显著的正相关，同研究假设相吻合。

表 6.17　潜变量相关分析结果

潜变量	社会责任	绿色企业	绿色人力资本	绿色结构资本	绿色关系资本	绿色创新资本	企业绩效
社会责任	1						
绿色企业	0.482 **	1					
绿色人力资本	0.338 **	0.431 **	1				
绿色结构资本	0.355 **	0.448 **	0.410 **	1			
绿色关系资本	0.341 **	0.461 **	0.382 **	0.400 **	1		
绿色创新资本	0.415 **	0.499 **	0.335 **	0.377 **	0.363 **	1	
企业绩效	0.388 **	0.515 **	0.415 **	0.407 **	0.386 **	0.479 **	1

注：** 表示显著性水平 $P < 0.01$。

6.4　结构方程模型分析

结构方程模型（Structural Equation Modeling，SEM）最初是由心理计量学研究者在研究变量集合内部关系的基础上发展出来的，早期的结构方程模型（SEM）的基本方法就是因素分析，所涉及的假设检验也仅限于心理学相关研究领域。而近年来，SEM 的成长非常迅速，许多领域的研究者积极地使用 SEM 来进行实证分析，而在实证研究方面，随着数据资料的结构越来越复杂，许多新颖的模型与统计方法也应运而生，如今，SEM 已在不同领域中蓬勃发展起来。

一般来说，因素分析包括探索性因素分析和验证性因素分析。探索性因素分析发展的基本动机起源于想要从一群反应变量的集合中，找出若干个无相关的潜在因素，用来解释反应变量间相关系数，如此一来，若潜伏因素与反应变量相偏离时，就不存在任何的相关性，这就是 SEM 早期发展时的解释性资料分析方法。其实所谓的探索性因素分析，就是对数据资料进行相关统计，目的在于充分了解这些资料。验证性因素分析 LISREL 软件的创建者 Jöreskog 所提出的，Jöreskog 和 Sörbom（1996）指出在该分析方法中，潜伏因素是存在相关性的，并且任何数值可以预先安置在特定的因素负荷量、因素相关系数和独特变异数中，因此验证性因素分析是建立在实验者已经获得相当多的有关结构方程模型知识和实质性理论的基础之上的。此外，验证性因素分析是由固定参数来确定的，得出的结果可以直接被解释。

现在结构方程模型（SEM）分析方法综合了因素分析和路径分析的技术，它主要包括测量模型、观测变量、潜在变量和结构模型，其中路径分析用于讨论观测变量之间的线性关系，因素分析则用于讨论观测变量与潜在变量之间的线性关系。目前，有许多有关于 SEM 分析的软件，例如 LISREL、AMOS、CO-SAN、LINCS、MECOSA、MPLUS、PLS、RAM、RAMONA、SEPATH、STRE-AMS、TETRAD II 等。在众多软件中，LISREL 软件对于 SEM 的发展产生过很大的影响，LISREL 模型一般是由结构模型来定义，事实上这个模型就是潜在变量的线性方程式，通过验证性因素分析，能够清晰地显现出观测变量与潜在变量的区别。正是因为 LISREL 软件在验证性因素分析方面，对于多变量之间因果关系的研究有着明显的优点，所以该软件被越来越多地应用于社会科学的研究领域，受到众多研究者的青睐。

承前所述，本书将通过 LISREL 8.7 软件来对理论建构的结构方程模型做验证性因素分析，首先检验数据资料与理论模型的拟合度，然后做路径分析，来检验理论模型、研究假设的正确与否。

6.4.1　模型的拟合度分析

结构方程模型（SEM）拟合度分析是通过验证数据资料与假设模型的拟合效果，来判断假设模型是否能够用以描述实际观察到的变量关系。模型拟合度分析的目的在于从各个方面来评估理论模型是否能够解释实际观测所获得的数据资料，或者说理论模型与实际观测所获得的数据资料之间的差距有多大。模型拟合度分析的指数一般包括绝对拟合指数、相对拟合指数和简约拟合指数 3 种类型，不同类型的指数便于从不同的角度来验证理论模型与测量数据之间的拟合效果。

（1）绝对拟合指数。

绝对拟合指数是通过将理论模型与饱和模型进行比较，进而得到一个统计量，来测量理论模型与样本数据的拟合程度。绝对拟合指数主要可以包括卡方自由度比（χ^2/df）、近似误差均方根（RMSEA）、残差均方根（RMR）、拟合优度指数（GFI）、校正拟合优度指数（AGFI）。

① 卡方自由度比（χ^2/df）。

卡方自由度比是通过自由度来调整卡方值，表示卡方值与期望值的差距，一般来说，χ^2/df 应介于 0 ~ 3，最大值不能超过 5。

② 近似误差均方根（RMSEA）。

RMSEA 表示理论模型与饱和模型的差距程度，该值越小说明模型拟合度越理想，当 RMSEA 小于 0.08 时，表示拟合度可以接受。

③ 残差均方根（RMR）。

RMR 通常用来测量残差的平均数，它是用来评估两个不同模型适合的情况是否良好，RMR 越小越好，当 RMR 小于 0.08 时，表示模型的拟合效果不错。

④ 拟合优度指数（GFI）。

GFI 表示理论模型中所能解释的变量，其范围介于 0 ~ 1，当 GFI 大于 0.8 时表示拟合度可以接受，而当该值大于 0.9 时，则表示拟合度良好。

⑤ 校正拟合优度指数（AGFI）。

AGFI 类似于回归分析中的调整后可解释变异量，与 GFI 相同，其范围同样介于 0 ~ 1，当 AGFI 大于 0.8 时，表示拟合度可以接受，而当该值大于 0.9 时，则表示拟合度良好。

（2）相对拟合指数。

相对拟合指数是通过将理论模型与基准模型进行比较，进而得到一个统计量，来测量理论模型与虚模型相比的改进程度。相对拟合指数主要可以包括标准拟合指数（NFI）、相对拟合指数（RFI）、比较拟合指数（CFI）、增值拟合指数（IFI）、非正态化拟合指数（NNFI）。

① 标准拟合指数（NFI）。

NFI 表示理论模型的卡方值与虚模型的卡方值的差异量，其数值越大越好，当 NFI 大于 0.9 时，表示拟合度良好。

② 相对拟合指数（RFI）。

RFI 是由 NFI 衍生出来的，它通过自由度对 NFI 进行调整，与 NFI 相同，其数值也是越大越好，当 RFI 大于 0.9 时，表示拟合度良好。

③ 比较拟合指数（CFI）。

CFI 表示理论模型与独立模型的差距，同时也考虑到被检验模型与中央卡方分配的离散性，当 CFI 大于 0.9 时，表示拟合度良好。

④ 增值拟合指数（IFI）。

IFI 是对 NFI 指数的修正，其目的是降低 NFI 对样本大小的依赖，其范围介于 0 ~ 1，数值越大代表拟合度越好，当 IFI 大于 0.9 时，表示拟合度良好。

⑤ 非正态化拟合指数（NNFI）。

NNFI 与 RFI 相似，也是通过自由度对 NFI 进行调整，当 NNFI 大于 0.9 时，表示拟合度良好。

（3）简约拟合指数。

简约拟合指数是通过将拟合指数乘以对应的简约比（理论模型/虚模型），进而得到一个统计量，其目的是为了惩罚参数过多的模型。简约拟合指数主要可以包括简约规范拟合指数（PNFI）、简约比较拟合指数（PGFI）。

① 简约规范拟合指数（PNFI）。

PNFI 是 NFI 的修正指数，表示每一个自由度所能达到的较高拟合程度，其值应该大于 0.5。

② 简约比较拟合指数（PGFI）。

PGFI 表示模型中估计参数的多少，能够反映出理论模型的简约程度，其值应该大于 0.5。

承前所述，本书同时使用绝对拟合指标、相对拟合指标和简约指标来检验理论模型与测量数据之间的拟合效果。由表 6.18 所示，除了 AGFI 以外，其他模型拟合度指标的测量结果都达到了相关标准，而且 AGFI 的值为 0.79，与 0.8 的标准值相差不多。总的来说，理论模型与测量数据的拟合效果较好，本书所建立的基于社会责任的绿色智力资本对企业绩效的影响模型拥有一定的解释能力。

表 6.18　模型拟合度分析结果

模型拟合度指数		标准值	测量值
绝对拟合指数	χ^2/df	<3	2.51
	RMSEA	<0.08	0.070
	RMR	<0.08	0.065
	GFI	>0.8	0.83
	AGFI	>0.8	0.79
相对拟合指数	NFI	>0.9	0.95
	RFI	>0.9	0.95
	CFI	>0.9	0.97
	IFI	>0.9	0.97
	NNFI	>0.9	0.97
简约拟合指数	PNFI	>0.5	0.87
	PGFI	>0.5	0.68

6.4.2　路径分析与假设检验

在模型拟合度分析的基础上，本书通过路径分析来检验研究假设与理论模型中潜变量（社会责任、绿色企业、绿色人力资本、绿色结构资本、绿色关系资本、绿色创新资本、企业绩效）之间的关系是否达到了预期的效果，以及各潜变量之间有着怎样的解释作用。变量间的路径系数与 t 值可以作为判断研究假设的是否成立的标准，并且根据检验结果对基于社会责任的绿色智力资本对企业绩效影响的研究模型进行修正。

由表 6.19 所示，在本书提出的 13 条研究假设中，仅有 2 条研究假设没有得到支持。其一，研究假设 H2b：社会责任对于绿色结构资本存在正面影响，尽管影响方向与研究假设一致，但是其 t 值仅为 0.76，表示影响关系并不显著，假设关系不成立，原因可能在于绿色结构资本主要体现在企业的经营理念和管理流程等方面，同绿色智力资本的其他 3 个要素相比，绿色结构资本更多地涉及组织文化，而组织文化的形成和变革是最为困难的，需要相当长的时间。因为组织成员对于变革前景的不了解，缺少参与感，将社会责任理念纳入组织文化同样是一个漫长的过程，需要组织成员逐渐地适应。因此，社会责任

对于绿色结构资本存在正面影响的假设暂时没有得到验证。其二，研究假设
H3a：绿色企业对于绿色人力资本存在正面影响，尽管影响方向与研究假设一
致，但是其 t 值仅为 0.14，同样表示影响关系不显著，假设关系也不成立，原
因可能在于绿色人力资本主要体现在员工的知识、技术、能力、经验等方面，
同绿色智力资本的其他 3 个要素相比，绿色人力资本更多地涉及员工层面，或
者说是个体层面，而不是组织层面。绿色企业强调的是一种组织层面的管理模
式，包括环境绩效评估、节能减排、产品的回收和再利用、绿色供应链管理、
绿色生产管理等方面，以形成绿色企业发展的基本政策，而员工个人能力的改
善依靠的不是政策，而更多的是在于自身的素质，以及教育和培训等方式。因
此，绿色企业对于绿色人力资本存在正面影响的假设暂时没有得到验证。除此
之外，其他 11 条研究假设的路径关系与假设关系完全吻合，并且显著效果明
显，说明研究假设得到支持。

表 6.19　变量间路径系数和假设检验结果

变量间路径关系	路径系数	t 值	假设关系	检验结果
社会责任→绿色企业	0.79***	10.97	H1	支持
社会责任→绿色人力资本	0.65***	8.34	H2a	支持
社会责任→绿色结构资本	0.07	0.76	H2b	不支持
社会责任→绿色关系资本	0.63***	8.02	H2c	支持
社会责任→绿色创新资本	0.74***	10.50	H2d	支持
绿色企业→绿色人力资本	0.01	0.14	H3a	不支持
绿色企业→绿色结构资本	0.72***	7.85	H3b	支持
绿色企业→绿色关系资本	0.79***	7.17	H3c	支持
绿色企业→绿色创新资本	0.65***	7.54	H3d	支持
绿色人力资本→企业绩效	0.34**	2.83	H4a	支持
绿色结构资本→企业绩效	0.42***	3.86	H4b	支持
绿色关系资本→企业绩效	0.44***	4.98	H4c	支持
绿色创新资本→企业绩效	0.57***	4.05	H4d	支持

注：** 表示显著性水平 $P < 0.01$，*** 表示显著性水平 $P < 0.001$。

按照上述分析，本书考虑将不显著的两条路径关系予以删除，然后针对修
正后的模型，重新使用 LISREL 软件进行模型拟合度分析和路径分析，进而再
次验证研究假设。由表 6.20 和表 6.21 所示，修正后的结构方程模型拟合度的
各项测量指标皆符合标准，而且总体上优于修正前的结构方程模型；同时，修

正后结构方程模型的路径关系也与假设关系相一致，并且从 t 值来看，显著效果明显，证明修正后的结构方程模型得到了很好的验证。为了便于对实证分析结果进行深入讨论，本书研究并绘制了修正后的基于社会责任的绿色智力资本对企业绩效影响的路径分析示意图，如图6.1所示。

表6.20　修正后模型拟合度分析结果

模型拟合度指数		标准值	测量值
绝对拟合指数	χ^2/df	<3	2.32
	RMSEA	<0.08	0.068
	RMR	<0.08	0.062
	GFI	>0.8	0.84
	AGFI	>0.8	0.80
相对拟合指数	NFI	>0.9	0.96
	RFI	>0.9	0.96
	CFI	>0.9	0.97
	IFI	>0.9	0.97
	NNFI	>0.9	0.97
简约拟合指数	PNFI	>0.5	0.88
	PGFI	>0.5	0.69

表6.21　修正后变量间路径系数和假设检验结果

变量间路径关系	路径系数	t 值	假设关系	检验结果
社会责任→绿色企业	0.77 ***	10.97	H1	支持
社会责任→绿色人力资本	0.68 ***	9.25	H2a	支持
社会责任→绿色关系资本	0.66 ***	8.89	H2c	支持
社会责任→绿色创新资本	0.71 ***	10.65	H2d	支持
绿色企业→绿色结构资本	0.65 ***	10.77	H3b	支持
绿色企业→绿色关系资本	0.67 ***	8.88	H3c	支持
绿色企业→绿色创新资本	0.70 ***	10.64	H3d	支持
绿色人力资本→企业绩效	0.32 **	2.60	H4a	支持
绿色结构资本→企业绩效	0.48 ***	4.03	H4b	支持
绿色关系资本→企业绩效	0.51 ***	5.07	H4c	支持
绿色创新资本→企业绩效	0.63 ***	4.78	H4d	支持

注：** 表示显著性水平 $P<0.01$，*** 表示显著性水平 $P<0.001$。

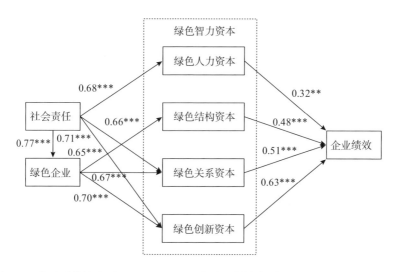

注：** 表示显著性水平 $P<0.01$，*** 表示显著性水平 $P<0.001$。

图 6.1　修正后的基于社会责任的绿色智力资本对企业绩效影响的路径分析示意

6.5　实证分析结果的讨论与启示

6.5.1　企业绩效的影响因素分析

按照结构方程模型的检验结果，可以看出绿色人力资本（$\beta=0.32$，$P<0.01$）、绿色结构资本（$\beta=0.48$，$P<0.001$）、绿色关系资本（$\beta=0.51$，$P<0.001$）和绿色创新资本（$\beta=0.63$，$P<0.001$）皆对企业绩效具有正向影响，而且影响效果也很显著，这 4 个方面的解释程度为 58%（$R^2=0.58$）。由此可见，绿色智力资本的 4 个要素，即绿色人力资本、绿色结构资本、绿色关系资本和绿色创新资本对企业绩效具有直接影响作用。

绿色人力资本是企业员工所拥有的绿色知识、技术、能力、理念等，符合当前绿色经济和知识经济的双重时代要求，能够提高企业的创新能力和适应能力，促进企业绩效的持续改善，形成具有特殊性价值的竞争优势。同时，绿色人力资本还能减少企业在营利过程中对周边环境和社区的冲击，提高环境品质，为企业绩效的可持续提升创造了良好的外部条件。本书实证分析结果也显示，绿色人力资本对企业绩效存在正向影响，即绿色人力资本越丰富，企业绩效的表现就越好。

绿色结构资本是组织结构的具体化，表现为组织的结构、业务流程，以及拥有良好的教育培训方式和升迁考核制度等。能够帮助企业及时地适应外部环境的变化和处理各种问题，并且绿色结构资本能够通过对各项知识、信息、资源的分析和处理，来搭建一个有效的资源分享平台，有助于绿色研发、绿色生产及绿色营销等活动的进行，深入挖掘、组织和提升经营绩效的潜力。本书实证分析结果也显示，绿色结构资本对企业绩效存在正向影响，即绿色结构资本越丰富，企业绩效的表现也就越好。

绿色关系资本是企业同内外部利益相关者之间所形成和维持的良好互动关系，这种绿色关系网络不但可以促进绿色知识、资源、信息等在网络成员之间的传播与共享，而且网络成员之间的交流与互动也是产生新知识的重要途径。绿色关系资本有助于企业与其利益相关者之间保持互信、互惠及合作关系，尤其能够提升老顾客的忠诚度，吸引更多的新顾客，获得持久性的竞争优势，促进企业绩效的改善。本书实证分析结果也显示，绿色关系资本对企业绩效存在正向影响，即绿色关系资本越丰富，企业绩效的表现也就越好。

绿色创新资本是企业在产品或服务的研发方面所具有的绿色理念和技术，企业所研发出的绿色创新产品能够减少生产制造过程中对于资源和能源额的消耗，并且绿色环保型产品也符合当前绿色经济时代的要求，容易被社会大众所接受，从而有利于企业开拓市场，扩大竞争优势，提升企业绩效。本书实证分析结果也显示，绿色创新资本对企业绩效存在正向影响，即绿色创新资本越丰富，企业绩效的表现也就越好。

总而言之，在当今知识经济和绿色经济的双重时代背景下，驱动企业绩效的关键因素在于绿色人才培养、绿色产品的研发、绿色品牌与形象的塑造、高效的物流系统、先进的管理模式，以及良好的客户关系等，而这些恰恰都是绿色智力资本的具体表现形式。绿色人力资本有利于改善人力资源管理，绿色结构资本有利于提升绿色研发与创新能力，绿色关系资本有利于改善客户关系、提升企业形象，绿色创新资本有利于绿色环保型产品的研发和生产，节约资源能源，这些都是维持企业生存和发展所必需的，并且在提升企业绩效的过程中扮演着举足轻重的角色。

6.5.2 绿色智力资本的影响因素分析

按照结构方程模型的检验结果，可以看出在绿色智力资本的 4 个构面中，绿色关系资本和绿色创新资本都受到社会责任和绿色企业的影响，而绿色人力资本仅受到社会责任的影响，绿色结构资本仅受到绿色企业的影响。

社会责任对绿色人力资本存在正向影响，并且影响效果较为显著（$\beta = 0.68$，$P < 0.001$），同时，解释程度为 74%（$R^2 = 0.74$）。从实证分析的结果可以看出，企业对社会责任的重视程度越高，也就越有助于绿色人力资本的开发和利用。积极实践社会责任的企业，往往关注的是长期绩效，将绿色人力资本视为企业可持续发展的动力之源，重视绿色人力资本的投资，培养员工的环保理念、公益理念，提升员工的绿色知识和能力，并且吸引更多的绿色人才加盟企业，进而丰富企业绿色人力资本的存量。

绿色企业对绿色结构资本存在正向影响，并且影响效果较为显著（$\beta = 0.65$，$P < 0.001$），同时，解释程度为 72%（$R^2 = 0.72$）。从实证分析的结果可以看出，企业"绿化"程度越高，就越有助于绿色结构资本的开发和利用。绿色企业比较重视减少企业生产流通过程中对环境造成的污染，尽可能地减少资源、能源的消耗和浪费，促进绿色知识在员工之间，以及组织内各部门之间的分享与传递，提升企业的整体运作效率，进而丰富企业绿色结构资本的存量。

社会责任和绿色企业都对绿色关系资本存在正向影响，并且影响效果较为显著（$\beta = 0.66$，$P < 0.001$；$\beta = 0.67$，$P < 0.001$），同时，这两个方面的解释程度为 76%（$R^2 = 0.76$）。从实证分析的结果可以看出，企业对社会责任的重视程度越高，"绿化"程度越高，就越有助于绿色关系资本的开发和利用。企业在积极实践社会责任努力转型为绿色企业的过程中，会比较重视保障员工、顾客、周边社区等利益相关者的利益，通过提升产品或服务的品质，加强对周边社区环境的保护，积极参与公益活动，与利益相关者维持良好的互动关系，进而丰富企业绿色关系资本的存量。

社会责任和绿色企业都对绿色创新资本存在正向影响，并且影响效果较为显著（$\beta = 0.71$，$P < 0.001$；$\beta = 0.70$，$P < 0.001$），同时，这两个方面的解释程度为 76%（$R^2 = 0.76$）。从实证分析的结果可以看出，企业对社会责任的重视程度越高，"绿化"程度越高，就越有助于绿色创新资本的开发和利用。企业在积极实践社会责任，努力转型为绿色企业的过程中，会通过增加绿色研发投入来提升科研能力，努力研发可以回收再利用的产品，并且尽量减少生产制

造过程所需的资源和能源，形成具有自身特色的绿色品牌产品，进而丰富企业绿色创新资本的存量。

6.5.3 绿色企业的影响因素分析

按照结构方程模型的检验结果可以看出，社会责任对于绿色企业具有正向影响，并且影响效果也较为显著（$\beta = 0.77$，$P < 0.001$），同时，解释程度为62%（$R^2 = 0.63$），这说明企业对社会责任的重视程度越高，对于绿色企业的形成和建设就越有帮助。企业实践社会责任，重视对周边社区和自然环境的保护，能够塑造绿色企业形象，提升顾客对企业的认同感，社会责任理念贯穿企业经营管理的各个环节，例如环境管理、绿色采购、供应商管理、生产销售、产品回收等，能够帮助企业形成绿色雇主品牌来吸引更多的绿色人才加盟企业，共同建设可持续发展的绿色企业。随着近年来绿色经济在全球范围内的兴起，企业的经营环境也发生了较大的变化，要求得生存和发展，企业就必须适应时代要求，使自身顺利转型为绿色企业，而社会责任理念正好在企业"绿化"的过程中起到了"助推器"的作用。

6.5.4 实证分析结果的启示

通过实证分析的结果不难看出，企业绩效的影响因素众多，在这些影响因素中，既包括对企业绩效有直接影响的因素（绿色人力资本、绿色结构资本、绿色关系资本、绿色创新资本），又包括对企业绩效有间接影响的因素（社会责任、绿色企业），它们共同对企业绩效产生正向影响。因此，企业绩效的提升不是一项简单的工作，而要考虑的因素多种多样，属于较为复杂的系统工程。本书的实证分析结果也为现代企业探索如何在当前知识经济和绿色经济的双重时代背景下，创造企业价值，提升企业绩效，提供了一些启示。

第一，企业应重视承担社会责任，将社会责任理念融入企业的经营管理模式。企业虽然是营利性组织，但也是社会的公民，其经营管理模式对社会、经济、环境都具有直接影响，因此企业在追求经济利益的同时，更要注重对环境的保护和社会的关怀。首先，企业要有效地利用资源，通过为顾客提供其所需的安全可靠的产品或服务来获得盈利，以求得生存和发展；其次，企业的任何行为，都必须遵守相关的法律和制度；再次，企业的经营理念应尽可能地与社会伦理道德相一致，重视社会的期望；最后，企业还应在力所能及的情况下，积极参与公益事业、慈善事业，努力成为社会的"好公民"。

第二，企业应根据当前绿色经济的时代要求，努力使自身转型为绿色企业。要将可持续发展作为企业经营管理的目标，在产品的生产、运送、销售、售后服务等环节使用各种绿色管理方法来实现绿化，以最大限度地减少对环境所造成的污染，同时还要注重各个环节中对资源、能源的节约，尽可能地以最小的资源消耗获取最大的效益。此外，企业还应重视积极地回馈社会。例如，企业要改善周边社区的环境质量、提升社会福利、提供就业机会、参与公益活动等。

第三，企业应加强绿色智力资本的投资，重视绿色智力资本的开发与应用。首先，企业应培育绿色人力资本，树立员工的社会责任价值观，为员工提供各种学习方案和教育培训，来提升员工的绿色技术和能力；其次，强化绿色结构资本，在生产流通环节积极采取各种节能减排的方式来保护企业的内、外部环境，完善内部业务流程体系，提升整体工作效率；再次，维持绿色关系资本，通过整合各种社会资源来降低成本费用，强化企业的社会价值，在满足社会需求的同时，主动承担社会责任，积极回馈社会；最后，提升绿色创新资本。创新不应仅局限在企业产品的研发上，而是要形成一种多元化的绿色创新思维，从产品的研发，到生产销售，再到回收再利用等环节形成一套完整的绿色循环体系。

第四，企业绩效的提升是一项复杂的系统工程，要从总体上把握影响企业绩效的诸多因素，弄清各影响因素之间的相互关系，借助有效的信息回馈方式了解各影响因素的变动情况，并由此建立中、长期的企业绩效提升战略。在当前知识经济和绿色经济的双重时代背景下，企业要求得生存与发展，就要将社会责任理念融入企业的经营管理模式，加快企业的"绿化"进程，重视绿色智力资本投资，以获得持久性的竞争优势，实现企业绩效的可持续成长。

6.6　本章小结

本章使用 SPSS 软件和 LISREL 软件对调研数据进行了处理分析，主要通过叙述性统计分析、信度与效度分析、潜变量相关性分析以及结构方程模型分析，来实证研究基于社会责任的绿色智力资本对企业绩效的影响，并对理论假设进行了验证，得到了修正后的基于社会责任的绿色智力资本对企业绩效的影响模型，最后对实证分析的结果进行了讨论，提出了相关的启示。

第7章 基于社会责任的绿色智力资本投资对企业绩效影响的模拟分析

根据本书第6章实证分析的结果，绿色智力资本的4个构面，即绿色人力资本、绿色结果资本、绿色关系资本和绿色创新资本都对企业绩效具有显著正向影响，同时，社会责任、绿色企业对于企业绩效也具有间接影响。由此可见，基于社会责任的绿色智力资本，已经成为当前知识经济和绿色经济双重时代背景下，企业绩效最为关键的驱动因素，企业必须重视对绿色智力资本的投资，制定正确合理的投资策略。绿色智力资本投资策略的制定对于企业绩效的影响极为重要。因为在投资时间、投资量、投资成本等方面的不同选择，都会导致企业绩效的差异。鉴于此，本章将以系统动力学作为研究方法，仿真分析和比较不同绿色智力资本投资策略对企业绩效的影响差异，努力寻找最优的投资策略，以促进企业绩效最大化。

7.1 系统动力学简介

7.1.1 系统动力学的起源与发展

当我们遇到复杂的问题时，总是喜欢将一个复杂的问题划分成若干个可以处理的部分来考虑，如此一来，能够帮助我们加强对每一个环节的思考和判断，然而分割后的各个部分与整体之间的联系却容易被人们所忽视，甚至因此会导致更为复杂问题的出现。美国麻省理工学院（MIT）斯隆管理学院资深教授彼得·圣吉在其所著的《第五项修炼》一书中提出今日的问题来自昨日的解，越努力推导，系统反弹力量就越大，渐好的背后其实是渐糟，显而易见的解通常是无效的，解决反而比不解决更糟，欲速则不达，因果之间也并不一定就存在紧密相连的关系，部分的好也并不代表整体全部都好（彼得·圣吉，

2009）。Jackson（2003）指出，当前的学术界，很多学科的研究重心都逐渐由过去的对静态、短期、单因子问题的研究向动态、长期、多因子问题转移，而这些比以前更加复杂的问题需要依靠系统的思维方式，借助强大的计算机仿真技术建立模型来解决。目前，系统动力学方法是一种比较严谨的仿真建模方法，研究者能够通过计算机仿真来建立和分析复杂的系统，并据此来设计有效的政策和方案。

系统动力学的思想起源于控制论，适用于管理科学，能够帮助管理者系统化地认识、思考和解决复杂的问题。1956 年，美国麻省理工学院（MIT）斯隆管理学院的福瑞斯特（J. W. Forrester）教授为了解决工业中出现的一些有关经营管理的问题，首次将信息回馈的理念应用于企业管理领域，并且提出了系统分析理论，形成了系统动力学。系统动力学融合了控制论、信息论、系统论和伺服机械学等理论的思想，以及回馈控制、决策过程、实验系统分析法和计算机仿真等技术。系统动力学形成的早期，主要是用于解决策略规划、政策设计、问题诊断等企业管理领域，历经了半个多世纪的发展，系统动力学的思想已经拓展至城市发展、组织学习、生态环境、全球经济等研究主题。当今，系统动力学能够被应用于自然科学和社会科学，尤其是在企业管理方面的应用最为广泛。这是因为它可以提供一套系统思考的方法和工具，以流程图或因果回馈图的方式来解释企业的运作流程，分析影响企业生存与发展的各种策略，以及组织内部各种资源、要素之间的互动关系，通过系统动力模型的建立与仿真，来找出并解决系统中存在的问题。

Senge（1990）指出，很多企业在经营管理方面都存在着动态性、复杂性的问题，譬如，如何在企业的获利、安全、成长、流动等方面保持平衡，如何在产品的价格、质量、存货等方面进行有效的组合控制，以及如何提升顾客满意度、降低成本费用、获取竞争优势等问题，这些问题往往会涉及时间效应，传统的研究方法不太容易解决，而系统动力学恰好可以弥补这一研究领域中研究方法和工具不足的情况。系统动力学特别适用于研究动态的、复杂的问题。它通过系统的思维方式，来分析问题的因果回馈关系，并在此基础上对动态复杂问题进行描述，然后使用计算机仿真技术进行研究，能够让我们在实验室中模拟现实中的企业策略、政策、行动方案的影响效果，通过调整不同的变量与情境，来进一步弄清系统内部所潜藏的因果关系，以寻找最优的问题解决方案。利用系统动力学来解决问题的具体流程为：首先，通过建立系统动力模型来进行仿真实验，然后根据模拟分析的结果，来探讨系统动力模型的结构，以及系统中各个变量之间的因果关系，找到对系统问题造成重大影响的关键因素或因果环路，最后通过情境分析和政策分析来修正策略，模拟在不同政策和情境下系统的现象和结果，并据此来指导实际政策的实施。系统动力学的基本原理就是通过建立数学模型来清晰地表述系统的行为，以及由于时间变化所产生的因果关系，使用实验的方法来进行模拟分析，以对系统行为进行追踪，进而搞懂真实的系统。近年来，随着计算机科技、网络技术的飞速发展，使得过去许多动态复杂的问题都变得容易解决。因为计算机强大的运算能力足以支撑较为复杂的数学模型和仿真实验，将计算机强大的功能应用于管理问题，也提升了信息科技的价值。

7.1.2　系统动力学的基本元件

系统动力学有 4 个主要元件，包括水平变量（level）或存量、速率变量（rate）或流量、辅助变量（auxiliary）和联结（wire），有了这些基本元件，可以通过计算机软件来绘制流线图，进而构建系统动力模型。

由表 7.1 可见，水平变量、速率变量、辅助变量和联结共同组成了系统动力学的基本元件。

第一，水平变量或存量是系统状态的主要变量，表示可以流入积累或流出减少的量，存量能够为系统提供惯性与记忆，在流线图中，水平变量用"方块"来表示，代表随着时间增加或减少的系统状态，数学上可以定义为函数式 $Y(t)$。

第二，速率变量或流量是存量随时间变化的量，表示单位时间内存量的改变量，流量是有方向的，如果流入存量，那么会使存量增加，这时称为流入量；相反，如果流出存量，那么就会使存量减少，这时称为流出量。在系统中，流量不能独立存在，必须跟随存量。在流线图中，速率变量用"水龙头"来表示，数学上可以定义为函数式 $Y(t)$ 对时间的微分，即 $dY(t)/dt$。

第三，辅助变量是系统动力学中最具弹性的元件，表示某一输入的数值，或者将某个输入的数值直接转化为某个输出的数值，辅助变量可以视为一个初始状态，或者系统中除流量外，影响存量的其他变量。在流线图中，辅助变量用"圆圈"表示，它可以是常数、其他时间函数、存量函数、流量函数、其他变量函数等，数学上可以定义为 C、$X(t)$、$F(y)$、$F(x)$、$F(t)$。

第四，联结是整个环路中的实体流或信息流，表示存量与流量、存量与辅助变量、流量与辅助变量、辅助变量与辅助变量之间的信息传递。这种信息传递能够让整个系统结构更加完善，从而达到信息反馈的目的。在流线图中，联结用"箭头"表示，代表变量之间的影响关系，如果是 X 影响 Y，则可以表示为 $X{\rightarrow}Y$。

表7.1　系统动力学基本元件

元件	元件符号	数学意义	系统意义
水平变量	Level	$Y(t)$	表示系统的状态，会随着时间的增加而改变，一般设为研究者想观察的变量
速率变量	Rate	$dY(t)/dt$	改变水平变量大小的流量或行为
辅助变量	Auxiliary	C、$X(t)$、$F(y)$、$F(x)$、$F(t)$	其他影响系统的相关变量
联结	Wire	—	联结相关变量

7.1.3　系统动力学模型的建立程序

系统动力学能够用来分析很多领域中的复杂现象，如经济、管理、产业、工程、生态、社会等研究中不同的动态复杂问题。系统动力学模型的基本组成单位是信息回馈环路，环路由现况（存量）、目标，以及现况（存量）与目标之间差异所产生的调节行为（流量）所构成，环路行为的目的在于消除现况（存量）与目标之间差异，环路分为负环路与正环路。当环路内变量之间的关系有奇数个负相关，或者环路中所有变量的因果关系相乘结果为负，此时形成的环路为负环路，又称之为"调节环路"。负环路的仿真结果显示的是目标追寻的趋势，它是一种能够抑制系统成长或者衰退的力量。当环路内变量之间的关系有偶数个负相关，或者环路中所有变量的因果关系相乘结果为正，此时形成的环路成为正环路，又称之为"增强环路"。正环路的仿真结果显示的是指数型成长或衰退，它是一种能够导致系统成长或者衰退的力量。此外，系统动力学模型的结构还包括时间滞延过程。因为组织中无论是实体过程，还是无形过程，或是认知过程，均存在长短不等的时间延迟。因此，系统动力学解决问题的过程是基于系统行为与内在机制之间紧密的相互依存关系，通过数学模型的构建与操作，来逐步影响系统形态变化的各种因果关系，而系统动力学模型建立的依据是通过观察系统内各种流量的交互作用，来分析存量的变化，以及影响存量的各种流量行为。

Forrester（1994）指出，系统动力学模型的建立程序应该分为 6 个步骤（如图 7.1 所示）：第一，描述系统，对于系统本身和系统的问题行为进行描述，然后界定系统的边界，进而了解系统的结构，以及系统内部的各种因果互动关系；第二，将描述转化为存量、流量的方程式，通过对系统的描述及其因果关系的转化，得到系统动力学模型的存量、流量的方程式，然后进行数学化模拟；第三，模拟模型，借助系统动力学软件能够进行仿真分析，发现系统结构中一些不合理的行为和现象，然后对之前的系统描述进行调整，通过不断地模拟、测试、调整，来构建完善的模型，显示真实系统的行为；第四，制定可行性政策，根据仿真分析的结果，设计合理的政策来改变系统行为，以期望实

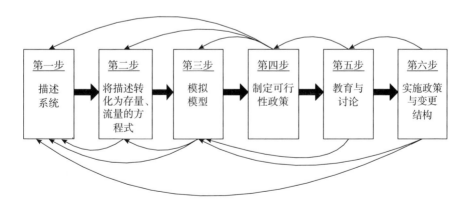

图 7.1　Forrester（1994）系统动力学模型建立步骤

现绩效最大化；第五，教育与讨论，这一步的目的是在模型实施时，使参与人员达成共识，这对于领导者及其协调能力要求较高；第六，实施政策与变更结构，要实行新的政策与结构，必须消除以前的，如果之前建立的模型与事实相符，并且参与人员之间也有共识，那么这一步骤将会很顺利，否则将会很困难，同时这一步骤也会回到之前的步骤，循环存在。

Sterman（2000）在分析 Forrester 关于系统动力学建模过程的基础上，更加强调这一过程是一个重复循环检验的过程，应分为 5 个步骤（如图 7.2 所示）：第一，界定问题，选择系统边界，寻找系统中存在的问题，以及导致该问题发生的关键因素；第二，建立动态假设，再根据现有的理论，对当前研究问题提出初始假设，再根据内生观点提出动态假设，用以解释在回馈模式中内生变量对于结果的动态影响，并在此基础上绘制因果回馈图和流程图；第三，构建系统动力学仿真模型，首先详细解释系统结构，以及影响系统结构的因素，然后对模型中的参数、行为状态、初始条件等进行估计，并按照研究目的和系统边界来检验，验证仿真模型的一致性；第四，模型测试，仿真模型建立以后，需要测试仿真结果是否与真实系统的行为相一致，通过输入极端值的方法来检测仿真结果的合理性，并据此来判断仿真模型的稳定性；第五，政策设计与评估，提出环境条件的假设，使用情境分析来评估不同政策下仿真模型所产生的不同结果，为真实系统中的决策提供参考。

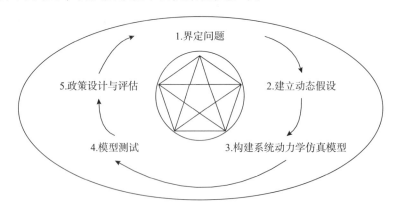

图 7.2 Sterman（2000）系统动力学建模程序

综上所述，系统动力学的建模程序不是一个线性的连续过程，而是一个反复的循环过程，初始模型是根据研究者最初的目的和问题所建立的，而随着建模过程的深入，新的问题和政策结果出现后，就要求对最初的问题重新审视，并且要不断地对模型进行测试和修正，如此一来建模程序的每一步骤都要反复进行多次。系统动力学是认识与解决复杂问题的一种方法学，其主要目的在于通过仿真模型的构建，来分析系统行为，寻找系统中存在的问题。通过系统的思考，可以了解系统中的因果回馈关系，并据此对动态复杂问题进行描述，并且对系统的运作流程、信息传递与组织边界进行定义，建立系统动力学模型，利用计算机仿真技术来研究问题，再通过调整不同的变量与情境来分析真实系统的行为。

　　本书的主题是基于社会责任的绿色智力资本对企业绩效的影响，本章所要探讨的不同绿色智力资本投资策略对企业绩效的影响差异，进而找出最优的投资策略，以促进企业绩效最大化。该问题是当前知识经济与绿色经济双重时代背景下，企业所面临的重要决策问题，并且该问题具有时间延迟性，将会影响企业未来的长期发展。此外，绿色智力资本投资问题属于系统问题，而不是个人因素造成的，适合以系统的思维方式来分析其因果回馈关系。因此，本书以系统动力学为研究方法，使用 STELLA9.1.4 软件，来建立系统动力学模型，模拟分析基于社会责任的绿色智力资本投资对企业绩效的影响。

7.2　系统动力学模型构建

7.2.1　系统问题的描述

　　绿色智力资本投资策略对于企业绩效的影响，以及如何制定绿色智力资本投资策略才能实现企业价值最大化，获取持久性的竞争优势，都属于复杂动态的系统问题。本书的第 4 章借助平衡计分卡、战略地图等技术详细阐述了基于社会责任的绿色智力资本的价值创造机理，若要发挥绿色智力资本的最大效用，关键在于绿色智力资本各要素的协同化作用。因此，企业在制定绿色智力资本投资策略时，必须重视绿色智力资本各要素的相互配合，并结合组织内部的资源和能力，采取不同的投资策略，才能达成提升企业绩效，获取竞争优势的目的。

　　众所周知，21 世纪既是知识经济时代，又是绿色经济时代，绿色知识型企业必将成为推动社会经济发展的主力军，企业要完成自身的"绿化"，提升经营绩效，就需要制定详细的绿色智力资本投资策略。同时，根据本书第5章实证分析的结果来看，基于社会责任的绿色智力资本确实对企业绩效具有促进作用，并且本书的调研企业中也多为知识密集型行业、知识服务型行业。鉴于此，本书假设市场上有A、B两家相互竞争的知识密集型企业，并且两家企业的初始规模、拥有的资源、市场竞争力等因素不分伯仲，然后通过模拟A、B两家企业采取的不同绿色智力资本投资策略，分析它们在企业绩效上的差异，进而在投资量、投资时间、投资成本、互补性资源等方面归纳出较为优化的投资策略，促进企业绩效最大化。

在绿色智力资本的"四要素"中，绿色结构资本是绿色人力资本的具体表现，并且绿色创新资本也是从绿色结构资本中分离出来的，而绿色关系资本又是企业实践社会责任的关键。因此，本书将绿色结构资本和绿色关系资本作为绿色智力资本投资策略的重点考量，而将绿色人力资本和绿色创新资本视为绿色结构资本和绿色关系资本的互补性资源，综合分析绿色智力资本各要素之间的交互作用，从不同侧面探讨绿色智力资本投资策略对企业绩效的影响差异。此外，本章继续沿用第4章基于社会责任的绿色智力资本价值创造机理分析中的平衡计分卡技术，即从平衡计分卡的4个层面（财务层面、客户层面、内部业务流程层面、学习与成长层面）分别来构建绿色智力资本投资的子系统模型，旨在更加清晰地揭示绿色智力资本的价值创造过程，归纳企业绩效的提升策略。

7.2.2 绿色智力资本投资系统的因果关系分析

本书通过绘制绿色智力资本投资系统的因果关系图，可以清晰地了解系统中各变量之间的因果关系，如图7.3所示，A、B两家企业的绿色智力资本投资策略主要包括了绿色人力资本投资、绿色创新资本投资、绿色结构资本和绿色关系资本投资，通过这些"绿色元素"的投资，来提升企业的绿色生产力、绿色知识分享度、绿色创新能力、绿色人才储备量、服务质量等，进而提升企业的顾客数、顾客满意度、绿色企业形象、市场占有率、营业收入、利润等，最终达到改善企业绩效的目的。

根据图 7.3，在 A、B 企业的绿色智力资本投资系统中，存在下列 13 条反馈回路。

（1）绿色结构资本和绿色关系资本投资量→⁺ 绿色产能→⁺ 绿色生产

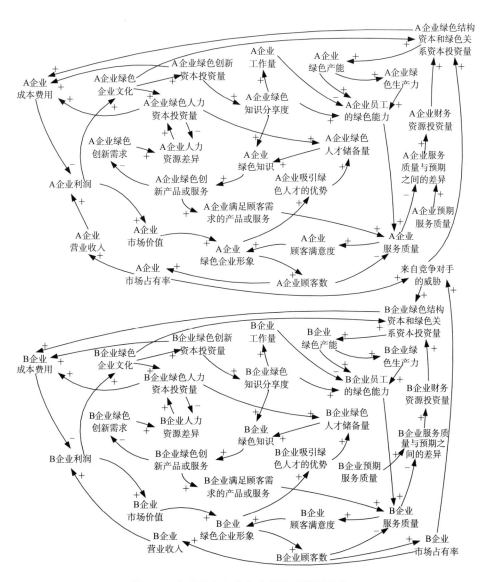

图 7.3　企业绿色智力资本投资系统因果关系

力→⁺员工的绿色能力→⁺服务质量→⁺顾客满意度→⁺绿色企业形象→⁺顾客数→⁺市场占有率→⁺营业收入→⁺利润→⁺绿色企业文化→⁺绿色结构资本和绿色关系资本投资量

（2）绿色结构资本和绿色关系资本投资量→⁺绿色产能→⁺绿色生产力→⁺员工的绿色能力→⁺服务质量→⁻服务质量与预期之间的差异→⁺财务资源投资量→⁺绿色结构资本和绿色关系资本投资量

（3）绿色结构资本和绿色关系资本投资量→⁺成本费用→⁻利润→⁺绿色企业文化→⁺绿色结构资本和绿色关系资本投资量

（4）绿色结构资本和绿色关系资本投资量→⁺成本费用→⁻利润→⁺市场价值→⁺绿色企业形象→⁺顾客数→⁺市场占有率→⁺来自竞争对手的威胁→⁺绿色结构资本和绿色关系资本投资量

（5）绿色人力资本投资量→⁺绿色人才储备量→⁺绿色知识→⁺绿色创新产品或服务→⁺满足顾客需求的产品或服务→⁺服务质量→⁺顾客满意度→⁺绿色企业形象→⁺顾客数→⁺市场占有率→⁺营业收入→⁺利润→⁺绿色企业文化→⁺绿色人力资本投资量

（6）绿色人力资本投资量→⁺绿色人才储备量→⁺绿色知识→⁺绿色创新产品或服务→⁻绿色创新需求→⁺人力资源差异→⁺绿色人力资本投资量

（7）绿色人力资本投资量→⁺成本费用→⁻利润→⁺绿色企业文化→⁺绿色人力资本投资量

（8）绿色创新资本投资量→⁺绿色知识分享度→⁺员工的绿色能力→⁺服务质量→⁺顾客满意度→⁺绿色企业形象→⁺顾客数→⁺市场占有率→⁺营业收入→⁺利润→⁺绿色企业文化→⁺绿色创新资本投资量

（9）绿色创新资本投资量→⁺绿色知识分享度→⁺工作量→⁻员工的绿色能力→⁺服务质量→⁺顾客满意度→⁺绿色企业形象→⁺顾客数→⁺市场占有率→⁺营业收入→⁺利润→⁺绿色企业文化→⁺绿色创新资本投资量

（10）绿色创新资本投资量→⁺成本费用→⁻利润→⁺绿色企业文化→⁺绿色创新资本投资量

（11）绿色企业形象→⁺顾客数→⁺市场占有率→⁺营业收入→⁺利润→⁺市场价值→⁺绿色企业形象

（12）绿色企业形象→⁺顾客数→⁻服务质量→⁺顾客满意度→⁺绿色企业

形象

（13）绿色企业形象→⁺吸引绿色人才的优势→⁺绿色人才储备量→⁺绿色知识→⁺绿色创新产品或服务→⁺满足顾客需求的产品或服务→⁺服务质量→⁺顾客满意度→⁺绿色企业形象

通过上述企业绿色智力资本投资系统中的反馈回路分析，可以看出企业的整体运营是一个动态性的复杂过程，各个环节都是相辅相成、环环相扣的，这样的因果关系也更加接近于真实世界的企业运作流程，同时，绿色智力资本的投资过程的重点在于绿色智力资本各要素的相互配合，才能为企业带来持久性的竞争优势。

7.2.3　绿色智力资市投资系统的模型结构

在分析企业绿色智力资本投资系统中因果关系的基础上，本书结合平衡计分卡技术，使用系统动力学软件 STELLA9.1.4 依次从财务层面（Financial Aspect）、客户层面（Customer Aspect）、内部业务流程层面（Internal Business Process Aspect）、学习与成长层面（Learning and Growth Aspect）来构建 A、B 两家企业的绿色智力资本投资系统的模型结构，并对系统模型中的各研究变量进行定义和初始化赋值，各变量公式详见附录 B。

（1）财务层面（Financial Aspect）。

财务层面主要是通过多个不同的财务指标来反映企业绩效的优劣，系统模型中的主要变量包括了企业利润、营业收入、市场价值、成本费用等，各个变量之间存在着因果关系，环环相扣，最终目的是为了制定有效的策略来提升企业绩效。本书设计的财务层面系统结构，如图 7.4 所示。

财务层面各变量的类型、定义、单位、系统初始值呈现如下（L 表示水平变量，R 表示速率变量，A 表示辅助变量，C 表示常量）。

L　Market Value A：A 企业市场价值（单位：千元），企业市场价值会随着时间的变化而发生改变，系统初始值为100

L　Market Value B：B 企业市场价值（单位：千元），企业市场价值会随着时间的变化而发生改变，系统初始值为100

L　Customer A：A 企业顾客数（单位：人）

L　Customer B：B 企业顾客数（单位：人）

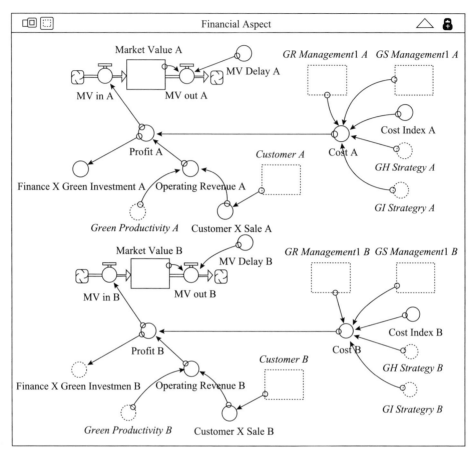

图7.4 财务层面系统结构

L GR Management1 A：A企业绿色关系管理系统投资量（单位：千元）

L GR Management1 B：B企业绿色关系管理系统投资量（单位：千元）

L GS Management1 A：A企业绿色结构管理系统投资量（单位：千元）

L GS Management1 B：B企业绿色结构管理系统投资量（单位：千元）

R MV in A：A企业市场价值流入量（单位：无）

R MV in B：B企业市场价值流入量（单位：无）

R MV Out A：A企业市场价值流出量（单位：无）

R MV Out B：B企业市场价值流出量（单位：无）

A Profit A：A企业利润（单位：千元）

A　Profit B：B 企业利润（单位：千元）

A　Operating Revenue A：A 企业营业收入（单位：千元）

A　Operating Revenue B：B 企业营业收入（单位：千元）

A　Cost A：A 企业绿色智力资本投资成本（单位：千元）

A　Cost B：B 企业绿色智力资本投资成本（单位：千元）

A　Finance X Green Investment A：A 企业财务资源对绿色投资的乘数因子（单位：无，取值范围：0~1，以百分比表示）

A　Finance X Green Investment B：B 企业财务资源对绿色投资的乘数因子（单位：无，取值范围：0~1，以百分比表示）

A　Customer X Sale A：A 企业顾客数对销售额的乘数因子（单位：无，取值范围：0~1，以百分比表示）

A　Customer X Sale B：B 企业顾客数对销售额的乘数因子（单位：无，取值范围：0~1，以百分比表示）

A　GH Strategy A：A 企业绿色人力资本投资策略（单位：无）

A　GH Strategy B：B 企业绿色人力资本投资策略（单位：无）

A　GI Strategy A：A 企业绿色创新资本投资策略（单位：无）

A　GI Strategy B：B 企业绿色创新资本投资策略（单位：无）

A　Green Productivity A：A 企业绿色生产力（单位：千元）

A　Green Productivity B：B 企业绿色生产力（单位：千元）

C　MV Delay A：A 企业市场价值流出的延迟（单位：月），系统初始值为 1

C　MV Delay B：B 企业市场价值流出的延迟（单位：月），系统初始值为 1

C　Cost Index A：A 企业绿色智力资本投资成本指数（单位：无），由于模拟初期 A、B 两家企业的投资策略相同，因此投资成本也相同，系统初始值为 1

C　Cost Index B：B 企业绿色智力资本投资成本指数（单位：无），由于模拟初期 A、B 两家企业的投资策略相同，因此投资成本也相同，系统初始值为 1

（2）客户层面（Customer Aspect）。

客户层面主要是反映企业如何通过满足顾客需求、提升顾客满意度、增加顾客数来提升企业绩效，系统模型中的主要变量包括了顾客数、顾客满意度、服务质量、绿色企业形象、市场占有率等，这些变量代表着企业营业收入的来源，是影响顾客价值的重要因素。在诸多因素之中，顾客满意度较为关键，它是争取更多顾客数量，保持顾客延续性的重要驱动力。其原因在于顾客满意度反映了企业所提供的产品或服务在顾客心中的价值，当顾客满意度较高时，不仅能够留住老顾客，而且还能够争取到新的顾客群。此外，绿色企业形象也是提升顾客价值，改善企业绩效的一个重要因素。因为知名的企业品牌、良好健康的企业形象，既能够提高顾客忠诚度与满意度，又可以吸引更多潜在顾客的关注。本书设计的客户层面系统结构，如图7.5所示。

客户层面各变量的类型、定义、单位、系统初始值呈现如下（L表示水平变量，R表示速率变量，A表示辅助变量，C表示常量）。

L　Customer A：A企业顾客数（单位：人），企业顾客数会随着时间的变化而发生改变，系统初始值为50000

L　Customer B：B企业顾客数（单位：人），企业顾客数会随着时间的变化而发生改变，系统初始值为50000

L　Potential Customer：市场上潜在顾客数（单位：人），市场上潜在顾客数会因为购买A企业和B企业所提供的产品或服务而减少，系统初始值为100000

L　Satisfaction A：A企业顾客满意度（单位：无），企业顾客满意度会随着时间的变化而发生改变，系统初始值为0.5

L　Satisfaction B：B企业顾客满意度（单位：无），企业顾客满意度会随着时间的变化而发生改变，系统初始值为0.5

L　Green Image A：A企业绿色企业形象（单位：无，取值范围：0～1，以百分比表示），绿色企业形象会随着时间的变化而发生改变，系统初始值为0.5

L　Green Image B：B企业绿色企业形象（单位：无，取值范围：0～1，以百分比表示），绿色企业形象会随着时间的变化而发生改变，系统初始值为0.5

L　Service A：A企业服务质量（单位：无）

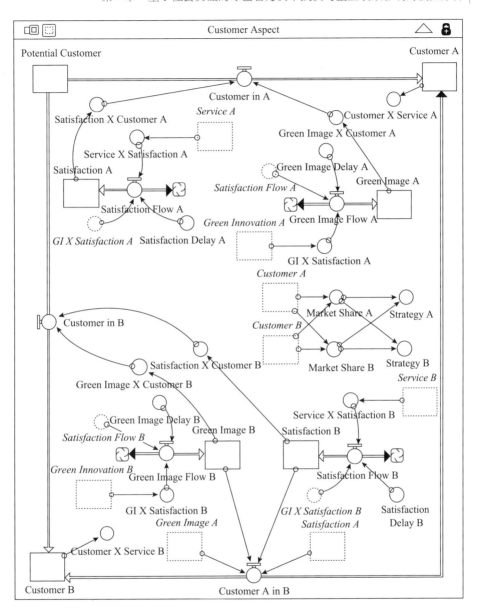

图 7.5　客户层面系统结构

L　Service B：B 企业服务质量（单位：无）

L　Green Innovation A：A 企业绿色创新产品或服务（单位：无）

L　Green Innovation B：B 企业绿色创新产品或服务（单位：无）

R　Customer in A：A 企业顾客流入量（单位：人）

R　Customer in B：B 企业顾客流入量（单位：人）

R　Customer A in B：从 A 企业流入 B 企业的顾客数（单位：人）

R　Satisfaction Flow A：A 企业顾客满意度流量（单位：无，取值范围：0～1，以百分比表示）

R　Satisfaction Flow B：B 企业顾客满意度流量（单位：无，取值范围：0～1，以百分比表示）

R　Green Image Flow A：A 企业绿色企业形象流量（单位：无，取值范围：0～1，以百分比表示）

R　Green Image Flow B：B 企业绿色企业形象流量（单位：无，取值范围：0～1，以百分比表示）

A　Satisfaction Delay A：A 企业顾客满意度流量的延迟（单位：无）

A　Satisfaction Delay B：B 企业顾客满意度流量的延迟（单位：无）

A　Green Image Delay A：A 企业绿色企业形象流量的延迟（单位：无）

A　Green Image Delay B：B 企业绿色企业形象流量的延迟（单位：无）

A　Market Share A：A 企业市场占有率（单位：无，取值范围：0～1，以百分比表示）

A　Market Share B：B 企业市场占有率（单位：无，取值范围：0～1，以百分比表示）

A　Satisfaction X Customer A：A 企业顾客满意度对顾客数的乘数因子（单位：无，取值范围：0～1，以百分比表示）

A　Satisfaction X Customer B：B 企业顾客满意度对顾客数的乘数因子（单位：无，取值范围：0～1，以百分比表示）

A　Green Image X Customer A：A 企业绿色企业形象对顾客数的乘数因子（单位：无，取值范围：0～1，以百分比表示）

A　Green Image X Customer B：B 企业绿色企业形象对顾客数的乘数因子（单位：无，取值范围：0～1，以百分比表示）

A　Customer X Service A：A 企业顾客数对服务质量的乘数因子（单位：无，取值范围：0～1，以百分比表示）

A　Customer X Service B：B 企业顾客数对服务质量的乘数因子（单位：

无，取值范围：0~1，以百分比表示）

A　Service X Satisfaction A：A 企业服务质量对顾客满意度的乘数因子（单位：无，取值范围：0~1，以百分比表示）

A　Service X Satisfaction B：B 企业服务质量对顾客满意度的乘数因子（单位：无，取值范围：0~1，以百分比表示）

A　GI X Satisfaction A：A 企业绿色创新对顾客满意度的乘数因子（单位：无，取值范围：0~1，以百分比表示）

A　GI X Satisfaction B：B 企业绿色创新对顾客满意度的乘数因子（单位：无，取值范围：0~1，以百分比表示）

A　Strategy A：A 企业竞争压力下的投资策略（单位：无，取值范围：0~1，以百分比表示）

A　Strategy B：B 企业竞争压力下的投资策略（单位：无，取值范围：0~1，以百分比表示）

（3）内部业务流程层面（Internal Business Process Aspect）。

内部业务流程层面主要是以非财务指标来反映企业的内部业务流程，系统模型中的主要变量包括了企业绿色结构资本管理系统生产力、绿色关系资本管理系统生产力、服务质量等，通过绿色结构资本管理流程和绿色关系资本管理流程，来发挥绿色结构资本和绿色关系资本的最大效能，并结合绿色知识和绿色创新来改善企业的服务质量，以满足财务和客户层面的目标，为顾客创造更多的价值，形成企业的竞争优势，提升企业的运作效率和经营绩效。本书设计的内部业务流程层面系统结构，如图 7.6 所示。

内部业务流程层面各变量的类型、定义、单位、系统初始值呈现如下（L 表示水平变量，R 表示速率变量，A 表示辅助变量，C 表示常量）。

L　GS Management1 A：A 企业绿色结构管理系统投资量（单位：千元），企业绿色结构管理系统投资量会随着投资函数和投资量的变化而发生改变，系统初始值为100

L　GS Management1 B：B 企业绿色结构管理系统投资量（单位：千元），企业绿色结构管理系统投资量会随着投资函数和投资量的变化而发生改变，系统初始值为100

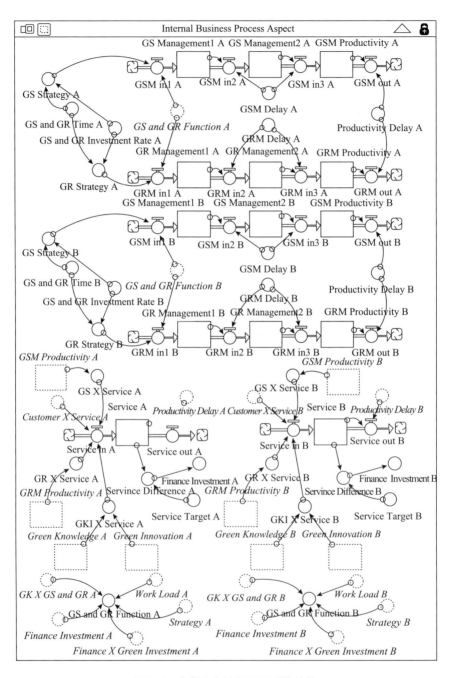

图 7.6　内部业务流程层面系统结构

L　GS Management2 A：A 企业绿色结构管理系统产能（单位：千元），绿色结构管理系统产能会随着时间的变化而发生改变，系统初始值为 100

L　GS Management2 B：B 企业绿色结构管理系统产能（单位：千元），绿色结构管理系统产能会随着时间的变化而发生改变，系统初始值为 100

L　GSM Pruductivity A：A 企业绿色结构管理系统生产力（单位：千元），绿色结构管理系统生产力会随着时间的变化而发生改变，系统初始值为 100

L　GSM Pruductivity B：B 企业绿色结构管理系统生产力（单位：千元），绿色结构管理系统生产力会随着时间的变化而发生改变，系统初始值为 100

L　GR Management1 A：A 企业绿色关系管理系统投资量（单位：千元），企业绿色关系管理系统投资量会随着投资函数和投资量的变化而发生改变，系统初始值为 100

L　GR Management1 B：B 企业绿色关系管理系统投资量（单位：千元），企业绿色关系管理系统投资量会随着投资函数和投资量的变化而发生改变，系统初始值为 100

L　GR Management2 A：A 企业绿色关系管理系统产能（单位：千元），绿色关系管理系统产能会随着时间的变化而发生改变，系统初始值为 100

L　GR Management2 B：B 企业绿色关系管理系统产能（单位：千元），绿色关系管理系统产能会随着时间的变化而发生改变，系统初始值为 100

L　GRM Pruductivity A：A 企业绿色关系管理系统生产力（单位：千元），绿色关系管理系统生产力会随着时间的变化而发生改变，系统初始值为 100

L　GRM Pruductivity B：B 企业绿色关系管理系统生产力（单位：千元），绿色关系管理系统生产力会随着时间的变化而发生改变，系统初始值为 100

L　Service A：A 企业服务质量（单位：无，以百分比表示），企业服务质量会随着时间的变化而发生改变，系统初始值为 0.5

L　Service B：B 企业服务质量（单位：无，以百分比表示），企业服务质量会随着时间的变化而发生改变，系统初始值为 0.5

L　Green Knowledge A：A 企业绿色知识（单位：无）

L　Green Knowledge B：B 企业绿色知识（单位：无）

L　Green Innovation A：A 企业绿色创新产品或服务（单位：无）

L　Green Innovation B：B 企业绿色创新产品或服务（单位：无）

R GSM in1 A：A 企业绿色结构管理系统投资流入量（单位：无）

R GSM in1 B：B 企业绿色结构管理系统投资流入量（单位：无）

R GSM in2 A：A 企业绿色结构管理系统产能流入量（单位：无）

R GSM in2 B：B 企业绿色结构管理系统产能流入量（单位：无）

R GSM in3 A：A 企业绿色结构管理系统生产力流入量（单位：无）

R GSM in3 B：B 企业绿色结构管理系统生产力流入量（单位：无）

R GSM out A：A 企业绿色结构管理系统生产力流出量（单位：无）

R GSM out B：B 企业绿色结构管理系统生产力流出量（单位：无）

R GRM in1 A：A 企业绿色关系管理系统投资流入量（单位：无）

R GRM in1 B：B 企业绿色关系管理系统投资流入量（单位：无）

R GRM in2 A：A 企业绿色关系管理系统产能流入量（单位：无）

R GRM in2 B：B 企业绿色关系管理系统产能流入量（单位：无）

R GRM in3 A：A 企业绿色关系管理系统生产力流入量（单位：无）

R GRM in3 B：B 企业绿色关系管理系统生产力流入量（单位：无）

R GRM out A：A 企业绿色关系管理系统生产力流出量（单位：无）

R GRM out B：B 企业绿色关系管理系统生产力流出量（单位：无）

R Service in A：A 企业服务质量流入量（单位：无）

R Service in B：B 企业服务质量流入量（单位：无）

R Service out A：A 企业服务质量流出量（单位：无）

R Service out B：B 企业服务质量流出量（单位：无）

A GS Strategy A：A 企业绿色结构资本投资策略（单位：无），绿色结构资本投资策略由策略的制定者所决定，系统初始值为 10，以后在投资时间点 GS and GR Time A 追加投资 10 * （GS and GR Investment Rate A）

A GS Strategy B：B 企业绿色结构资本投资策略（单位：无），绿色结构资本投资策略由策略的制定者所决定，系统初始值为 10，以后在投资时间点 GS and GR Time A 追加投资 10 * （GS and GR Investment Rate A）

A GR Strategy A：A 企业绿色关系资本投资策略（单位：无），绿色关系资本投资策略由策略的制定者所决定，系统初始值为 10，以后在投资时间点 GS and GR Time A 追加投资 10 * （1 − GS and GR Investment Rate A）

A GR Strategy B：B 企业绿色关系资本投资策略（单位：无），绿色关系资本投资策略由策略的制定者所决定，系统初始值为10，以后在投资时间点GS and GR Time A追加投资10 * （1 – GS and GR Investment Rate A）

A　GS and GR Function A：A 企业绿色结构资本和绿色关系资本投资函数（单位：无）

A　GS and GR Function B：B 企业绿色结构资本和绿色关系资本投资函数（单位：无）

A　GKI X Service A：A 企业绿色知识创新对服务质量的乘数因子（单位：无，取值范围：0～1，以百分比表示）

A　GKI X Service B：B 企业绿色知识创新对服务质量的乘数因子（单位：无，取值范围：0～1，以百分比表示）

A　Service Difference A：A 企业服务质量与预期之间的差异（单位：无）

A　Service Difference B：B 企业服务质量与预期之间的差异（单位：无）

A　Finance Investment A：A 企业财务资源投资量（单位：无），财务资源投资量会随着时间的变化而发生改变，如果企业服务质量与预期之间的差异大于1，则财务资源投资量等于这个差异值，如果企业服务质量与预期之间的差异在0至1之间，则财务资源投资量增加10%，否则财务资源投资量不变

A　Finance Investment B：B 企业财务资源投资量（单位：无），财务资源投资量会随着时间的变化而发生改变，如果企业服务质量与预期之间的差异大于1，则财务资源投资量等于这个差异值，如果企业服务质量与预期之间的差异在0至1之间，则财务资源投资量增加10%，否则财务资源投资量不变

A　GS X Service A：A 企业绿色结构资本对服务质量的乘数因子（单位：无，取值范围：0～1，以百分比表示）

A　GS X Service B：B 企业绿色结构资本对服务质量的乘数因子（单位：无，取值范围：0～1，以百分比表示）

A　GR X Service A：A 企业绿色关系资本对服务质量的乘数因子（单位：无，取值范围：0～1，以百分比表示）

A　GR X Service B：B 企业绿色关系资本对服务质量的乘数因子（单位：无，取值范围：0～1，以百分比表示）

A　Customer X Service A：A 企业顾客数对服务质量的乘数因子（单位：无）

A Customer X Service B：B 企业顾客数对服务质量的乘数因子（单位：无）

A Finance X Green Investment A：A 企业财务资源对绿色投资的乘数因子（单位：无）

A Finance X Green Investment B：B 企业财务资源对绿色投资的乘数因子（单位：无）

A GK X GS and GR A：A 企业绿色知识对绿色结构和绿色关系资本投资的乘数因子（单位：无）

A GK X GS and GR B：B 企业绿色知识对绿色结构和绿色关系资本投资的乘数因子（单位：无）

A Work Load A：A 企业工作量（单位：无）

A Work Load B：B 企业工作量（单位：无）

A Strategy A：A 企业竞争压力下的投资策略（单位：无）

A Strategy B：B 企业竞争压力下的投资策略（单位：无）

C GSM Delay A：A 企业绿色结构管理系统流量的延迟（单位：月），系统初始值为 9

C GSM Delay B：B 企业绿色结构管理系统流量的延迟（单位：月），系统初始值为 9

C GRM Delay A：A 企业绿色关系管理系统流量的延迟（单位：月），系统初始值为 6

C GRM Delay B：B 企业绿色关系管理系统流量的延迟（单位：月），系统初始值为 6

C Productivity Delay A：A 企业绿色管理系统生产力的延迟（单位：月），系统初始值为 12

C Productivity Delay B：B 企业绿色管理系统生产力的延迟（单位：月），系统初始值为 12

C GS and GR Time A：A 企业绿色结构资本和绿色关系资本的投资时间点（单位：月），绿色结构和绿色关系资本投资时间点由策略的制定者所决定，系统初始值为 30

C GS and GR Time B：B 企业绿色结构资本和绿色关系资本的投资时间点（单位：月），绿色结构和绿色关系资本投资时间点由策略的制定者所决

定，系统初始值为 30

C　GS and GR Investment Rate A：A 企业绿色结构资本和绿色关系资本投资率（单位：无，取值范围：0~1，以百分比表示），系统初始值为 0.5

C　GS and GR Investment Rate B：B 企业绿色结构资本和绿色关系资本投资率（单位：无，取值范围：0~1，以百分比表示），系统初始值为 0.5

C　Service Target A：A 企业预期服务质量（单位：无，以百分比表示），系统初始值为 3

C　Service Target B：B 企业预期服务质量（单位：无，以百分比表示），系统初始值为 3

（4）学习与成长层面（Learning and Growth Aspect）。

学习与成长层面主要是通过人员、系统、组织程序来展示企业所追求的目标，系统模型中的主要变量包括了企业绿色知识、绿色知识分享、绿色创新等，学习与成长层面所强调的是员工的绿色知识与技能，以及企业的绿色创新能力，这些对于平衡计分卡的其他 3 个层面都具有重要的影响，可以说是绿色智力资本投资系统中各种因果关系的根本起源。因此，本书将绿色人力资本和绿色创新资本视为绿色结构资本和绿色关系资本的重要互补资源，从 3 个层面综合考量绿色智力资本的投资策略，以促进企业绩效的长期稳定发展。本书设计的学习与成长层面系统结构，如图 7.7 所示。

学习与成长层面各变量的类型、定义、单位、系统初始值呈现如下（L 表示水平变量，R 表示速率变量，A 表示辅助变量，C 表示常量）。

L　Green Knowledge A：A 企业绿色知识（单位：无），企业绿色知识会随着时间的变化而发生改变，系统初始值为 0.5

L　Green Knowledge B：B 企业绿色知识（单位：无），企业绿色知识会随着时间的变化而发生改变，系统初始值为 0.5

L　Green Knowledge Share A：A 企业绿色知识分享度（单位：无，取值范围：0~1，以百分比表示），企业绿色知识分享度会随着时间的变化而发生改变，系统初始值为 0.5

L　Green Knowledge Share B：B 企业绿色知识分享度（单位：无，取值范围：0~1，以百分比表示），企业绿色知识分享度会随着时间的变化而发生改变，系统初始值为 0.5

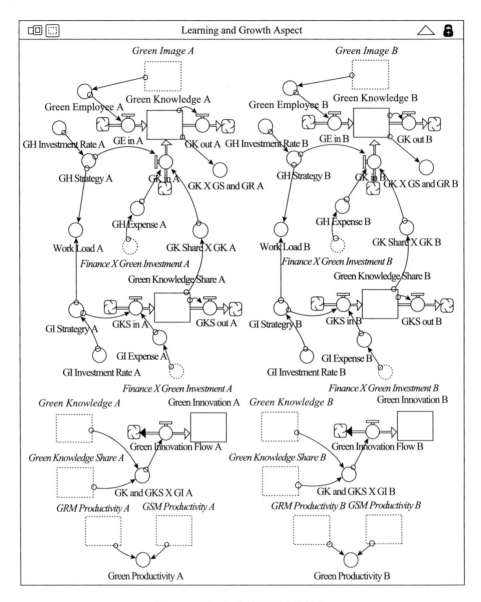

图7.7　学习与成长层面系统结构

L　Green Innovation A：A 企业绿色创新产品或服务（单位：无，取值范围：0~1，以百分比表示），企业绿色创新产品或服务会随着时间的变化而发生改变，系统初始值为0.5

L　Green Innovation B：B 企业绿色创新产品或服务（单位：无，取值范围：0～1，以百分比表示），企业绿色创新产品或服务会随着时间的变化而发生改变，系统初始值为 0.5

L　Green Image A：A 企业绿色企业形象（单位：无）

L　Green Image B：B 企业绿色企业形象（单位：无）

L　GSM Productivity A：A 企业绿色结构管理系统生产力（单位：千元）

L　GSM Productivity B：B 企业绿色结构管理系统生产力（单位：千元）

L　GRM Productivity A：A 企业绿色关系管理系统生产力（单位：千元）

L　GRM Productivity B：B 企业绿色关系管理系统生产力（单位：千元）

R　GE in A：A 企业具有绿色能力的员工流入量（单位：人）

R　GE in B：B 企业具有绿色能力的员工流入量（单位：人）

R　GK in A：A 企业绿色知识流入量（单位：无）

R　GK in B：B 企业绿色知识流入量（单位：无）

R　GK out A：A 企业绿色知识流出量（单位：无）

R　GK out B：B 企业绿色知识流出量（单位：无）

R　GKS in A：A 企业绿色知识分享流入量（单位：无）

R　GKS in B：B 企业绿色知识分享流入量（单位：无）

R　GKS out A：A 企业绿色知识分享流出量（单位：无）

R　GKS out B：B 企业绿色知识分享流出量（单位：无）

R　Green Innovation Flow A：A 企业绿色创新流量（单位：无）

R　Green Innovation Flow B：B 企业绿色创新流量（单位：无）

A　GH Strategy A：A 企业绿色人力资本投资策略（单位：无，取值范围：0～1，以百分比表示），绿色人力资本投资策略由策略的制定者所决定，系统初始值为 0.1，30 个月以后增加投资率

A　GH Strategy B：B 企业绿色人力资本投资策略（单位：无，取值范围：0～1，以百分比表示），绿色人力资本投资策略由策略的制定者所决定，系统初始值为 0.1，30 个月以后增加投资率

A　GI Strategy A：A 企业绿色创新资本投资策略（单位：无，取值范围：0～1，以百分比表示），绿色创新资本投资策略由策略的制定者所决定，系统初始值为 0.1，30 个月以后增加投资率

A　GI Strategy B：B 企业绿色创新资本投资策略（单位：无，取值范围：0~1，以百分比表示），绿色创新资本投资策略由策略的制定者所决定，系统初始值为 0.1，30 个月以后增加投资率

A　GH Expense A：A 企业绿色人力资本投资费用（单位：千元）

A　GH Expense B：B 企业绿色人力资本投资费用（单位：千元）

A　GI Expense A：A 企业绿色创新资本投资费用（单位：千元）

A　GI Expense B：B 企业绿色创新资本投资费用（单位：千元）

A　GK X GS and GR A：A 企业绿色知识对绿色结构和绿色关系的乘数因子（单位：无，取值范围：0~1，以百分比表示）

A　GK X GS and GR B：B 企业绿色知识对绿色结构和绿色关系的乘数因子（单位：无，取值范围：0~1，以百分比表示）

A　GK Share X GK A：A 企业绿色知识分享对绿色知识的乘数因子（单位：无，取值范围：0~1，以百分比表示）

A　GK Share X GK B：B 企业绿色知识分享对绿色知识的乘数因子（单位：无，取值范围：0~1，以百分比表示）

A　GK and GKS X GI A：A 企业绿色知识与知识分享对绿色创新的乘数因子（单位：无，取值范围：0~1，以百分比表示）

A　GK and GKS X GI B：B 企业绿色知识与知识分享对绿色创新的乘数因子（单位：无，取值范围：0~1，以百分比表示）

A　Green Productivity A：A 企业绿色生产力（单位：千元）

A　Green Productivity B：B 企业绿色生产力（单位：千元）

A　Green Employee A：A 企业具有绿色能力的员工数（单位：人）

A　Green Employee B：B 企业具有绿色能力的员工数（单位：人）

A　Work Load A：A 企业工作量（单位：无）

A　Work Load B：B 企业工作量（单位：无）

A　Finance X Green Investment A：A 企业财务资源对绿色投资的乘数因子（单位：无）

A　Finance X Green Investment B：B 企业财务资源对绿色投资的乘数因子（单位：无）

C　GH Investment Rate A：A 企业绿色人力资本投资率（单位：无，取值

范围：0~1，以百分比表示），系统初始值为0.5

　　C　GH Investment Rate B：B企业绿色人力资本投资率（单位：无，取值范围：0~1，以百分比表示），系统初始值为0.5

　　C　GI Investment Rate A：A企业绿色创新资本投资率（单位：无，取值范围：0~1，以百分比表示），系统初始值为0.5

　　C　GI Investment Rate B：B企业绿色创新资本投资率（单位：无，取值范围：0~1，以百分比表示），系统初始值为0.5

7.3　初始模型模拟结果

　　本书将绿色智力资本投资方案分为两种，第一种为绿色结构资本和绿色关系资本投资，第二种为绿色人力资本和绿色创新资本投资，其中绿色结构资本和绿色关系资本为主要的投资，绿色人力资本和绿色创新资本作为配合性的投资，重视绿色智力资本"四要素"的互动关系，通过在投资时间、投资量、投资成本等方面的比较，来找出提升企业绩效的最佳途径。上一节本书从财务层面、客户层面、内部业务流程层面、学习与成长层面建立了绿色智力资本投资系统模型，并对模型中的变量进行了定义和初始赋值。在初始模型中，本书假设A、B两家企业实行相同的绿色智力资本投资策略，即投资时间、投资量、投资成本等条件完全一致，初始模拟时间设为6年（72个月），并且从两年半（30个月）以后，开始增加绿色智力资本的投资率，通过观察初始模型各个层面的系统运行结果，来分析绿色智力资本投资对企业绩效的影响效果。

　　（1）财务层面系统模型模拟结果。

　　在财务层面中，本书主要选取的衡量指标为市场价值（Market Value）和利润（Profit），因为这两项指标最能代表企业绩效的优劣。财务层面系统模型模拟结果，如图7.8所示，在系统运行初期，在企业实行绿色智力资本投资策略的情况下，随着时间的推移，A、B两家企业的市场价值和利润都呈现出逐渐上升的趋势，而到了两年半以后，由于企业开始增加绿色智力资本的投资率，会导致企业工作量的上升，使得员工的绿色生产力下降，进而造成市场价值和利润的暂时减少，然而，经过一段时间以后，企业员工逐渐适应了绿色智力资本投资带来的变化，绿色生产力再次提高，市场价值和利润也随之再次呈现出上升的走势。

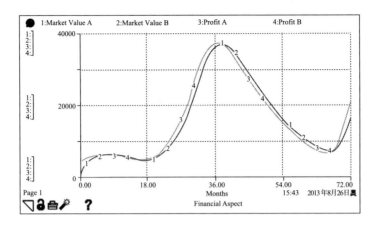

图7.8 财务层面系统初始模型模拟结果

（2）客户层面系统模型模拟结果。

在客户层面中，本书主要选取的衡量指标为顾客数（Customer）和绿色企业形象（Green Image）。因为顾客数量直接体现了顾客价值，也是影响企业绩效的重要因素，绿色企业形象代表着企业的声誉和品牌，是吸引顾客和绿色人才的重要因素。客户层面系统模型模拟结果，如图7.9所示。由于企业实行绿色智力资本投资策略，在系统的整个模拟时间内顾客数和绿色企业形象都处于上升趋势，尤其是在两年半以后，企业提高了绿色智力资本投资率，顾客数和绿色企业形象也呈现出加速上升的走势。

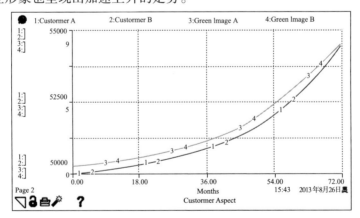

图7.9 客户层面系统初始模型模拟结果

（3）内部业务流程层面系统模型模拟结果。

在内部业务流程层面中，本书主要选取的衡量指标为绿色结构资本生产力（GSM Productivity）和绿色关系资本生产力（GRM Productivity）。因为这两项指标直接体现了绿色结构资本和绿色关系资本投资的效力，也是企业绩效的驱动因素。内部业务流程层面系统模型模拟结果，如图7.10所示。其走势与财务层面系统模型模拟结果相似，系统运行初期，绿色结构资本生产力和绿色关系资本生产力表现为持续上升的趋势。到了两年半以后，由于企业开始增加绿色智力资本的投资率，企业暂时还无法适应，使得绿色结构资本生产力和绿色关系资本生产力在一段时间内处于下降趋势，经过一段时间以后，企业逐渐适应了绿色智力资本投资带来的变化，绿色结构资本生产力和绿色关系资本生产力再次呈现出上升的走势。

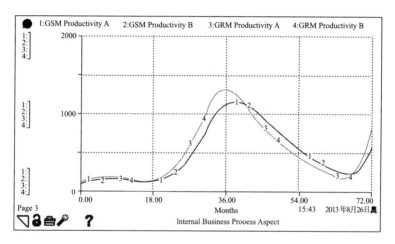

图7.10 内部业务流程层面系统初始模型模拟结果

（4）学习与成长层面系统模型模拟结果。

在学习与成长层面中，本书主要选取的衡量指标为绿色生产力（Green Productivity）和绿色创新产品或服务（Green Innovation）。因为绿色生产力是企业绿色结构资本和绿色关系资本投资效果的体现，而绿色创新产品或服务是绿色人力资本投资和绿色创新资本投资的成果，可以说这两项指标综合地反映了企业绿色智力资本的功能，以及对企业绩效的重要作用。学习与成长层面系统模型模拟结果，如图7.11所示。其中绿色生产力的走势与绿色结构资本生产力、绿色关系资本生产力的走势相似，初期呈上升走势，中期增加投资率，企业工作量上升，绿色生产力暂时下降，后期企业逐渐适应，绿色生产力再度提升，绿色创新产品或服务的走势则是持续上升走势，中期增加投资率以后，更是呈现出加速上升的趋势。

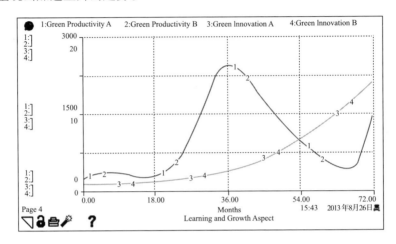

图 7.11　学习与成长层面系统初始模型模拟结果

综上所述，通过本书设计的绿色智力资本投资系统初始模型的模拟结果来看，A、B 两家企业平衡计分卡各个层面衡量指标的仿真值总体上都呈现出上升的趋势，说明绿色智力资本投资对企业绩效有明显的改善作用，并且系统运行良好，实现了绿色智力资本投资系统动力学模型设计的初衷，也为后续不同投资策略仿真结果的比较奠定了基础。

7.4　模型的有效性分析

本书在建立绿色智力资本投资系统动力学初始模型的基础上，对初始模型进行了试运行，仿真结果达到了预期的目标。然而，为了保证系统动力学模型的可靠性，能够真实地反映系统问题，本书认为还有必要对初始模型进行更为深入的有效性检验。Barlas（1996）指出，系统动力学模型有效性检验的重点应是问题描述的因果反馈结构，而不是真实系统中一切细节的仿真，同时，Barlas 强调一个有效的系统动力学模型应该能够清晰地反映问题，并且问题中的行为要保持一致。因此，Barlas 将系统动力学模型的有效性检验分为模型结构分析和模型行为分析。鉴于此，本书参照 Barlas 方法，对绿色智力资本投资系统动力学初始模型进行结构分析和行为分析，以此来验证模型的有效性。

7.4.1　模型结构的有效性分析

（1）模型结构的合理性。

首先，经过检查本书建立的各个变量公式前后的变量单位均保持一致，从而保证了系统的平衡；其次，在建立变量公式时，要考虑如果出现极值，公式是否还有意义，经过检查本书建立的变量公式中的除法运算的分母一般不会为 0，一旦为 0，则系统模型无法运行；最后，本书设计的绿色智力资本投资系统包含研究目的所需的水平变量、速率变量、辅助变量、常量等，并反映了相关的反馈回路，证明了模型结构的合理性。模型结构的详细内容，可参见本章第二节和附录 B。

（2）模型结构与真实系统的一致性。

本书在建立绿色智力资本投资系统模型结构之前，在本书的第 3 章～第 6 章已经对基于社会责任的绿色智力资本的理论依据、概念、维度、价值创造机理等进行了翔实的研究，并且通过问卷调查法实证分析了基于社会责任的绿色智力资本对企业绩效的影响，实证分析的结果也证实了绿色智力资本确实对企业绩效具有显著正向作用。因此，本书所设计的系统动力学模型是建立在理论和实证研究的基础之上的，是由前人相关文献和调研成果来支撑的，模型结构符合真实系统的状况。

7.4.2　模型行为的有效性分析

（1）模型行为的时间性。

模型行为的时间性检验主要是将初始的模拟时间由 6 年改为 10 年，通过观察各个层面衡量指标的走势，来分析系统行为是否发生变化，是否会出现在短期模拟时间内不被发觉的运行结果。模拟时间设为 10 年时，系统模型各个层面的时间性模拟结果如图 7.12 ～图 7.15 所示，各个层面的衡量指标皆延续了模拟时间设为 6 年时上升的趋势，由此可见，模型行为的时间性较为合理。

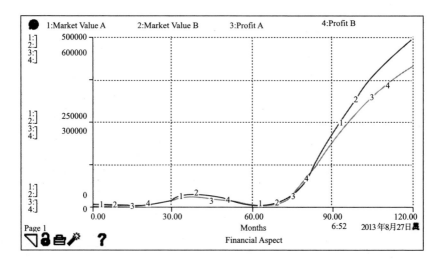

图7.12　财务层面系统模型时间性模拟结果

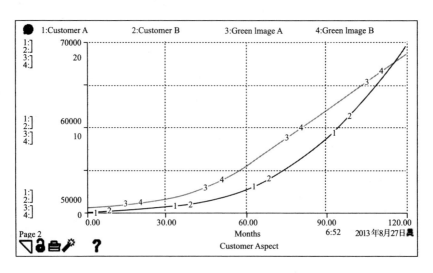

图7.13　客户层面系统模型时间性模拟结果

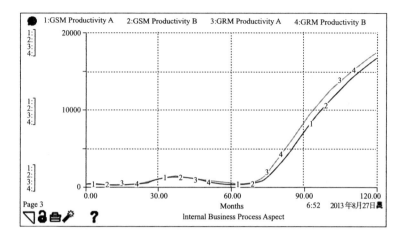

图 7.14　内部业务流程层面系统模型时间性模拟结果

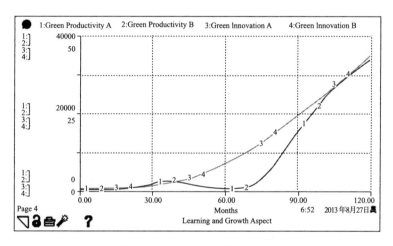

图 7.15　学习与成长层面系统模型时间性模拟结果

（2）模型行为的稳定性。

模型行为的稳定性检验主要是将各项绿色智力资本投资量、投资率等设为 0，即在不进行任何绿色智力资本投资的情况下，观察系统各个层面的变化。企业不做绿色智力资本投资时，系统模型各个层面的稳定性模拟结果如图 7.16～图 7.19 所示，财务层面、内部业务流程层面、学习与成长层面的各项指标值几乎皆呈现出不升不降的平稳走势，客户层面的指标值虽然还呈现出上升趋势，但是相比于初始模型，上升区间已经明显减小，说明绿色智力资本投资是系统运行的关键，是企业绩效的源泉，由此可见，模型行为的稳定性较为合理。

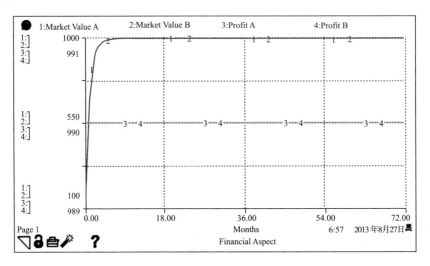

图 7.16　财务层面系统模型稳定性模拟结果

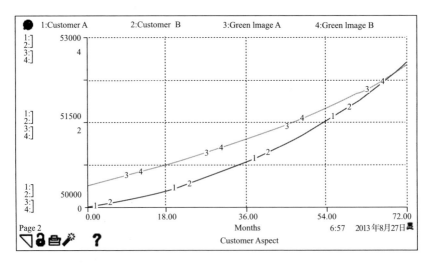

图 7.17　客户层面系统模型稳定性模拟结果

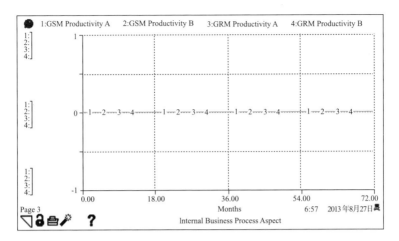

图7.18　内部业务流程层面系统模型稳定性模拟结果

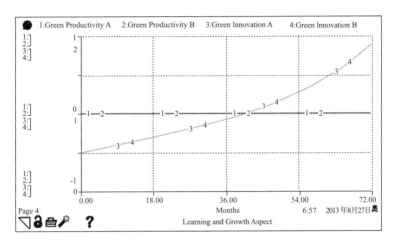

图7.19　学习与成长层面系统模型稳定性模拟结果

（3）模型行为的极端性。

模型行为的极端性检验主要是将绿色结构资本和绿色关系资本的投资量提高到初始模型的 10 倍，同时，作为互补性资源的绿色人力资本和绿色创新资本的投资量提高到初始模型的 2 倍，观察在如此极端值的情况下模型行为的表现。绿色智力资本投资量为极端值时，系统模型各个层面的极端性模拟结果如图 7.20 ~ 图 7.23 所示，各个层面的衡量指标的走势与初始模型相似，只是由于绿色智力资本投资量提高，使各项指标的上升区间增大了，由此可见，模型行为的极端性较为合理。

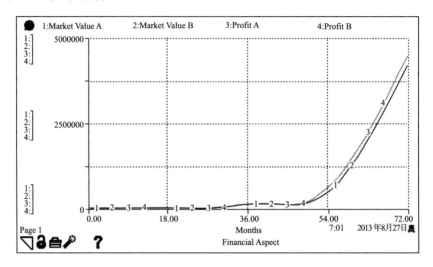

图 7.20　财务层面系统模型极端性模拟结果

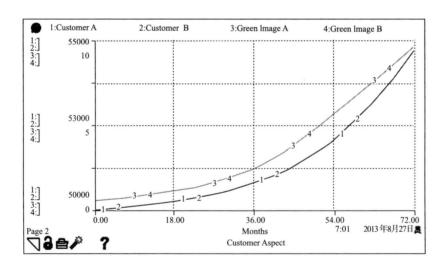

图 7.21　客户层面系统模型极端性模拟结果

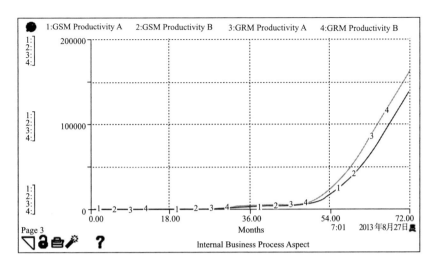

图7.22 内部业务流程层面系统模型极端性模拟结果

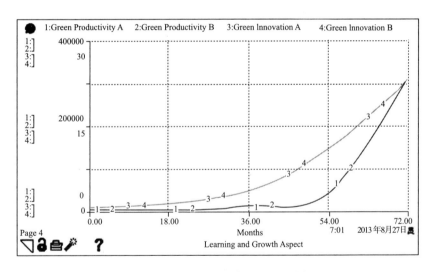

图7.23 学习与成长层面系统模型极端性模拟结果

7.5 不同绿色智力资本投资策略的模拟结果

在对绿色智力资本投资系统初始模型运行结果进行分析，以及对模型有效性进行检验的基础上，本书接下来要针对不同绿色智力资本投资策略进行仿真分析，观察在投资量、投资成本、投资时间点、互补资源的不同情况下，A、B 两家企业在各个系统层面上的表现，以及企业绩效上的差异，进而归纳较为优化的投资策略。本书将绿色结构资本和绿色关系资本视为主要的投资，分别考量其在投资量、投资成本、投资时间不同时，A、B 两家企业的绩效表现，将绿色人力资本和绿色创新资本视为互补资源，来考量其对企业绩效的影响。此外，在现实的企业决策中，一般不会仅考虑单一的投资策略，往往会权衡多方面的因素，制定出一个组合的投资策略。下面本书就从单一投资策略和组合投资策略两方面来进行仿真分析。

7.5.1 单一投资策略的模拟结果

（1）不同投资量的模拟结果。

在绿色智力资本投资系统模型中，将 A 企业的绿色结构资本和绿色关系资本的投资量设为 B 企业的两倍，观察 A、B 两家企业的绩效表现。系统模型各个层面的模拟结果，如图 7.24 ~ 图 7.27 所示，A 企业各个层面的指标值走势皆优于 B 企业，说明在其他条件相等的情况下，绿色结构资本和绿色关系资本投资量越多的企业，在绩效方面表现较好。

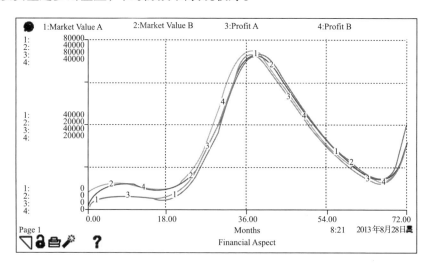

图 7.24　财务层面不同投资量策略模拟结果

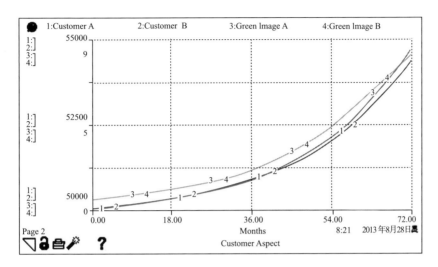

图 7.25 客户层面不同投资量策略模拟结果

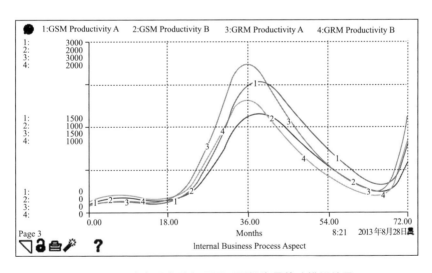

图 7.26 内部业务流程层面不同投资量策略模拟结果

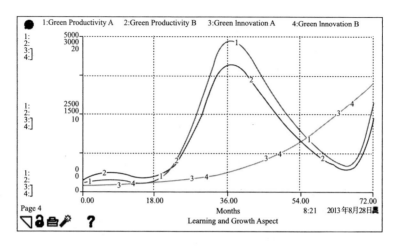

图7.27　学习与成长层面不同投资量策略模拟结果

（2）不同投资成本的模拟结果。

在绿色智力资本投资系统模型中，将 A 企业的投资成本指数设为 B 企业的两倍，观察 A、B 两家企业的绩效表现。系统模型各个层面的模拟结果，如图7.28～图7.31所示，A、B 两家企业各个层面的指标值走势差别不大，B 企业相对于 A 企业的优势很小，说明在其他条件相等的情况下，仅依靠减少投资成本，对企业绩效的贡献不大。

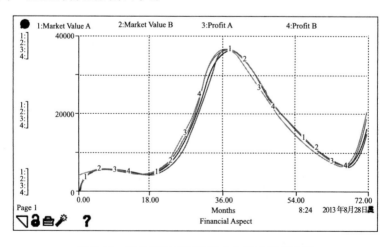

图7.28　财务层面不同投资成本策略模拟结果

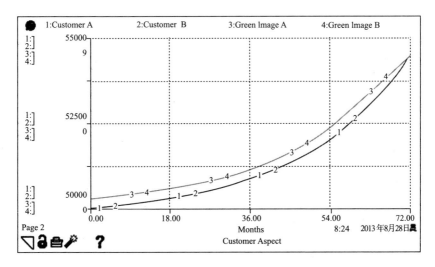

图 7. 29 客户层面不同投资成本策略模拟结果

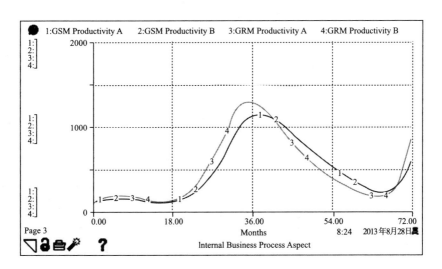

图 7. 30 内部业务流程层面不同投资成本策略模拟结果

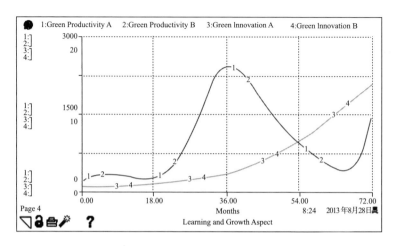

图 7.31　学习与成长层面不同投资成本策略模拟结果

（3）不同投资时间的模拟结果。

在绿色智力资本投资系统模型中，将 A 企业绿色结构资本和绿色关系资本增加投资的时间点设为比 B 企业提前一年，观察 A、B 两家企业的绩效表现。系统模型各个层面的模拟结果，如图 7.32~图 7.35 所示，A 企业各个层面的指标值走势皆优于 B 企业，说明在其他条件相等的情况下，绿色结构资本和绿色关系资本投资时间越早的企业，在绩效方面表现较好。

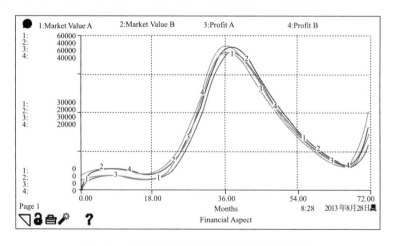

图 7.32　财务层面不同投资时间策略模拟结果

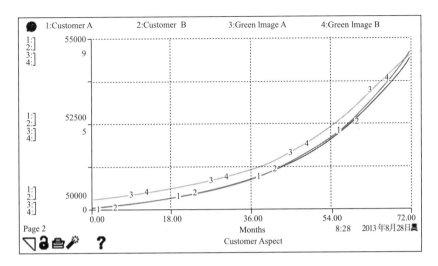

图 7.33 客户层面不同投资时间策略模拟结果

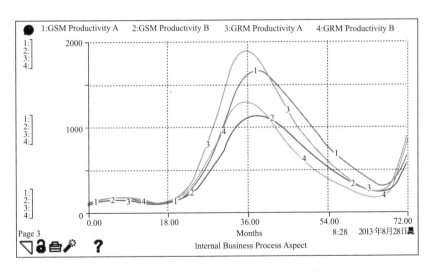

图 7.34 内部业务流程层面不同投资时间策略模拟结果

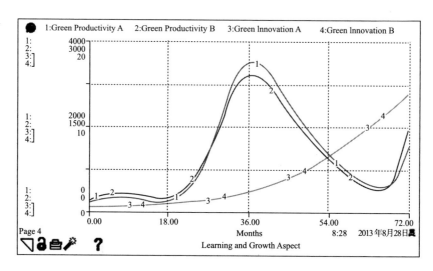

图7.35　学习与成长层面不同投资时间策略模拟结果

（4）不同互补资源的模拟结果。

在绿色智力资本投资系统模型中，将 A 企业绿色人力资本和绿色创新资本（绿色结构资本和绿色关系资本的互补资源）的投资量设为 B 企业的两倍，观察 A、B 两家企业的绩效表现。系统模型各个层面的模拟结果，如图 7.36～图 7.39 所示，在系统运行的早期和中期，由于 A 企业绿色人力资本和绿色创新资本的投资量多，导致企业工作量上升，生产力下降，在企业绩效方面的表现要弱于 B 企业，然而到了系统运行的后期，绿色人力资本和绿色创新资本的优势逐渐显现出来，A 企业各个层面的指标值走势皆明显超越了 B 企业，说明在其他条件相等的情况下，绿色人力资本和绿色创新资本投资量多的企业，短期之内的企业绩效会处于劣势，而从长期的角度来看，企业绩效将会处于优势，并且越往后期，优势将会越明显。

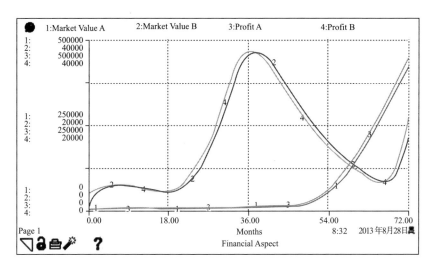

图 7.36　财务层面不同互补资源策略模拟结果

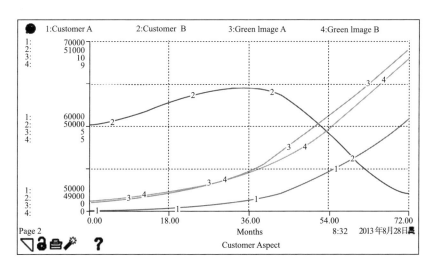

图 7.37　客户层面不同互补资源策略模拟结果

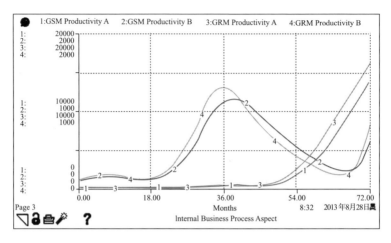

图 7.38　内部业务流程层面不同互补资源策略模拟结果

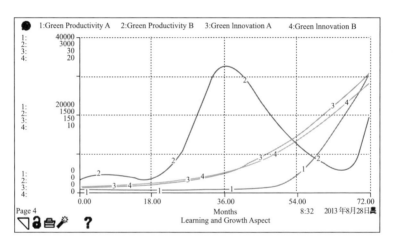

图 7.39　学习与成长层面不同互补资源策略模拟结果

7.5.2　组合投资策略的模拟结果

（1）投资量、投资成本组合的模拟结果。

在绿色智力资本投资系统模型中，将 A 企业的绿色结构资本和绿色关系资本的投资量设为 B 企业的两倍，同时将 A 企业的投资成本指数设为 B 企业的两倍，观察 A、B 两家企业的绩效表现。系统模型各个层面的模拟结果，如

图 7.40 ~ 图 7.43 所示，A 企业各个层面的指标值走势皆优于 B 企业，说明绿色结构资本和绿色关系资本投资量多的企业，虽然投资成本也会相对增加，然而在企业绩效方面仍然会表现较好。

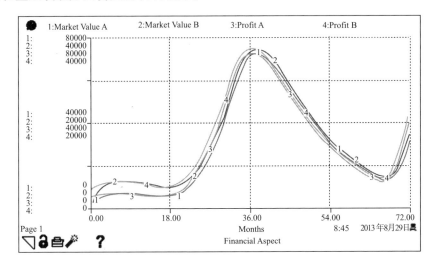

图 7.40　财务层面组合策略一模拟结果

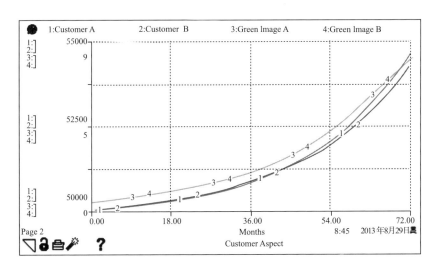

图 7.41　客户层面组合策略一模拟结果

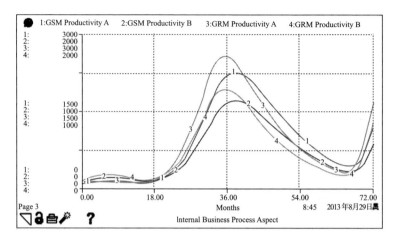

图 7.42 内部业务流程层面组合策略一模拟结果

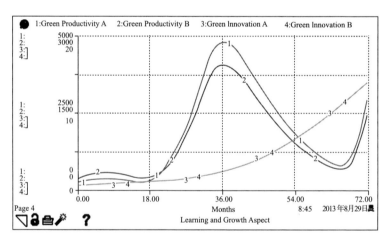

图 7.43 学习与成长层面组合策略一模拟结果

（2）投资量、投资成本、投资时间组合的模拟结果。

在绿色智力资本投资系统模型中，将 A 企业的绿色结构资本和绿色关系资本的投资量设为 B 企业的两倍，将 A 企业绿色结构资本和绿色关系资本增加投资的时间点设为比 B 企业提前一年，将 A 企业的投资成本指数设为 B 企业的三倍，观察 A、B 两家企业的绩效表现。系统模型各个层面的模拟结果，如图 7.44～图 7.47 所示，A 企业各个层面的指标值走势皆优于 B 企业，说明绿色结构资本和绿色关系资本投资量多、投资时间早的企业，虽然投资成本也会相对增加，然而在企业绩效方面仍然会表现较好。

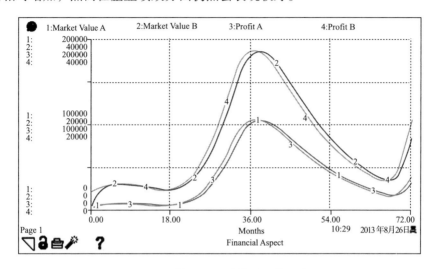

图7.44 财务层面组合策略二模拟结果

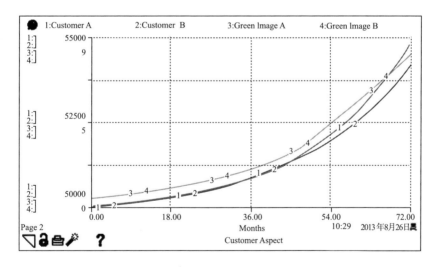

图7.45 客户层面组合策略二模拟结果

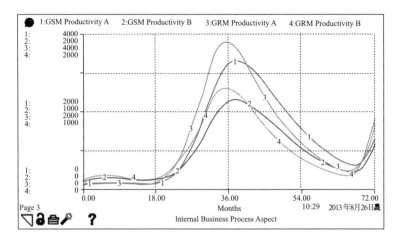

图 7.46　内部业务流程层面组合策略二模拟结果

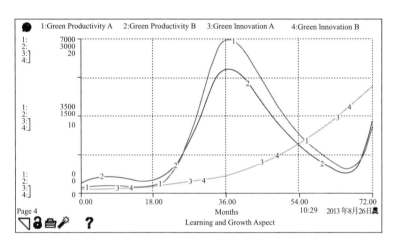

图 7.47　学习与成长层面组合策略二模拟结果

（3）投资量、投资成本、投资时间、互补资源组合的模拟结果。

在绿色智力资本投资系统模型中，在绿色智力资本投资系统模型中，将 A 企业的绿色结构资本和绿色关系资本的投资量设为 B 企业的两倍，将 A 企业绿色结构资本和绿色关系资本增加投资的时间点设为比 B 企业提前一年，将 A 企业的投资成本指数设为 B 企业的三倍，将系统运行两年半以后 A 企业绿色人力资本和绿色创新资本（绿色结构资本和绿色关系资本的互补资源）增加的投资量设为 B 企业的两倍，观察 A、B 两家企业的绩效表现。系统模型各个层面的模拟结果，如图 7.48 ~ 图 7.51 所示，在系统运行的各个时期，A 企业的绩效表现始终优于 B 企业，并且在系统运行后期，A 企业的绩效优势更加明显，说明绿色结构资本和绿色关系资本投资量多、投资时间早的企业，在前期会拥有绩效上的优势，若要保持并强化这种优势，就必须在后期加强绿色人力资本和绿色创新资本投资。

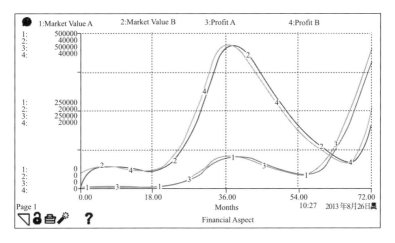

图 7.48　财务层面组合策略三模拟结果

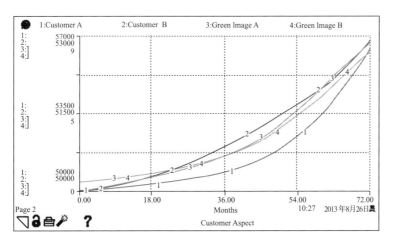

图 7.49　客户层面组合策略三模拟结果

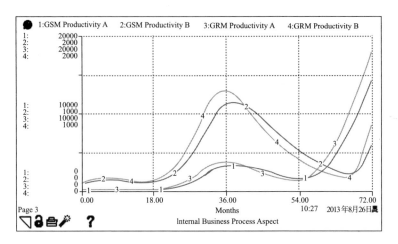

图 7.50　内部业务流程层面组合策略三模拟结果

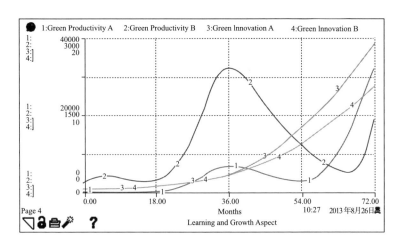

图 7.51　学习与成长层面组合策略三模拟结果

综上所述，从企业绩效的角度来考虑，组合投资策略三是较为优化的绿色智力资本投资策略，即在初期企业应重点考虑绿色结构资本和绿色关系资本投资，而经过一段时间以后，重心应转移至绿色人力资本和绿色创新资本投资，注重绿色智力资本各要素的相互配合、相互补充，各要素的协同化作用对于企业绩效的提升效果也更加明显，使企业获得持久性的竞争优势。

7.6　本章小结

本章首先在介绍系统动力学相关概念、建模程序等知识的基础上，描述了绿色智力资本投资系统中的相关问题，分析了系统中的因果关系，从财务层面、客户层面、学习与成长层面、内部业务流程层面构建了基于社会责任的绿色智力资本投资系统，然后分析了初始模型的模拟结果，并对初始模型的有效性进行了检验，最后从投资量、投资成本、投资时间、互补资源四个方面来考虑不同绿色智力资本投资策略对企业绩效的影响，分别对四种单一投资策略和三种组合投资策略进行了模拟分析，并根据模拟结果，归纳了较为优化的绿色智力资本投资策略。

第8章 绿色智力资本视角下企业管理者核心能力分析

绿色智力资本是现代企业新思维、新服务、新流程与新方法的主要来源，也是改变 21 世纪竞争态势的关键要素。在前面几章中，本书分别通过理论分析、实证分析、仿真分析对基于社会责任的绿色智力资本进行了详细的研究，可以说绿色智力资本已经从企业中的一个概念跃升为实际的观念，进而成为一项公司治理的准则，那么身为企业的管理者必须熟悉绿色智力资本的重要哲学及焦点领域。在国际化竞争趋势的大环境下，企业管理者不仅要快速认知环境变化的方向与内涵，而且要扮演好资源整合者的角色，引导企业成员以更积极的态度面对外在环境变化的挑战，以及满足社会的绿色需求，创造出组织独特的绿色品牌，进而完成组织目标、使命及价值。鉴于此，本章从绿色智力资本的视角来探析企业管理者的核心能力，进而构建企业管理人员核心能力指标体系。

8.1 绿色智力资本与管理者核心能力的关系

从传统的人事管理到人力资源管理演进的过程中，大多数组织仅重视单面向的内部管理，这样不足以应付庞大且复杂的外部环境，客户与社区也不愿意接受以往那种对企业的被动与从属地位。本书从绿色智力资本的视角探讨企业管理人员核心职业能力的适用性，除了重视内部的绿色管理技术与管理程序外，而且同样重视外部环境的适应与组织目标的整合。

Spencer 和 Spencer（1993）认为，一个人的能力可分为外、中、内三层结构，其中最外层的能力取决于个人的知识、经验和技术，中间层的能力取决于个人的感知、态度和价值观，而最内层的能力则取决于个人的特质，即一个人思想和情绪方式，核心能力通常指的就是这种最内层的能力。核心能力是具有双向作用的，对于管理者个人来说，核心能力可以视为一项管理工具，而对于组织来说，核心能力则是组织竞争力的关键。目前，关于企业的核心能力也是受到了我国许多学者的关注。例如，郑承志等（2014）指出，要保持组织的可持续竞争优势，关键在于培养和提升其核心能力，并从员工知识系统、价值观系统、管理系统、技术系统等内部因素，以及宏观环境和产业环境等外部因素解释了如何组织核心能力。周康（2015）认为，组织必须根据自身情况进行市场与业务定位，制定突出核心能力的企业国际化发展战略。对于企业而言，可以将绿色智力资本的各构成要素看成流量的概念，如果企业不进行绿色智力资本投资，绿色智力资本就没有能量，将会逐渐衰退。很多人认为企业的管理者应该是组织中的优秀人才，在教育程度、专业知识、管理能力等方面都会超越普通员工，这些人也必定具有较高的绿色智力资本。然而，事实并非如此。Edvinsson和Malone（1997）指出，如果智力资本，仅是其中的一个构成要素强大，而其他构成要素却较弱，这样的智力资本是无法创造价值的。因此，研究认为单一的人力资本并不能代表智力资本，必须是绿色人力资本、绿色结构资本和绿色创新资本、绿色关系资本的相互配合、相互补充，发挥三者的协同化作用，才能为组织创造价值，而这一价值的创造过程也体现了管理人员的核心能力。

8.2　研究方法与资料的采集、分析

8.2.1　研究对象与研究方法

由于绿色智力资本对于知识密集型行业的影响效果更加明显，因此本书以知识服务型行业中的商业银行的管理者为研究对象。本书使用访谈法来收集资料，访谈法的特点在于面对面的社会交往，访问者与被访问者之间的相互作用、相互影响会始终贯穿访谈过程，并对访谈结果产生影响。相比于其他研究方法，访谈法更加灵活、更具弹性，应用范围也更为广泛，收集的资料也更为丰富，便于深入探析问题的本质。访谈法又可以分为结构式访谈法、半结构式访谈法和非结构式访谈法。本书所采用的是半结构式访谈法，它介于结构式访谈法与非结构式访谈法之间。在访谈以前，需要根据研究目的设计访谈大纲，以指导访谈过程。但是在访谈过程中，可以根据实际情况对访谈问题进行适当

调整。因为尽管访谈问题一样，但是由于被访问者对访谈问题的认知，以及个人经历的差别，所以访谈结果也会存在较大不同。

本书认为，绿色智力资本理念主要体现在银行管理人员关于绿色人才制度的思维与领导（绿色人力资本）、组织流程的简化与创新（绿色结构资本与绿色创新资本）、顾客关系以及对社会的关怀（绿色关系资本）。本书以我国商业银行的管理人员为研究对象，把绿色智力资本的四个构成要素作为管理人员核心能力的评价原则，并以此为依据设计访谈大纲，通过客观地记录被访谈者叙述的内容，将银行管理人员核心能力具体化、文字化。本书建立的半结构式访谈大纲，如表 8.1 所示。

表 8.1 半结构式访谈大纲

智力资本构面	问题项	访谈内容
绿色人力资本	01	作为银行管理者，当前与未来所面临的最大机遇与挑战
	02	作为银行管理者，应该具备的专业能力，如何实现绿色管理
	03	银行的核心价值，作为管理者如何实现这一价值
绿色结构资本 绿色创新资本	04	银行内部的各部门之间的关系
	05	银行内部的绿色知识分享与知识扩散
	06	银行如何改善组织文化与业务流程
	07	作为银行管理者，应如何发挥和提升团队的创新思维
绿色关系资本	08	银行作为服务大众的行业，如何在制度和民意方面保持平衡
	09	银行如何与企业、私人客户等利益相关者建立良好关系
	10	银行绿色金融产品的营销策略

8.2.2 资料的采集与分析

本书的访谈对象选取了在我国商业银行的管理岗位已经工作了三年以上的管理人员，所涉及的管理岗位涵盖了银行的公司业务部、个人业务部、人力资源部、法律与合规部、行政事务部、科技部、风险管理部和计划财务部多个部门，总共 12 名访谈对象。每个访谈对象的访谈时间都控制在 60~90 分钟之间，并对整个访谈过程进行了详细的记录。

商业银行的主要职能在于信用中介、支付中介、金融服务、信用创造和调节经济等，它在国民经济的发展过程中扮演着举足轻重的角色。因此，银行管理人员能力的优劣不仅关乎银行本身的生存与发展，而且还关系到整个国家金融业的整体竞争力。为了深入探析银行管理人员的核心能力，本书从绿色智力资本的视角归纳被访问者的经验、认知和感受，试图找出企业管理人员最为关键的核心能力。本书对访谈资料进行了详尽的编码、分析和解释，以形成概念化的银行管理人员核心能力。本书将被访谈者统一编码为 1～12，例如（1，公司业务部）表示 1 号被访谈者的表述，其在银行中的管理岗位是公司业务部。下面分别从绿色人力资本、绿色结构资本与绿色创新资本、绿色关系资本来解释银行管理人员的核心能力。

（1）绿色人力资本层面。

① 多元化专业能力。

在当今的信息化时代，银行管理人员面对着复杂多变的内、外部环境，仅仅拥有金融方面的专业知识是远远不够的。管理人员要应对大量的多层次、高科技，以及绿色管理方面的工作，就必须拥有多元的专业能力，提升自身的专业素质，发挥最高的服务效率，以满足不同客户的需求。例如，有被访谈者表示：

"当今社会科技发展突飞猛进，银行工作也要与时俱进，尤其是在目前高科技金融犯罪越来越普遍的情况下，如果只掌握传统意义上的金融知识、金融法规，那么就不能够应对这些新型案件，因此我们需要了解不同领域的专业知识。"（6，法律与合规部）

"在组织内部，我们应具有统筹人力资源的能力，而在组织外部，我们面临的最大挑战是新兴事物、高科技的竞争。因此，我们更多地应该关注社会网络、产业发展趋势等问题，涉猎不同领域的专业知识，这不仅能满足不同顾客群的需求，而且还能突破经营管理上的'瓶颈'。"（8，行政事务部）

"很多复杂的业务，需要一个团队去办理，所花费的时间也较多，尤其是面对一些企业的大客户业务，就必须要由金融、科技、法律等相关专业的人才共同完成。如果在绿色人力不足的情况下，就难以发挥团队的力量，这也说明目前跨学科的专业人才的匮乏。"（10，科技部）

② 领导统驭能力。

银行管理人员的领导统驭能力主要来源于两方面：其一是职位权力，这种权力是由于管理者在银行中所处的位置是由上级或组织赋予的，而职位权力也会随着职务的变动而发生改变；其二是个人能力，是管理者本身所具备的某些特殊条件，这种个人能力也是领导统驭能力的关键，如高尚的道德情操、丰富的知识和经验以及令下属感到可亲、可信、可敬等。例如，有被访谈者表示：

"组织中每个人的能力不可能都差不多，有能力强的、也有能力弱的，有资历深的、也有资历浅的。因此你必须具有包容的态度，虚心地向别人学习各种知识，丰富自身的经验。有些人总是夜郎自大，容不下别人比自己强，这样势必影响个人能力的提升，也会拖累整个部门。"（1，公司业务部）

"俗话说：'在其位，谋其政'。我们的权力范围是根据我们的岗位，由银行的制度和政策所决定的。但是除此之外，在权力的统驭运用方面，还存在着一种更为重要的无形的力量，这就是管理者本身的内在品质，这对人的影响是发自内心的、长远的。因此应该在平时更多地注重提升自身的价值哲学，包括积极乐观的态度、道德修养、勇气与胆识，以及公平、公正的处事态度等。"（5，人力资源部）

"作为一名领导者，决不能只是一朝权在手，便把令来行，必须要以身作则、以德服人，才能发挥个人最大的影响力；要以冷静、清醒的头脑去处理各种问题，要学会先律己、再律人。此外，还要善于聆听下属的意见，尊重下属的不同想法，这样才能保持整个团队的凝聚力。"（7，行政事务部）

③ 前瞻性思维能力。

高瞻远瞩的思维方式是管理者与普通员工最大的差异。如果管理人员视觉狭窄，不明大事，又怎么能够承担起管理工作的责任？在银行的营运过程中，会遇到诸多的价值冲突的问题，因此管理者应以前瞻性、系统性、整体性的思维来分析竞争环境的变化和评估银行策略对绩效的影响，从而建立和维持社会大众对于银行的信任。例如，有被访谈者表示：

"管理者个人的见识长远和银行的可持续发展是息息相关的，因此你必须要站得高一些，看得远一些，要未雨绸缪，这样在面对客户层出不穷的需求时，或者银行与外部环境发生冲突时，才能果断地处理，维护银行的信誉。"（2，公司业务部）

"银行业是服务大众的行业，银行的行为应体现社会的公平正义，我们在为客户办理业务时要确实保障程序的公正，因此我们在办理业务的过程中要多为客户着想，以前瞻性的思维方式来提升办理业务的品质。"（4，个人业务部）

"当今科技的发展瞬息万变，如果银行的经营管理模式跟不上时代的发展，势必影响银行未来的竞争力。我们对未来的竞争环境、金融政策等一定要有提前的判断和思考，要注重绿色金融产品和服务方式的创新，以迎合不同客户群的需求。"（10，科技部）

（2）绿色结构资本与绿色创新资本层面。

① 资源整合能力。

在银行的营运过程中，会涉及各种资料、信息和绿色知识等资源，如果这些资源是散乱的状态，那么是不能发挥其效用的，需要通过管理者主动地将这些资源进行归纳和整理，使之能够交互流动地运作，才能有助于银行的长远发展。换句话说，银行管理者在筛选、整理各种资源的过程中，要能够建立银行的资料库和绿色知识分享平台，在员工之间、各部门之间形成资源的共享。例如，有被访谈者表示：

"我发现当前银行的员工对于信息技术、专业知识、产业资料等资源的综合运用能力严重不足，而身为管理者就必须设法将这些知识和资源整合在一起，建立系统性的绿色知识共享平台，便于知识在员工间的传播与分享。"（1，公司业务部）

"目前，除了银行内部的各部门之间的资源交流外，我们同一些公司客户、社会组织、政府等都会有资源的交流，我们通过建立相关的资料库来创建资源分享的平台，这样做可以大大提升银行服务的品质。"（3，个人业务部）

"近年来，我们始终致力于不断地开发和完善整合性客户资料库，并结合信息技术、金融法规，可以全方位的辅助银行的业务处理。此外，银行各部门之间通过各类资料库的交互使用，可以及时、有效的查询到所需的资料，从而提高工作效率。"（9，科技部）

② 变革与控制能力。

管理人员的变革与控制能力关乎银行的运行成效，一方面，变革主要体现在管理者对业务流程、沟通领导方式的改善，这有助于建立相互信任的价值观念，营造相互合作的组织环境；另一方面，身为管理者还要注重内部控制，有效地对业务活动进行组织、制约、考核和调节，从而进一步改善银行的经营管理，提高经济效益。例如，有被访谈者表示：

"根据外部环境的变化，我们必然要对银行内部进行变革和调整，促进组织内部的互动与合作，以应对激烈的竞争环境。此外，我们每个月末都要开会对当月业务状况进行评测，通过每个人提出的不同看法，对业务流程进行全面性的检查，及时找出业务流程中的盲点，进一步加强监控。"（1，公司业务部）

"我们会定期到周边社区举办宣讲活动和进行民意测试，根据民意测试的结果，来调整银行的作业方式，会按照公众的需求，缩短一些业务的流程，采取内部控制制度对内部业务进行掌控。"（4，个人业务部）

"组织文化的变革是最为困难的，主要是因为人们对于变革的前景不了解，缺乏参与感，银行更多的是为老百姓服务的，因此组织文化应该体现公平正义，我们要做的就是从内部推动组织的变革，提升服务的品质与效率，完善内部检查制度，及时检讨和纠正那些与组织目标相违背的行为。"（11，风险管理部）

③ 创新与协调能力。

当今银行的许多业务，尤其是一些复杂的业务，单靠个人是无法完成的，这就需要一个团队，需要团队成员的相互配合才能完成，这时候作为管理者，其在团队中的创新与协调能力就显得格外重要，管理者的创新思维和沟通协调，能够促进团队成员间的互动，达成共识，产生新的观念，以引导整个团队共同解决问题、完成任务。例如，有被访谈者表示：

"随着科技的进步，银行的许多业务都要由创新的思维来推动，必须跟上科技的步伐，才能提升创新绩效。创新思维对管理者来说，是一项很重要的能力，它能够为整个组织增添活力。同时，在部门或团队的研讨会上，成员可以提出一些新的想法，而我们还要注重协调众人的观点，以达成内部一致。"（2，公司业务部）

"团队合作可以弥补个人考虑不周详的缺点，集思广益也容易产生创新思维。面对当前日益猖獗的金融诈骗、高科技犯罪等，只有通过团队合作的方式才能应对，在团队内部相互协调而达成共识，遇到问题才能迎刃而解。"（7，行政事务部）

"银行的创新，尤其是在金融产品或服务方面的创新，能够提升银行服务品质，从而感受到顾客的回馈，塑造良好的银行形象。而对于我们团队来说，要提升整体的创新能力，就需要我们彼此之间的沟通与协调，让团队内外都能感觉到我们不是封闭保守的，而是一个充满活力的团队。"（12，计划财务部）

（3）绿色关系资本层面。

① 社会关怀能力。

银行业属于知识服务型行业，服务对象大多为社会大众，因此银行工作人员，尤其是管理人员必须要加强社会关怀理念，为顾客提供最亲切的服务，对于顾客的困难和需要给予必要帮助，特别是对社会弱势群体的照顾，以提升公众对银行的信任感，这样不仅能够促进银行的可持续发展，而且也能营造良好的社会环境。例如，有被访谈者表示：

"我们为顾客办理业务的过程也是建立公众对银行信任的过程。虽然银行有自己的规章制度，但是对于一些社会弱势群体在办理业务时还是会在某些方面给予一些照顾，另外，还有一些顾客因特殊原因确实需要紧急办理某些业务，我们也会为其开通快速办理通道。"（4，个人业务部）

"目前，社会上电信诈骗、信用卡诈骗等案件层出不穷，而这些诈骗手段几乎都是采取银行异地转账、取款等方式，这就要求无论是我们的管理层还是基层都要格外重视。在为顾客办理相关业务时，我们要切实核对重要信息，对每一位顾客负责，必要时要与公安机关配合，共同打击金融犯罪，维护社会的公平正义。"（6，法律与合规部）

"我们每年都会有一定比例的预算经费用于慈善事业，以及长期与社会上一些公益组织保持合作关系。我们也会定期到社区举办理财产品的宣讲活动，向老百姓介绍最新的金融政策和金融法规，积极主动地回馈社会。"（12，计划财务部）

② 多元化沟通能力。

银行业作为社会服务型行业，其所服务的对象从普通群众，到企事业单位、非营利组织，再到政府机关，几乎可以涉及任何社会群体。这就要求银行管理人员建立多元化沟通平台，具备多元化沟通能力，重视划分客户群，并能与不同层次的客户群保持良好的关系。例如，有被访谈者表示：

"目前，划分顾客群对于我们来说是非常重要的工作。不同客户群体的需求也会有所不同，这就要求我们具备多元化沟通能力，通过与顾客的交流所反馈的信息，来改善银行的营销策略，以满足不同客户群体的需要。"（2，公司业务部）

"我们通过建立客户关系网络，以深入了解客户信息，定期对大客户、老客户进行访谈，掌握客户对我们银行的满意度，及时调整银行策略。在与客户的沟通渠道上也有很多，例如银行网站、行长信箱、周边社区调查等。总之，原则只有一个，就是从各个方面广纳民意，切实建设为人民服务的银行。"（3，个人业务部）

"要建立良好的顾客关系其实也并不难，关键是银行从上到下能够设身处地的为顾客着想，重视顾客的投诉，耐心倾听顾客的心声，广开言路，以多元化沟通的方式，虚心接受社会各界人士的建议。"（5，人力资源部）

8.2.3　企业管理人员核心能力归纳

（1）多元化理念。

在对 12 名被访谈对象的访谈过程中，本书发现无论在专业能力方面，还是在沟通交流方面，多位被访谈者都反复强调了多元化的理念。在当今国内外企业竞争环境异常激烈的背景下，身为管理人员，就必须掌握多元化的专业知识并能与时俱进，同时，还要以多元化的沟通方式与企业内外部的利益相关者保持良好的关系。此外，本书认为企业的政策实施也应秉承多元化的理念，一方面，企业有自己的制度，管理者讲原则、按照制度办事，可以树立其威信；另一方面，对于社会弱势群体或者遇到困难的顾客，管理者也应该为其提供必要的帮助和照顾，以提升公众对企业的信任。

（2）绿色创新管理理念。

当今的社会发展可以说是瞬息万变，企业的管理模式也不能一成不变，必须要与时俱进。被访谈者中大多也都强调了变革与创新的重要性，应该打破传统的管理模式，建立互信合作的团队，促进团队成员间绿色知识的分享与扩散。企业管理者的任务不应仅是完成既定的目标，而是还应从价值、文化、人性、社会等诸多领域来赢得组织成员的认同，对组织目标达成共识，愿意为实现组织目标而共同努力。因此，企业创新管理不仅体现在管理技术的创新，而且更应该体现在管理哲学的创新。

（3）公益理念。

企业虽然是营利性组织，但也是为社会大众服务的，企业与人民的生活息息相关，因此企业的服务品质直接体现了社会的公平正义，其经营理念也应更多地涉及公益。在接受访谈时，许多被访谈者都提到了"为人民服务""回馈社会""维护社会的公平正义""参与公益事业"等内容。当今企业的核心价值在于效率、公平、正义，而管理者就应该将企业的政策、流程与公众利益相结合，与社会大众保持良好的关系，按照社会的期望而改变自身，在享受社会赋予的机会的同时，更要注重对社会的贡献。

本书将绿色智力资本作为企业管理人员核心能力的理论依据，使用半结构式访谈法，来探索企业管理人员核心能力的内涵，根据被访谈者的表述，深入解释了现代管理者应具备的核心能力。本书归纳的绿色智力资本视角下的企业管理人员核心能力指标体系，如图 8.1 所示。

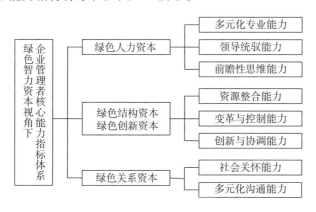

图 8.1　基于绿色智力资本的企业管理人员核心能力指标体系

以绿色智力资本的视角来分析企业管理人员的核心能力，能够深入挖掘企业经营管理的内涵，如本书所发现的绿色创新管理理念、公益理念以及多元化理念。事实上，管理者所具备的核心能力既是影响组织竞争优势的关键因素，同时又是实现社会公平正义的动力。本书所归纳的企业管理人员核心能力指标体系对于建设专业型、前瞻型、创新型、合作型企业具有一定的参考意义。

8.3　本章小结

本章在分析绿色智力资本与管理者核心能力关系的基础上，以商业银行为例，采用半结构式访谈法，分别从绿色智力资本的视角，即绿色人力资本、绿色结构资本和绿色创新资本、绿色关系资本多个层面，来解释商业银行管理人员的核心能力，进而构建了绿色智力资本视角下企业管理人员核心能力指标体系。

第9章　总结与展望

9.1　研究成果总结

本书结合当前"知识经济"和"绿色经济"的双重时代特征，围绕"基于社会责任的绿色智力资本对企业绩效的影响"的研究主题展开深入探析，包括基于社会责任的绿色智力资本理论分析框架的构建，基于社会责任的绿色智力资本价值创造机理的解释，基于社会责任的绿色智力资本对企业绩效影响的实证分析，以及基于社会责任的绿色智力资本投资对企业绩效影响的模拟分析。本书的最大特色在于，将社会责任理念引入智力资本的研究领域，应用文献分析法、理论研究法、问卷调查法、统计分析法、系统动力学方法，深入研究基于社会责任的绿色智力资本对企业绩效的影响，旨在探索现代企业在当前"知识经济"和"绿色经济"的双重时代背景下如何依靠绿色智力资本提升企业绩效，如何顺利转型为"绿色知识型"企业，从而有助于社会、经济、环境的可持续发展，同时在理论上和方法上都丰富了绿色智力资本的研究领域。本书的主要研究成果如下。

第一，提出了基于社会责任的绿色智力资本理论分析框架。本书综合运用人力资本理论、知识基础理论、知识管理理论、竞争优势理论、循环经济理论和企业社会责任理论，深入挖掘绿色智力资本的内涵，在前人研究的基础上，融入社会责任理念，重新界定绿色智力资本的概念和维度，强调绿色智力资本应以社会责任为基础，具有价值创造、环境保护和社会关怀三大功能，能够促进经济绩效、环境绩效和社会绩效的综合发展，并在此基础上提出了基于社会责任的绿色智力资本理论分析框架，从理论上丰富了绿色智力资本的研究领域，同时，对于企业管理实践也具有一定的指导意义。

第二，解释了基于社会责任的绿色智力资本价值创造机理。本书从组织价值创造出发，全面、系统地剖析了绿色智力资本各要素的价值创造作用，探索绿色智力资本如何将社会责任转化为企业价值，明确了绿色智力资本在企业价值创造过程中的重要作用，分别从绿色人力资本、绿色结构资本、绿色关系资本、绿色创新资本，以及绿色智力资本各要素的协同化作用等方面，系统地解释了基于社会责任的绿色智力资本价值创造机理，同时将平衡计分卡、战略地图等技术引入绿色智力资本，从理论上和方法上都丰富了绿色智力资本的研究领域。

第三，构建并验证了基于社会责任的绿色智力资本对企业绩效影响的概念模型。本书在对社会责任、绿色企业、绿色智力资本和企业绩效等概念，以及相关文献进行回顾和分析的基础上，发现这些概念之间存在着相互影响关系，为了更加深入地探析基于社会责任的绿色智力资本对企业绩效的影响机制，提出了相关的研究假设，构建了相关的概念模型，然后通过问卷调查和结构方程对研究假设和概念模型进行了验证，明确了在当前"知识经济"和"绿色经济"的双重时代背景下企业绩效的直接影响因素和间接影响因素，同时，实证研究的结果能够为企业管理实践提供借鉴。

第四，建立了基于社会责任的绿色智力资本投资对企业绩效影响的系统动力学模型。本书在分析智力资本投资系统中所存在的相关问题和因果关系的基础上，从平衡计分卡的视角，即财务层面、客户层面、学习与成长层面、内部业务流程层面建立了基于社会责任的绿色智力资本投资对企业绩效影响的系统动力学模型，并通过模型仿真分析的结果，从企业绩效的角度，归纳了较为优化的绿色智力资本投资策略，从方法上丰富了绿色智力资本的研究领域，同时，也为企业正确制定绿色智力资本投资策略提供了借鉴。

9.2　研究局限与展望

本书将社会责任理念引入智力资本的研究领域，针对"基于社会责任的绿色智力资本对企业绩效的影响"这一研究主题进行了深入探讨，虽然取得了一些有意义的研究成果，但是仍然存在着一定的局限和不足。本书的局限性主要包括以下三点。

第一，在本书的理论研究部分，由于"绿色智力资本"是一个比较新颖的概念，尤其是国内研究尚处于萌芽阶段，所以在国内的参考资料方面受到一定的限制，而本书所探讨的绿色智力资本理论研究框架、价值创造机理等理论研究部分的参考文献也大多来自于国外，没有针对我国的具体社会环境，以及我国企业界的一些特殊元素加以考量，所取得的理论创新成果对于我国企业的指导意义还需要实践来检验。

第二，在本书的实证研究部分，样本数据是采用问卷调查的方式获得。尽管问卷调查法可行性较强，目前被广泛地应用于社会科学的研究领域，然而运用该方法收集到的数据资料仍然具有一定的主观性。由于绝大多数的样本公司都不是上市公司，受研究条件所限，无法获取与本书主题相关的样本公司的客观数据，例如企业的会计报表、社会责任报告书、环境报告书等相关资料，而缺少这些客观数据的配合和支持，对于研究结果的可靠性也会造成一定影响。

第三，在本书的模拟研究部分，尽管基于社会责任的绿色智力资本投资系统动力学模型是在理论研究和实证研究的基础上建立的，并且也通过了有效性检验，然而仿真系统与真实系统之间毕竟存在着一些差异。例如，仿真系统中的有些变量在现实中较难量化，还有绿色智力资本投资决策仅考虑到竞争对手之间的比较，没有将政府、供应商、社会文化等其他外部因素纳入考量，仿真系统的完整性还有待进一步补充。

针对上述的缺点和不足，本书后续的研究工作或未来的研究方向可以从以下三个方面入手。

第一，在理论研究方面，可以在绿色智力资本理论分析框架的基础上，通过访谈、案例分析等方法来对绿色智力资本的内涵、维度、功能等进行补充和完善，在研究国外文献的同时要结合我国的国情、社会环境等因素，分析我国企业绿色智力资本的形成因素、功能、内涵等，如果条件允许，还可以邀请高校相关研究领域的专家和知名企业的高层管理者共同探讨中国企业绿色智力资本的价值，归纳出具有中国特色的绿色智力资本理论框架，增强对我国企业的指导意义。

第二，在实证研究方面，可以选取上市公司为研究对象。因为相比于非上市公司，上市公司的财务报表、社会责任报告书等客观性数据资料比较容易获得，然后根据这些资料整理出较为合适的绿色智力资本的衡量指标，并结合问卷调查法所获得的数据资料，共同验证基于社会责任的绿色智力资本对企业绩效的影响效果。这样主观性数据和客观性数据可以相互补充各自的不足，使得实证研究的过程更加翔实，得出的研究结果也会更加可靠。

第三，在模拟研究方面，可以通过访谈、问卷调查等方法了解影响绿色智力资本投资决策的企业内、外部因素，更多地将企业外部因素引入绿色智力资本投资的仿真系统，对于系统中的变量还要尽可能的优化，最好能够找到与之对应的量化指标，使之更贴近于真实系统。另外，在系统仿真时，除了投资量、投资成本、投资时间、互补资源以外，还要考虑其他因素对于绿色智力资本投资策略效果的影响，比如外部环境的变化等，或许还能找出更加优化的绿色智力资本投资策略，以实现企业绩效最大化。

参考文献

[1] Adam A, Shavit T. How Can a Ratings-based Method for Assessing Corporate Social Respon-sibility (CSR) Provide an Incentive to Firms Excluded from Socially Responsible Investment Indices to Invest in CSR [J]. Journal of Business Ethics, 2008, 82 (4): 899 – 905.

[2] Al-Alawi A I, Al-Marzooqi N Y, Mohammed Y F. Organizational culture and knowledge sha-ring: critical success factors [J]. Journal of Knowledge Management, 2007, 11 (2): 22 – 42.

[3] Al-Ali N. Comprehensive Intellectual Captical Management Step-by-Step [M]. New York: John Wiley and Sons Press, 2003.

[4] Alberto C. How does knowledge management influence innovation and competitiveness [J]. Journal of Knowledge Management, 2000, 4 (2): 87 – 98.

[5] Anderson J, Smith G. A Great Company Can be a Great Investment [J]. Financial Analysts Journal, 2006, (4): 86 – 93.

[6] Andriessen D. IC Valuation and Measurement: Classifying the State of the Art [J]. Journal of Intellectual Capital, 2004, 5 (2): 230 – 242.

[7] Barlas Y. Formal aspects of model validity and validation in system dynamics [J]. System Dynamics Review, 1996, 12 (3): 183 – 210.

[8] Barney J B. Firm Resources and Sustained Competitive Advantage [J]. Journal of Manage-ment, 1991, 17 (1): 99 – 120.

[9] Bartol K, Srivastava A. Encouraging knowledge sharing: the role of organizational reward sys-tems [J]. Journal of Leadership and Organization Studies, 2002, 19 (1): 64 – 76.

[10] Bassi L J, Van Buren M E. Valuing Investment in Intellectual Capital [J]. International Journal of Technology Management, 1999, 18 (5/6/7/8): 414 – 432.

[11] Bauer R A. Consumer Behavior as Risk Taking [M]. Chicago: American Marketing Asso-ciation, 1976.

[12] Berry M A, Rondinelli D A. Proavtive corporate environmental manggement: A new indus-

trial revolution [J]. Academy of Manggement Executive, 1998, 12 (2): 38 – 50.

[13] Beverly G. A capital idea [J]. Training, 1992, 29 (1): 31 – 35.

[14] Bierly P, Chakrabarty A. Generic knowledge strategies in the US pharmaceutical industry [J]. Strategic Management Journal, 1996, 17: 123 – 135.

[15] Bontis N. Intellectual Capital: An exploratory study that develops measures and models [J]. Management Decision, 1998, 36 (2): 63 – 76.

[16] Bowen H R. Social responsibility of the businessman [M]. New York: Harper and Row, 1953.

[17] Brammer S, Brooks C, Pavelin S. Corporate Social Performance and Stock Returns: UK Evidence from Disaggregate Measures [J]. Financial Management, 2005, 35: 97 – 116.

[18] Brammer S, Millington A. Corporate Reputation and Philanthropy-An Empirical Analysis [J]. Journal of Business Ethics, 2005, 61 (1): 29 – 44.

[19] Brennan N, Connell B. Intellectual capital: Current issues and policy implications [J]. Journal of Intellectual Capital, 2000, 1 (3): 206 – 240.

[20] Brooking A. Intellectual Capital [M]. London: Thomson Business Press, 1996.

[21] Brown, A., Osborn, J. R., Chan, T. M. J. and Jaganathan, V. Managing Intellectual Capital [J]. Ressarch Technology Management, 2005, 48 (6): 34 – 41.

[22] Buchholz R. Business Environment and Public Policy: Implications for Management [M]. Upper Saddle River: Prentice Hall, 1995.

[23] Campbell A. Creating customer knowledge competence: Managing customer relationship management programs strategically [J]. Industrial Marketing Management, 2003, 32: 375 – 383.

[24] Carlucci D, Marr B, Schiuma G. The knowledge value chain: how intellectual capital impacts on business performance [J]. Int. J. Technology Management, 2004, 27 (6): 575 – 590.

[25] Carroll A B. Corporate Social Responsibility-Evolution of a Definitional Construct [J]. Business and Society, 1991, 38 (3): 268-292.

[26] Carroll A B. Corporate social responsibility [J]. Business and Society, 1999, 38 (3): 268 – 295.

[27] Chen H M, Lin K J. The role of human capital cost in counting [J]. Journal of Intellectual Capital, 2004, 5 (1): 116 – 130.

[28] Chen Y S. The positive effect of green intellectual capital on competitive advantages of firms [J]. Journal of Business Ethics, 2008, 77 (3): 271 – 286.

［29］ Cheng M Y, Lin J Y, Hsiao T Y, Lin T W. Censoring model for evaluating intellectual capital value drivers ［J］. Journal of Intellectual Capital, 2008, 9 (4)：639 – 654.

［30］ Chiou C C, Hung F C. On the association of intellectual capital and firm value：Considering different phases of business life cycle ［J］. Journal of Contemporary Accounting, 2008, 9 (2)：201 – 236.

［31］ Coupland C. Corporate social and environmental responsibility in web-based reports：Currency in the banking sector ［J］. Critical Perspectives on Accounting, 2006, 17 (7)：865 – 881.

［32］ Cowe R. The rise of the virtuous company ［J］. New Statesman, 2000, 13：3 – 4.

［33］ Davis J. Greening Business—Managing for sustainable development ［M］. Oxford：Basil Blackwell, 1991.

［34］ Despres C, Chauvel D. Knowledge management (s) ［J］. Journal of Knowledge Management, 1999, 3 (2)：110 – 123.

［35］ Donaldson L. The normal scienceof structural contingency theory ［C］. Theory and Method, Edited by：Clegg, SR and Hardy, London：Sage. Handbook of organizational studies, 1996：51 – 70.

［36］ Dzinkowski R. The Measurement and Management of Intellectual Capital：An Introduction ［J］. Management Accounting：Magazine for chartered Management Accountants, 2000, 78 (2)：32 – 36.

［37］ Dzinkowski R. The value of intellectual capita ［J］. Journal of Business Strategy, 2000, 21 (4)：3 – 4.

［38］ Edvinsson L, Malone M S. Intellectual Capital—Realizing Your Company's True Value by Finding its Hidden Roots ［M］. New York：Harper Business, 1997.

［39］ Edvinsson L, Sullivon P. Developing a model for managing intellectual capital ［J］. European Management Journal, 1996, 14 (4)：356 – 364.

［40］ Epstein M J. Making sustainability work：Best practices in managing an measuring corporate social, environment and economic impacts ［M］. Surry, UK：Greenleaf, 2008.

［41］ Fornell C, Larcker D. Evaluating structural equation models with unobservable variables and measurement error ［J］. Journal of Marketing Research, 1981, (18)：39 – 50.

［42］ Forrester J W. System dynamics, system thinking and soft OR ［J］. System Dynamics Review, 1994, 10：199 – 212.

［43］ Friedman M. The social responsibility of business is to increase its profits ［J］. The New York times Magazine, 1970, 13：122 – 126.

［44］ Fry L W, Slocum J W. Maximizing the triple bottom line through spiritual leadership ［J］. Organizational Dynamics, 2008, 37 (1): 86 – 96.

［45］ Gallarotti G M. It pays to be green: The managerial incentive structure and environmentally sound strategies ［J］. Columbia Journal of World Business, 1995, 30 (4): 38 – 57.

［46］ Galbraith J K. The New Industrial State ［M］. Harmondsworth: Pelican, 1969.

［47］ Gebert H, Geib M., Kolbe L, Brenner W. Knowledge-enabled customer relationship management: integrating customer relationship management and knowledge management concepts ［J］. Journal of Knowledge Management, 2003, 7 (5): 107 – 123.

［48］ Goh A L S. Harnessing knowledge for innovation: an integrated management framework ［J］. Journal of Knowledge Management, 2005, 9 (4): 6 – 18.

［49］ Grant R M. Toward a Knowledge-based theory of the firm ［J］. Strategy Management Journal, 1996, 17: 109 – 122.

［50］ Griffin J J, Mahon J F. The Corporate Social Performance and Corporate Financial Performance Debate: Twenty-five Years of Incomparable Research ［J］. Business and Society, 1997, 36: 5 – 31.

［51］ Guenster N, Bauer R, Derwall J, Koedijk, K. The economic value of corporate eco-efficiency ［J］. European Financial Management, 2011, 17 (4): 679 – 704.

［52］ Guerard J B Jr. Is there a Cost to being Socially Responsible ［J］. Journal of Investing, 1997, 6: 11 – 18.

［53］ Gupta A K, Govindarajan V. Knowledge flows withen multinational corporations ［J］. Strategic Management Journal, 2000, 21: 473 – 496.

［54］ Guthrie J. The management, measurement and the reporting of intellectual capital ［J］. Journal of Intellectual Capital, 2001, 2 (1): 27 – 41.

［55］ Hair J F, Anderson R E, Tatham R L, Black W C. Multivariate Data Analysis ［M］. New Jersey: Pearson Education, 2006.

［56］ Hall R H. Organizations: Structures, processes and outcome ［M］. New Jersey: Simon & Schuster/A Viacom Company, 1999.

［57］ Hamel, G. Leading the Revolution ［M］. Harvard University Press: Cambridge, MA, 2000.

［58］ Harrison S, Sullivan P H. Profiting from Intellectual Capital: Learing from Leading Companies ［J］. Journal of Intellectual Capital, 2000, 1 (1): 33 – 46.

［59］ Hart S L. Beyond Greeing: Strategies for a Sustainable World ［J］. Harvard Business Review, 1997, 75 (1): 66 – 76.

［60］ Henry A. Low Involvement Decision Marketing ［M］. Boston： Kent Pub. ， 1984.

［61］ Hoegl M， Weikauf K， Gemuenden H G. Interteam coordination， project commitment and teamwork in multiteam R&D projects： a longitudinal study ［J］. Organizational Science， 2004， 15： 38 – 55.

［62］ Hope J， Hope T. Competing in the Third Wave ［M］. Boston： Harvard Business School Press， 1997.

［63］ Hopkins M. Planetary bargain： Corporate social responsibility matters ［M］. London： Earth scan Publications， 2003.

［64］ Huang C F， Hsueh S L. A Study on the Relationship between Intellectual Capital and Business Performance in the Engineering Consulting Industry： A Path Analysis ［J］. Journal of Engineering and Management， 2007， 8 （4）： 265 – 271.

［65］ Hubbard G. Measuring organizational performance： Beyond the triple bottom line ［J］. Business Strategy and the Environment， 2009， 18 （3）： 177 – 191.

［66］ Hubert S. Tacit Knowledge： The Key to the Strategic Alignment of Intellectual Captical ［J］. Strategy and Leadership， 1996， 24 （2）： 10 – 14.

［67］ Hudson W. Intellectual Capital： How to build it， enhance it， use it ［M］. New York： John Wiley， 1993.

［68］ Jackson S E， Chuang C H， Harden E H， Jiang Y. Toward developing human resource management systems for knowledge-intensive teamwork ［J］. Research in Personnel and Human Resources Management， 2006， 25： 27 – 70.

［69］ Jackson S E， Schuler R S. Managing Individual Performance： An Individual Perspective ［M］. New York： John Wiley and Sons， 2002.

［70］ Johnson H. Business in contemporary society： Framework and issues ［M］. Belmont， Calif： Wadsworth Pub. Co. ， 1971.

［71］ Jackson M C. Systems Thinking： Creative Holism for Managers ［M］. Chichester： John Wiley & Sons Ltd. ， 2003.

［72］ Joia L A. Measuring Intangible Corporate Assets： Linking Business Strategy with Intellectual Captical ［J］. Journal of Intellectual Capital， 2000， 1 （1）： 68 – 84.

［73］ John D. Greening Business： Managing for Sustainable Development ［M］. New Jersey： Wiley-Blackwell； New Ed. ， 1994.

［74］ Johnson W H A. An integrative taxonomy of intellectual captical： Measuring the stock and flow of intellectual captical in th firm ［J］. International Journal of Technology Management， 1999， 18 （5/6/7/8）： 562 – 575.

［75］ Jones M T, Haigh M. The transnational corporation and new corporate citizenship theory ［J］. The Journal of Corporate Citizenship, 2007, 27: 51 – 69.

［76］ Jöreskog K G. , Sörbom D. LISREL 8: Structural equation modeling with the SIMPLIS command language ［M］. Hove and London: Scientific Software International, 1996.

［77］ Kale P, Singh H, Perlmutter H. Learning and protection of proprietary assets in strategic alliances: building relational capital ［J］. Strategic Management Journal, 2000, 21: 217 – 237.

［78］ Kammerer D. The effects of customer benefit and regulation on environmental product innovation. Empirical evidence from appliance manufacturers in Germany ［J］. Ecological Economics, 2009, 68: 2285 – 2295.

［79］ Kaplan R S, Norton D P. The Balanced Scorecard: Translating Strategy into Action ［M］. Boston: Harvard Business School Press, 1996.

［80］ Kaplan R S, Norton D P. Using the balance scorecard as a strategic management system ［J］. Harvard Business Review, 1996, 74 (1): 75 – 85.

［81］ Kaplan R S, Norton D P. The Strategy-Focused Organization ［M］. Cambridge: Harvard Business School Press, 2001.

［82］ Kaplan R S, Norton D P. Measuring the strategic readiness of intangible assets ［J］. Harvard Business Review, 2004, 82 (2): 52 – 63.

［83］ Kassem S M. Human resource planning and organizational performance: An exploratory analysis ［J］. Strategy Management Journal, 1987, 8 (1): 387 – 392.

［84］ Katila R, Ahuja G. Something old, something new: a longitudinal study of search behavior and new product introduction ［J］. Academy of Management Journal, 2002, 45 (8): 1183 – 1194.

［85］ Kim A K, Nofsinher R J. Corporate Governance ［M］. New Jersey: Pearson, 2006.

［86］ Klassen R D, McLaughlin C P. The impact of environmental management on firm performance ［J］. Management Science, 1996, 42 (8): 1199 – 1214.

［87］ Klassen R D, Whybark D C. The Impact of Environmental Technologies on Manufacturing Performance ［J］. Academy of Management Journal, 1999, 42 (6): 599 – 615.

［88］ Kracklauer A, Passenheim O, Seifert D. Mutual customer approach: How industry and trade are executing collaborative customer relationship management ［J］. International Journal of Retail & Distribution Management, 2001, 29 (12): 515 – 519.

［89］ Kumar V, George M. Measuring and maximizing customer equity: A critical analysis ［J］. Academy of Marketing Science, 2007, 35 (2): 157 – 171.

［90］Lau R S M, Ragothaman S. Strategic issues of environmental management ［J］. South Da-kota Business Review, 1997, 56 （2）: 1 - 5.

［91］Lepak D P, Snell S A. The Human Resource Architecture: Toward a Theory of Human Cap-ital Allocation and Development ［J］. Academy of Management Review, 1999, 24 （1）: 31 - 48.

［92］Liebeskind J P. Knowledge, Strategy and the Theory of the Firm ［J］. Strategic Management Journal, 1996, 17: 93 - 107.

［93］Liebowitz J, Suen C Y. Developing knowledge management metrics for measuring intellectual capital ［J］. Journal of Intellectual Capital, 2000, 1 （1）: 54 - 67.

［94］Lin C P. Modeling corporate citizenship, organizational trust, and work engagement based on attachment theory ［J］. Journal of Business Ethics, 2010, 91 （4）: 517 - 531.

［95］Lin H F, Lee G G. Effects of socio-technical factors on organizational intention to encourage knowledge sharing ［J］. Management Decision, 2006, 44 （1）: 74 - 88.

［96］Lussier R N. Management fundamentals ［M］. New York: Thomson learning inc, 2002.

［97］Lynn, B. E. Culture and Intellectual Capital Management: A Key Factor in Successful ICM Implementation ［J］. International Journal of Technology Management, 1999, 18 （5/6/7/ 8）: 591 - 603.

［98］MacNeil C M. Line managers: facilitators of knowledge sharing in teams ［J］. Employee Relations, 2003, 25 （3）: 294 - 307.

［99］MacNeil C M. Exploring the supervisor role as a facilitator of knowledge sharing in teams ［J］. Journal of European Industrial Training, 2004, 28 （1）: 93 - 102.

［100］Maignan I, Ferrell O C. Measuring corporate citizenship in two countries: The case of the United States and France ［J］. Journal of Business Ethics, 2000, 23 （3）, 283 - 297.

［101］Malaeb Z A, Summers J K, Pugesek B H. Using structural equation modeling to investi-gate relationships among ecological variables ［J］. Environmental and Ecological Statistics, 2000, 7: 93 - 111.

［102］Marr B, Schiuma G. , Neely A. The dynamics of value creation: mapping your intellectual performance drivers ［J］. Journal of Intellectual Capital, 2004, 5 （2）: 312 - 325.

［103］Martin R L. The Virtue Matrix: Calculating the Return on Corporate Responsibility ［J］. Harvard Business Review, 2002, （3）: 68 - 75.

［104］Matsuno K, Mentzer J T, Özsomer Aysegül. The Effects of Entrepreneurial Proclivity and Market Orientation on Business Performance ［J］. Journal of Marketing, 2002, 66 （3）: 18 - 32.

［105］ McAdam R, Galloway A. Enterprise resource planning and organisational innovation: a management perspective ［J］. Industrial Management & Data Systems, 2005, 105 (3): 280 – 290.

［106］ Mcelroy M W. Social Innovation Capital ［J］. Journal of Intellectual Capital, 2002, 3 (1): 30 – 39.

［107］ McGuire J W. Business and society ［M］. New York: McGraw-Hill, 1963.

［108］ McWilliams, A. and Siegel, D. Corporate Social Responsibility: A Theory of the Firm Perspective ［J］. Academy of Management Review, 2001, 26 (1): 117 – 127.

［109］ Millson M R, Wilemon D. The impact of organizational integration and product development proficiency on market success ［J］. Industrial Marketing Management, 2002, 31: 1 – 23.

［110］ Mohan D. Corporate social responsibility: a philosophical approach from an ancient Indian perspective ［J］. International Journal of Indian Culture and Business Management, 2008, 1 (4), 408 – 420.

［111］ Morf D A, Schumacher M G, Vitell S J. A survey of ethics officers in large organizations ［J］. Journal of Business Ethics, 1999, 20 (3): 265 – 272.

［112］ Morgan N A, Vorhies D W, Mason C H. Market orientation, marketing capabilities, and firm performance ［J］. Strategic Management Journal, 2009, 30 (8): 909 – 920.

［113］ Mouritsen J. Measuring and intervening: How do we theories intellectual captical management ［J］. Journal of Intellectual Capital, 2004, 5 (2): 257 – 267.

［114］ Nahapiet J, Ghoshal S. Social capital, intellectual capital and the organizational advantage ［J］. Academy of Management Review, 1998, 23 (2): 242 – 266.

［115］ Nelling E, Webb E. Corporate social responsibility and financial performance: The virtuous circle revisited ［J］. Review of Quantitative Finance and Accounting, 2009, 32 (2): 197 – 209.

［116］ Nonaka I. A Dynamic Theory of Organizational Knowledge Creation ［J］. Organization Science, 1994, 5 (1): 14 – 37.

［117］ Nunnally, J. Psychometric theory (2nd Ed.) ［M］. New York: McGraw Hill Book Co. , 1978.

［118］ Oliveira L, Rodrigues L L, Craig R. Intellectual capital reporting in sustainability reports ［J］. Journal of Intellectual Capital, 2010, 11 (4): 575 – 594.

［119］ Orlitzky M, Schmidt F. L, Rynes S L. Corporate Social and Financial Performance: A Meta-Analysis ［J］. Organization Studies, 2003, 24: 403 – 441.

［120］ Pablos P O D Knowledge management projects: State of the art in the Spanish manufacturing industry international [J]. Journal of Manufacturing Thchnology and Management, 2003, 14 (4): 297 – 310.

[121] Pendleton A. The real face of corporate social responsibility [J]. Consumer Policy Review, 2004, 14 (3): 77 – 82.

[122] Petrash G. Dow's journey to a knowledge value management culture [J]. European Management Journal, 1996, 14 (8): 365 – 373.

[123] Petrash G P, Bukowitz W R. Visualizing, measuring and managing knowledge [J]. Chemtech, 1997, 27 (10): 6 – 10.

[124] Petty R, Guthrie J. Intellectual capital literature review: measurement, reporting and management [J]. Journal of Intellectual Capital, 2000, 1 (2): 155 – 176.

[125] Piccoli G, O'Connor P, Capaccioli, C, Alvarez R. Customer relationship management: A driver for change in the structure of the U. S. lodging industry [J]. Cornell Hotel and Restaurant Administration Quarterly, 2003, 44: 61 – 73.

[126] Podolny J, Page K. Network forms and organization [J]. American Review of Sociology, 1998, 24: 57 – 76.

[127] Porter M E. Competitive Advantage [M]. New York: Simon & Schuster Ltd. , 2004.

[128] Porter M E, Kramer M K. The link between competitive advantage and corporate social responsibility [J]. Harvard Business Review, 2006, 84 (12): 78 – 92.

[129] Porter M E, Linde C. Toward a New Conception of the Environment – Competitiveness Relationship [J]. Journal of Economic Perspectives, 1995, 9: 97 – 118.

[130] Porter M E, van der Linde C. Green and competitive: Ending the stalemate [J]. Harvard Business Review, 1995, 73 (5): 120 – 134.

[131] Pugesek B H, Tomer A, von Eye A. Structural Equation Modeling: Applications in Ecological and Evolutionary Biology [M]. Cambridge: Cambridge University Press, UK, 2003.

[132] Reinhand S. Mapping stakeholder theory anew: from the stakeholder theory of the firm to three perspectives on business-society relations [J]. Business Strategy and the Environment, 2006, 15 (1): 55 – 69.

[133] Reichheld F F. The loyalty effect [M]. Boston: Harvard Business School Press, 1996.

[134] Rezgui Y. Knowledge systems and value creation: An action research investigation [J]. Industrial Management and Data Systems, 2007, 107 (2): 166 – 182.

[135] Rivera-Vazquez J, Ortiz-Fournier . V, Flores F R. Overcoming cultural barriers for innovation and knowledge sharing [J]. Journal of Knowledge Management, 2009: 13 (5):

257 – 270.

[136] Roos J, Roos G, Edvinsson L, Dragonetti N C. Intellectual Capital: Navigating the new Business Landscape [M]. London: Macmillan Press, 1997.

[137] Roos G, Roos J. Measuring your company's intellectual performance [J]. Long Range Planning, 1997, 30 (3): 413 – 426.

[138] Rosa M D, Pierpaolo P. From green product definitions and classifications to the Green Option Matrix [J]. Journal of Cleaner Production, 2010, 18: 1608 – 1628.

[139] Rudez H N, Mihalic T. Intellectual capital in the hotel industry: Acase study from Slovenia [J]. Hospitality Management, 2007, 26: 188 – 189.

[140] Ryals L. Making customers pay: Measuring and managing customer risk and returns [J]. Journal of Strategic Marketing, 2003, 11: 165 – 175.

[141] Saeidaa S, Nejatib M, Nejatic M. Measuring Knowledge Management Processes [C]. Proceedings of the 13th Asia Pacific Management Conference, Melbourne, Australia, 2007: 551 – 555.

[142] Saenz J, Aramburu N, Rivera O. Knowledge sharing and innovation performance: A comparison between high-tech companies [J]. Journal of Intellectual Capital, 2009, 10 (1): 22 – 36.

[143] Sarkis J. Evaluating environmentally conscious business practices [J]. European Journal of Operational Research, 1998, 107: 159 – 174.

[144] Senge P M. The Fifth Discipline: The Art & Practice of the Learning Organization [M]. New York: Doubleday/Currency, 1990.

[145] Sethi S. Dimensions of Corporate Social Performance: An Analytical Framework [J]. California Management Review, 1975, 17 (3): 58 – 64.

[146] Shih K H. Is e-banking a competitive weapon? A causal analysis [J]. International Journal of Electronic Finance, 2008, 2 (2): 180 – 196.

[147] Shrivastava P. Going Greening: profiting the corporation and the environment [M]. Ohio: Thomson Executive Press, 1996.

[148] Srivastava R K, Shervani, T A, Fahey L. Marketing, business processes, and shareholder value: An organizationally embedded view of marketing activities and the discipline of marketing [J]. Journal of Marketing, 1999, 63: 168 – 179.

[149] Steensma H K, Corley K G. On the Performance of Technology-Sourcing Partnerships: The Interaction Between Partner Interdependence and Technology Attributes [J]. Academy of Management Journal, 2000, 43 (6): 1045 – 1067.

[150] Stefanou C J, Sarmaniotis C. CRM and customer-centric knowledge management: An empirical research [J]. Business Process Management Journal, 2003, 9 (5): 617 –634.

[151] Sterman J D. Business Dynamics: Systems Thinking and Modeling for a Complex World [M]. Boston: Irwin McGraw-Hill, 2000.

[152] Stewart T A. Brainpower: How Intellectual Capital is Becoming America's Most Valuable Asset [J]. Fortune, 1991, 6 (3): 44 –60.

[153] Stewart T A. Intellectual Capital: the new Wealth of Organizations [M]. New York: A Division of Bantam Doubleday Dell Publishing Group Press, 1997.

[154] Stewart T A. Intellectual Capital: The New Wealth of Organisations [M]. New York: Doubleday Dell, 1999.

[155] Stiles P, Kulvisaechana S. Human capital and performance: A literature review [R]. Cambrige: Cambrige University Judge Institute of management, 2003.

[156] Stock G G, Hanna J L, Edwards M H. Implementing an environmental business strategy: a step-by-step guide [J]. Environmental Quality Management, 1997, 6 (4): 33 –41.

[157] Sullivan P H. Value-Driven intellectual capital: How to convert intangible corporate assets into market value [M]. New York: John Wiley and Sons Press, 2000.

[158] Sveiby K E. The intangible asset monitor [J]. Journal of Human Resource Costing and Accounting, 1997, 2 (1): 73 –97.

[159] Sveiby K E. Innovation Capital: Thinking ahead [J]. Australian CPA, 1998, 68 (5): 18 –22.

[160] Tan X, Yen D C, Fang X. Internet integrated customer relationship management [J]. Journal of Computer Information Systems, 2002, (1): 77 –86.

[161] Taylor W A, Wright G H. Organizational readiness for successful knowledge sharing: challenges for public sector managers [J]. Information Resources Management Journal, 2004, 17 (2): 22 –37.

[162] Thoumrungroje A, Tansuhaj P. Entrepreneurial Strategic Posture, International Diversification, and Firm Performance [J]. Multinational Business Review, 2005, 13 (1): 55 –73.

[163] Tseng C Y, Goo Y J. Intellectual captical and corporate value in an emerging economy: Empirical study of Taiwanese manufacturers [J]. R&D Management, 2005, 35 (2): 187 –201.

[164] Ulrich D. Intellectual Capital = competence × commitment [J]. Sloan Management Review, 1998, (4): 15 –26.

［165］ Utting P. Corporate responsibility and the movement of business ［J］. Development in Practice, 2005, 15 (3/4): 375 – 388.

［166］ Van Aken J E, Weggeman H P. Managing learning in informal innovation networks: overcoming the Daphne-dilemma ［J］. R&D Management, 2000, 30 (2): 139 – 149.

［167］ Van Marrewijk M. Concepts and definitions of CSR and corporate sustainability: Between agency and communion ［J］. Journal of Business Ethics, 2003, 44 (2): 95 – 105.

［168］ Venkatraman N, Ramanujam V. Measurement of Business Performance in Strategy Research: A Comparison of Approaches ［J］. Academy of Management Review, 1986, 11 (4): 801 – 814.

［169］ Vorakulpipat C, Rezgui Y. An evolutionary and interpretive perspective to knowledge management ［J］. Journal of Knowledge Management, 2008, 12 (3): 17 – 34.

［170］ Walters C G. Consumer Behavior: Theory and Practice ［M］. Madison: R. D. Irwin, 1978.

［171］ Wang J C. Investigating market value and intellectual capital for S&P500 ［J］. Journal of Intellectual Capital, 2008, 9 (4): 546 – 563.

［172］ Wasko M M, Faraj S. Why should I share? Examining social capital and knowledge contribution in electronic networks of practices ［J］. MIS Quarterly, 2005, 29 (1): 35 – 57.

［173］ Williams R S. Performance Management: Perspectives on Employee Performance ［M］. London: International Thomson Business Press, 1998.

［174］ Wood D J. Toward Improving Coporate Social Performance ［J］. Business Horizons, 1991, 16 (4): 691 – 718.

［175］ Wortzel, R. Multivariate analysis ［M］. New Jersey: Prentice Hall, 1979.

［176］ Wright P M, Dunford B B, Snell S A. Human resource and the resource-based view of rhe firm ［J］. Journal of Management, 2001, 27: 701 – 721.

［177］ Wright P M, McMahan C G. Theoretical Perspectives for Strategic Human Resource Management ［J］. Journal of Management, 1992, 18 (2): 295 – 320.

［178］ Wu A. The Integration between Balanced Scorecard and Intellectual Capital ［J］. Journal of Intellectual Capital, 2005, 6 (2): 267 – 284.

［179］ Youndt M A, Subramaniam M, Snell S A. Intellectual capital profiles: An examination of investments and returns ［J］. Journal of Management Studies, 2004, 41: 335 – 361.

［180］ Zablah A R, Bellenger D N, Johnston W J. An evaluation of divergent perspectives on customer relationship management: towards a common understanding of an emerging phenomenon ［J］. Industrial Marketing Management, 2004, 33: 475 – 489.

［181］ Zairi M, Peters J. The Impact of Social Responsibility on Business Performance ［J］. Managerial Auditing Journal, 2002, 17 (4): 174 – 178.

[182] Zangoueinezhad A, Moshabaki A. The role of structural capital on competitive intelligence [J]. Industrial Management and Data Systems, 2009, 109 (2): 262 – 280.

[183] Zhou A Z, Fink D. The intellectual captical web—A system linking of intellectual captical and knowledge management [J]. Journal of Intellectual Capital, 2003, 4 (1): 34 – 48.

[184] 彼得·F·德鲁克著. 后资本主义社会 [M]. 傅振焜译. 北京: 东方出版社, 2009.

[185] 彼得·圣吉著. 第五项修炼 [M]. 张成林译. 北京: 中信出版社, 2009.

[186] 晁罡, 程鹏, 张水英. 基于员工视角的企业社会责任对工作投入影响的实证研究 [J]. 管理学报, 2012, 9 (6): 831 – 836.

[187] 蔡莉, 梅强. 小微企业智力资本创新力与区域创新氛围的贡献研究——以江苏省小微企业为例 [J]. 科技管理研究, 2015, (9): 20 – 26.

[188] 戴艳军, 李伟侠. 企业社会责任再定义 [J]. 伦理学研究, 2014, (3): 109 – 113.

[189] 傅传锐. 大股东治理对智力资本价值创造效率的影响——来自我国 A 股上市公司 2007—2013 年的经验证据 [J]. 中南财经政法大学学报, 106 – 116.

[190] 冈本享二. CSR 入门 [M]. 东京: 日本经济新闻社出版社, 2004.

[191] 高丽, 潘煜, 万岩. 企业文化、智力资本和企业绩效的关系——以高科技企业为例 [J]. 系统管理学报, 2014, (4): 537 – 544.

[192] 郝文杰, 鞠晓峰. 智力资本对高技术企业绩效影响的实证研究 [J]. 北京理工大学学报, 2008, 28 (5): 467 – 470.

[193] 何朝晖, 黄维民. 企业社会责任承担态势演化的经济博弈分析——基于企业之间的学习行为的研究 [J]. 系统工程, 2008, 27 (8): 118 – 120.

[194] 何杰, 曾朝夕. 企业利益相关者理论与传统企业理论的冲突与整合——一个企业社会责任基本分析框架的建立 [J]. 管理世界, 2010, (12): 176 – 177.

[195] 洪茹燕, 吴晓波. 智力资本驱动的动态能力与企业竞争优势实现机理研究 [J]. 科学管理研究, 2006, 24 (2): 84 – 87.

[196] 侯杰泰, 温忠麟, 成子娟. 结构方程模型及其应用 [M]. 北京: 教育科学出版社, 2004.

[197] 金乐琴. 企业社会责任: 推动可持续发展的第三种力量 [J]. 中国人口·资源与环境, 2004, 14 (2): 121 – 124.

[198] 孔玉生, 孔照烈, 诸成刚. 基于企业效绩的智力资本管理研究 [J]. 财会通讯 (理财版), 2006, (3): 66 – 67.

[199] 李歌, 颜爱民, 徐婷. 中小企业员工感知的企业社会责任对离职倾向的影响机制研究 [J]. 管理学报, 2016, 13 (6): 847 – 854.

[200] 李平. 企业智力资本开发理论与方法 [M]. 哈尔滨: 哈尔滨工程大学出版社, 2007.

［201］林筠，陈虹. 人力资源管理系统对智力资本和知识获取的影响研究［J］. 科技进步与对策，2011，28（24）：177 – 182.

［202］刘超，马惠琪，刘卫东. 软件企业智力资本对企业成长的影响机制研究［J］. 技术经济与管理研究，2008，（5）：44 – 45.

［203］刘程军，蒋天颖，华明浩. 智力资本与企业创新关系的 Meta 分析［J］. 科研管理，2015，36（1）：72 – 80.

［204］陆康，王圣元，刘慧. 基于系统动力学的智力资本投资决策研究——以 X 公司为例［J］. 科技和产业，2011，11（10）：92 – 98.

［205］罗伯特·卡普兰，大卫·诺顿著. 战略地图——化无形资产为有形成果［M］. 刘俊勇，孙薇译. 广州：广东经济出版社，2005.

［206］潘楚林，田虹. 经济新常态下绿色智力资本怎样成为企业的竞争优势［J］. 上海财经大学学报，2016，（2）：77 – 90.

［207］彭雪蓉，刘洋. 战略性企业社会责任与竞争优势：过程机制与权变条件［J］. 管理评论，2015，27（7）：156 – 167.

［208］王文，张文隆. 企业可持续发展研究：基于企业社会责任的视角［J］. 科学学与科学技术管理，2009，（9）：154 – 157.

［209］王晓巍，陈慧. 基于利益相关者的企业社会责任与企业价值关系研究［J］. 管理科学，2011，24（6）：29 – 37.

［210］吴明隆. 问卷分析统计与实务——SPSS 操作与应用［M］. 重庆：重庆大学出版社，2010.

［211］吴统雄. 电话调查：理论与方法［M］. 台北：联经出版事业公司，1984.

［212］吴晓云，代海岩. 智力资本要素之间的交互作用对知识型服务企业竞争力的影响——基于知识转化的中介效应［J］. 研究与发展管理，2016，28（3）：12 – 24.

［213］谢晖，雷井生. 知识型企业智力资本结构维度研究——基于知识创造过程的实证分析［J］. 科学学研究，2010，28（7）：1067 – 1076.

［214］徐泓，朱秀霞. 低碳经济视角下企业社会责任评价指标分析［J］. 中国软科学，2012，（1）：153 – 159.

［215］许正良，刘娜. 基于持续发展的企业社会责任与企业战略目标管理融合研究［J］. 中国工业经济，2008，（9）：129 – 140.

［216］闫化海，徐寅峰，刘德海. 智力资本整体衡量方法及其应用［J］. 科研管理，2004，（11）：17 – 22.

［217］杨林平，许健. 智力资本理论观念下的科研团队核心竞争力研究［J］. 管理评论，26（6）：135 – 142.

［218］原毅军，张晓峰，王萌. 企业绩效角度的智力资本评估［J］. 科学学研究，2007，25：394－399.

［219］张戈. 论保险企业的社会责任功能［J］. 生产力研究，2015，（8）：144－148.

［220］张兆国，梁志钢，尹开国. 利益相关者视角下企业社会责任问题研究［J］. 中国软科学，2012，（2）：139－146.

［221］赵振宽. 企业智力资本开发对策研究［J］. 经济纵横，2009，（10）：105－107.

［222］郑承志，黄淑兰，郭东强. 基于知识创造的企业核心能力构建机理研究［J］. 内蒙古农业大学学报（社会科学版），2014，（6）：37－40.

［223］郑美群，吴燕. 基于智力资本的高技术企业绩效评价［J］. 东北师范大学报（哲学社会科学版），2004，（4）：60－66.

［224］周康. 政府补贴、贸易边际与出口企业的核心能力——基于倾向值匹配估计的经验研究［J］. 国际贸易问题，2015，（10）：48－58.

［225］朱长丰. 绿色智力资本和企业竞争优势关系实例研究［J］. 商业时代，2010，（12）：64－65，70.

［226］朱瑜，王雁飞，蓝海林. 企业文化、智力资本与组织绩效关系研究［J］. 科学学研究，2007，25（5）：952－958.

附录 A
基于社会责任的绿色智力资本
对企业绩效影响的调查问卷

尊敬的女士/先生：

您好！首先感谢您对本次调查的支持。这是一份纯学术调查，目的在于了解基于社会责任的绿色智力资本对于企业绩效的影响。本次调查采取不记名方式，您所提供的资料仅供本书分析之用，绝对不会公开，请安心填写。请仔细阅读每个题目的内容，在您认为最合适的答案上打"√"。

第一部分：社会责任	非常同意	同意	一般	不同意	非常不同意
01. 本公司营利能力较强	□	□	□	□	□
02. 本公司营销能力较强	□	□	□	□	□
03. 本公司努力降低营运成本	□	□	□	□	□
04. 本公司重视保障员工合法权益	□	□	□	□	□
05. 本公司重视保护顾客隐私权	□	□	□	□	□
06. 本公司重视在其网站或其他媒介披露财务、营运等法律规定的相关信息	□	□	□	□	□
07. 本公司重视并能及时处理顾客的投诉	□	□	□	□	□
08. 本公司重视提高员工的职业道德	□	□	□	□	□
09. 本公司的考核升迁制度的公平性较高	□	□	□	□	□
10. 本公司重视对周边社区的关怀	□	□	□	□	□
11. 本公司积极地回馈社会	□	□	□	□	□
12. 本公司鼓励员工参与社会公益活动	□	□	□	□	□

第二部分：绿色企业	非常同意	同意	一般	不同意	非常不同意
13. 本公司拥有良好的企业形象	□	□	□	□	□
14. 本公司服务站点的数量较多	□	□	□	□	□
15. 本公司产品或服务的定价很少受到顾客的质疑	□	□	□	□	□
16. 本公司重视公益基金会的推动	□	□	□	□	□
17. 本公司产品或服务的品质较高	□	□	□	□	□
18. 本公司拥有自己独特的绿色品牌产品或服务	□	□	□	□	□

第三部分：绿色智力资本	非常同意	同意	一般	不同意	非常不同意
19. 本公司员工重视对顾客绿色需求的满足	□	□	□	□	□
20. 本公司员工重视对公司资源的节约	□	□	□	□	□
21. 本公司员工重视对弱势群体的服务	□	□	□	□	□
22. 本公司重视对员工的教育与培训	□	□	□	□	□
23. 本公司重视对内部环境的监控与保护	□	□	□	□	□
24. 本公司有较好的奖惩制度	□	□	□	□	□
25. 本公司重视内部团队合作	□	□	□	□	□
26. 本公司的中长期客户的比例较高	□	□	□	□	□
27. 本公司重视与社会公益组织保持合作关系	□	□	□	□	□
28. 本公司在产品的设计与研发上较多地考虑未来的回收和再利用	□	□	□	□	□
29. 本公司重视降低产品制造过程中的废弃物的排放	□	□	□	□	□
30. 本公司积极推动环保型产品来开拓市场	□	□	□	□	□

第四部分：企业绩效	非常同意	同意	一般	不同意	非常不同意
31. 本公司的市场占有率较高	□	□	□	□	□
32. 本公司的投资回报率较高	□	□	□	□	□
33. 本公司的销售成长率较高	□	□	□	□	□
34. 本公司每年都能完成预定的财务目标	□	□	□	□	□
35. 本公司比较容易争取到新的顾客群	□	□	□	□	□

第五部分：公司与个人基本情况
36. 本公司所属行业：传统制造业（如食品、纺织、钢铁、家电等民生工程与基础工业）□高新技术产业（如通信、电子信息、生物医药、新能源、新材料等）□　服务业（如银行、证券、中介、餐饮、旅游、文化、教育培训等）□　其他_____（请注明）
37. 本公司性质：国有□ 集体□　民营□　中外合资□　外商独资□　其他_____（请注明）
38. 本公司员工人数：100 人以下□　100~500 人□　500~1000 人□　1000~3000 人□　3000 人以上□
39. 您在公司中的职位：资深员工□　基层管理者□　中高层管理者□
40. 您的学历：专科以下□　专科□　本科□　硕士研究生□　博士研究生□

问卷到此结束，再次感谢您的支持与配合！

附录 B
基于社会责任的绿色智力
资本投资系统模型中的变量公式

变量类型说明：L 表示水平变量，R 表示速率变量，A 表示辅助变量，C 表示常量，N 表示水平变量的系统初始值。

L Market Value A（t）= Market Value A(t − dt) + (MV in A − MV Out A) * dt

L Market Value B（t）= Market Value B(t − dt) + (MV in B − MV Out B) * dt

L Customer A（t）= Customer A(t − dt) + (Customer in A − Customer A in B) * dt

L Customer B（t）= Customer B(t − dt) + (Customer in B + Customer A in B) * dt

L Potential Customer（t）= Potential Customer(t − dt) + (− Customer in A − Customer in B) * dt

L Satisfaction A（t）= Satisfaction A(t − dt) + (Satisfaction Flow A) * dt

L Satisfaction B（t）= Satisfaction B(t − dt) + (Satisfaction Flow B) * dt

L Green Image A（t）= Green Image A(t − dt) + (Green Image Flow A) * dt

L Green Image B（t）= Green Image B(t − dt) + (Green Image Flow B) * dt

L GS Management1 A（t）= GS Management1 A（t − dt）+ (GSM in1 A − GSM in2 A) * dt

L GS Management1 B（t）= GS Management1 B（t − dt）+ (GSM in1 B − GSM in2 B) * dt

L GS Management2 A（t）= GS Management2 A（t − dt）+ (GSM in2 A − GSM in3 A) * dt

L GS Management2 B（t）= GS Management2 B（t − dt）+ (GSM in2 B −

GSM in3 B）* dt

L　GSM Productivity A（t）= GSM Capacity A（t – dt）+（GSM in3 A – GSM out A）* dt

L　GSM Productivity B（t）= GSM Capacity B（t – dt）+（GSM in3 B – GSM out B）* dt

L　GR Management1 A（t）= GR Management1 A（t – dt）+（GRM in1 A – GRM in2 A）* dt

L　GR Management1 B（t）= GR Management1 B（t – dt）+（GRM in1 B – GRM in2 B）* dt

L　GR Management2 A（t）= GR Management2 A（t – dt）+（GRM in2 A – GRM in3 A）* dt

L　GR Management2 B（t）= GR Management2 B（t – dt）+（GRM in2 B – GRM in3 B）* dt

L　GRM Productivity A（t）= GRM Capacity A（t – dt）+（GRM in3 A – GRM out A）* dt

L　GRM Productivity B（t）= GRM Capacity B（t – dt）+（GRM in3 B – GRM out B）* dt

L　Service A（t）= Service A（t – dt）+（Service in A – Service out A）* dt

L　Service B（t）= Service B（t – dt）+（Service in B – Service out B）* dt

L　Green Knowledge A（t）= Green Knowledge A（t – dt）+（GK in A + GE in A – GK out A）* dt

L　Green Knowledge B（t）= Green Knowledge B（t – dt）+（GK in A + GE in B – GK out B）* dt

L　Green Knowledge Share A（t）= Green Knowledge Share A（t – dt）+（GKS in A – GKS out A）* dt

L　Green Knowledge Share B（t）= Green Knowledge Share B（t – dt）+（GKS in B – GKS out B）* dt

L　Green Innovation A（t）= Green Innovation A（t – dt）+（Green Innovation Flow A）* dt

L　Green Innovation B（t）= Green Innovation B（t – dt）+（Green Innovation

Flow B）* dt

R MV in A = Profit A

R MV in B = Profit B

R MV Out A = Market Value A/MV Delay A

R MV Out B = Market Value B/MV Delay B

R Customer in A = （Satisfaction X Customer A + Green Image X Customer A）* 100

R Customer in B = （Satisfaction X Customer B + Green Image X Customer B）* 100

R Customer A in B = （Satisfaction B – Satisfaction A）* 50 + （Green Image B – Green Image A）* 50

R Satisfaction Flow A = （Service X Satisfaction A * 0. 5 + GI X Satisfaction A * 0. 5）/Satisfaction Delay A

R Satisfaction Flow B = （Service X Satisfaction B * 0. 5 + GI X Satisfaction B * 0. 5）/Satisfaction Delay B

R Green Image Flow A = （Satisfaction Flow A * 0. 5 + GI X Satisfaction A * 0. 5）/Green Image Delay A

R Green Image Flow B = （Satisfaction Flow B * 0. 5 + GI X Satisfaction B * 0. 5）/Green Image Delay B

R GSM in1 A = GS and GR Function A * GS Strategy A

R GSM in1 B = GS and GR Function B * GS Strategy B

R GSM in2 A = GS Management1 A/ （GSM Delay A/2）

R GSM in2 B = GS Management1 B/ （GSM Delay B/2）

R GSM in3 A = GS Management2 A/ （GSM Delay A/2）

R GSM in3 B = GS Management2 B/ （GSM Delay B/2）

R GSM out A = GSM Productivity A/Productivity Delay A

R GSM out B = GSM Productivity B/Productivity Delay B

R GRM in1 A = GS and GR Function A * GR Strategy A

R GRM in1 B = GS and GR Function B * GR Strategy B

R GRM in2 A = GR Management1 A/ （GRM Delay A/2）

R GRM in2 B = GR Management1 B/（GRM Delay B/2）

R GRM in3 A = GR Management2 A/（GRM Delay A/2）

R GRM in3 B = GR Management2 B/（GRM Delay B/2）

R GRM out A = GRM Productivity A/Productivity Delay A

R GRM out B = GRM Productivity B/Productivity Delay B

R Service in A = （GR X Service A + GS X Service A + GKI X Service A − Customer X Service A）/10

R Service in B = （GR X Service B + GS X Service B + GKI X Service B − Customer X Service B）/10

R Service out A = Service A/Productivity Delay A

R Service out B = Service B/Productivity Delay B

R GE in A = Green Employee A

R GE in B = Green Employee B

R GK in A = （GH Strategy A * GH Expense A）* 0.5 + GK Share X GK A * 0.5

R GK in B = （GH Strategy B * GH Expense B）* 0.5 + GK Share X GK B * 0.5

R GK out A = GRAPH（Green Knowledge A）
（0, 0.025）, （6, 0.025）, （12, 0.325）, （18, 0.875）, （24, 1.65）, （30, 2.55）, （36, 3.35）, （42, 4.15）, （48, 4.6）, （54, 4.75）, （60, 4.75）

R GK out B = GRAPH（Green Knowledge B）
（0, 0.025）, （6, 0.025）, （12, 0.325）, （18, 0.875）, （24, 1.65）, （30, 2.55）, （36, 3.35）, （42, 4.15）, （48, 4.6）, （54, 4.75）, （60, 4.75）

R GKS in A = GI Strategy A * GI Expense A

R GKS in B = GI Strategy B * GI Expense B

R GKS out A = GRAPH（Green Knowledge Share A）
（0, 0.015）, （6, 0.015）, （12, 0.02）, （18, 0.05）, （24, 0.105）, （30, 0.25）, （36, 0.385）, （42, 0.445）, （48, 0.465）,

(54, 0. 47), (60, 0. 47)

R　GKS out B ＝GRAPH（Green Knowledge Share B）

（0, 0.015）, （6, 0.015）, （12, 0.02）, （18, 0.05）, （24, 0.105）, （30, 0.25）, （36, 0.385）, （42, 0.445）, （48, 0.465）, （54, 0.47）, （60, 0.47）

R　Green Innovation Flow A ＝GK and GKS X GI A/10

R　Green Innovation Flow B ＝GK and GKS X GI B/10

A　Profit A ＝Operating Revenue A－Cost A

A　Profit B ＝Operating Revenue B－Cost B

A　Operating Revenue A ＝Customer X Sale A＊1000＋Green Productivity A＊15

A　Operating Revenue B ＝Customer X Sale B＊1000＋Green Productivity B＊15

A　Cost A ＝（GS Management1 A＊0.5＋GR Management1 A＊0.5）＊Cost Index A ＋（GH Strategy A＋GI Strategy A）

A　Cost B ＝（GS Management1 B＊0.5＋GR Management1 B＊0.5）＊Cost Index B ＋（GH Strategy B＋GI Strategy B）

A　Finance X Green Investment A ＝GRAPH（Profit A/100）

（0, 0.005）, （5, 0.105）, （10, 0.205）, （15, 0.325）, （20, 0.465）, （25, 0.625）, （30, 0.755）, （35, 0.835）, （40, 0.875）, （45, 0.885）, （50, 0.895）

A　Finance X Green Investment B ＝GRAPH（Profit B/100）

（0, 0.005）, （5, 0.105）, （10, 0.205）, （15, 0.325）, （20, 0.465）, （25, 0.625）, （30, 0.755）, （35, 0.835）, （40, 0.875）, （45, 0.885）, （50, 0.895）

A　Customer X Sale A ＝GRAPH（Customer A/1000）

（30, 0.025）, （31, 0.175）, （32, 0.305）, （33, 0.465）, （34, 0.615）, （35, 0.765）, （36, 0.855）, （37, 0.935）, （38, 0.975）, （39, 0.99）, （40, 0.99）

A　Customer X Sale B ＝GRAPH（Customer B/1000）

（30, 0.025）, （31, 0.175）, （32, 0.305）, （33, 0.465）, （34, 0.615）, （35, 0.765）, （36, 0.855）, （37, 0.935）, （38, 0.975）,

$(39, 0.99)$, $(40, 0.99)$

A　Satisfaction Delay A　= DELAY $(3, 1)$

A　Satisfaction Delay B　= DELAY $(3, 1)$

A　Green Image Delay A　= DELAY $(3, 1)$

A　Green Image Delay B　= DELAY $(3, 1)$

A　Market Share A　= Customer A/ (Customer A + Customer B)

A　Market Share B　= Customer B/ (Customer A + Customer B)

A　Satisfaction X Customer A　= Satisfaction A/10

A　Satisfaction X Customer B　= Satisfaction B/10

A　Green Image X Customer A　= Green Image A/10

A　Green Image X Customer B　= Green Image B/10

A　Customer X Service A　= GRAPH (Customer A/1000)

$(0, 0)$, $(7, 0)$, $(14, 0)$, $(21, 0)$, $(28, 0.04)$, $(35, 0.125)$, $(42, 0.255)$, $(49, 0.38)$, $(56, 0.47)$, $(63, 0.49)$, $(70, 0.495)$

A　Customer X Service B　= GRAPH (Customer B/1000)

$(0, 0)$, $(7, 0)$, $(14, 0)$, $(21, 0)$, $(28, 0.04)$, $(35, 0.125)$, $(42, 0.255)$, $(49, 0.38)$, $(56, 0.47)$, $(63, 0.49)$, $(70, 0.495)$

A　Service X Satisfaction A　= GRAPH (Service A)

$(0, 0.015)$, $(0.5, 0.2)$, $(1, 0.365)$, $(1.50, 0.495)$, $(2, 0.595)$, $(2.50, 0.745)$, $(3, 0.875)$, $(3.50, 0.945)$, $(4, 0.975)$, $(4.50, 0.985)$, $(5, 0.985)$

A　Service X Satisfaction B　= GRAPH (Service B)

$(0, 0.015)$, $(0.5, 0.2)$, $(1, 0.365)$, $(1.50, 0.495)$, $(2, 0.595)$, $(2.50, 0.745)$, $(3, 0.875)$, $(3.50, 0.945)$, $(4, 0.975)$, $(4.50, 0.985)$, $(5, 0.985)$

A　GI X Satisfaction A　= GRAPH (Green Innovation A)

$(0, 0.015)$, $(1, 0.195)$, $(2, 0.355)$, $(3, 0.475)$, $(4, 0.605)$, $(5, 0.745)$, $(6, 0.855)$, $(7, 0.935)$, $(8, 0.975)$, $(9, 0.985)$, $(10, 0.985)$

A　GI X Satisfaction B　= GRAPH (Green Innovation B)

（0，0.015），（1，0.195），（2，0.355），（3，0.475），（4，0.605），
（5，0.745），（6，0.855），（7，0.935），（8，0.975），（9，0.985），
（10，0.985）

A Strategy A = GRAPH（Market Share B/Market Share A）

（0，0.03），（0.2，0.6），（0.4，0.85），（0.6，0.985），（0.8，
0.995），（1，1），（1.20，1.05），　（1.40，1.1），（1.60，1.3），
（1.80，1.65），（2，1.975）

A Strategy B = GRAPH（Market Share A/Market Share B）

（0，0.03），（0.2，0.6），（0.4，0.85），（0.6，0.985），（0.8，
0.995），（1，1），（1.20，1.05），　（1.40，1.1），（1.60，1.3），
（1.80，1.65），（2，1.975）

A GS Strategy A = 10 + STEP（10 * GS and GR Investment Rate A，GS and GR Time A）

A GS Strategy B = 10 + STEP（10 * GS and GR Investment Rate B，GS and GR Time B）

A GR Strategy A = 10 + STEP［10 *（1 – GS and GR Investment Rate A），GS and GR Time A］

A GR Strategy B = 10 + STEP［10 *（1 – GS and GR Investment Rate B），GS and GR Time B］

A GS and GR Function A =（Strategy A * Resource Requirement A * Finance X Green Investment A）* 10 + GK X GS and GR A – Work Load A * 5

A GS and GR Function B =（Strategy B * Resource Requirement B * Finance X Green Investment B）* 10 + GK X GS and GR B – Work Load B * 5

A GKI X Service A = Green Knowledge A/10 + Green Innovation A/10

A GKI X Service B = Green Knowledge B/10 + Green Innovation B/10

A Service Difference A = Service Target A – Service A

A Service Difference B = Service Target B – Service B

A Finance Investment A = IF Service Difference A > 1 THEN Service Difference A ELSE IF 0 < Service Difference A < 1 THEN 1.1 ELSE 1

A Finance Investment B = IF Service Difference B > 1 THEN Service Difference B ELSE IF 0 < Service Difference B < 1 THEN 1.1 ELSE 1

A GS X Service A = GRAPH (GSM Productivity A/1000)

(0, 0.05), (4, 0.165), (8, 0.335), (12, 0.495), (16, 0.635), (20, 0.755), (24, 0.825), (28, 0.895), (32, 0.935), (36, 0.95), (40, 0.95)

A GS X Service B = GRAPH (GSM Productivity B/1000)

(0, 0.05), (4, 0.165), (8, 0.335), (12, 0.495), (16, 0.635), (20, 0.755), (24, 0.825), (28, 0.895), (32, 0.935), (36, 0.95), (40, 0.95)

A GR X Service A = GRAPH (GRM Productivity A/1000)

(0, 0.05), (4, 0.205), (8, 0.335), (12, 0.495), (16, 0.635), (20, 0.755), (24, 0.825), (28, 0.905), (32, 0.935), (36, 0.95), (40, 0.95)

A GR X Service B = GRAPH (GRM Productivity B/1000)

(0, 0.05), (4, 0.205), (8, 0.335), (12, 0.495), (16, 0.635), (20, 0.755), (24, 0.825), (28, 0.905), (32, 0.935), (36, 0.95), (40, 0.95)

A GH Strategy A = 0.1 + STEP (GH Investment Rate A, 30)

A GI Strategy A = 0.1 + STEP (GI Investment Rate A, 30)

A GH Expense A = Finance X Green Investment A

A GH Expense B = Finance X Green Investment B

A GI Expense A = Finance X Green Investment A

A GI Expense B = Finance X Green Investment B

A GK X GS and GR A = Green Knowledge A * 10

A GK X GS and GR B = Green Knowledge B * 10

A GK Share X GK A = Green Knowledge Share A/10

A GK Share X GK B = Green Knowledge Share B/10

A GK and GKS X GI A = (Green Knowledge A/10) + (Green Knowledge Share A/10)

A GK and GKS X GI B = (Green Knowledge B/10) + (Green Knowledge

Share B/10）

A　Green Productivity A　= GSM Productivity A + GRM Productivity A

A　Green Productivity B　= GSM Productivity B + GRM Productivity B

A　Green Employee A　= GRAPH（Green Image A）

（0, 0.025）, （1, 0.035）, （2, 0.085）, （3, 0.165）, （4, 0.295）, （5, 0.475）, （6, 0.675）, （7, 0.835）, （8, 0.915）, （9, 0.955）, （10, 0.965）

A　Green Employee B　= GRAPH（Green Image B）

（0, 0.025）, （1, 0.035）, （2, 0.085）, （3, 0.165）, （4, 0.295）, （5, 0.475）, （6, 0.675）, （7, 0.835）, （8, 0.915）, （9, 0.955）, （10, 0.965）

A　Work Load A = GRAPH（GH Strategy A * 10 + GI Strategy A * 10）

（0, 3）, （3, 10.85）, （6, 22.35）, （9, 38.55）, （12, 45.85）, （15, 47.55）, （18, 47.35）, （21, 44.05）, （24, 36.85）, （27, 28.35）, （30, 16.35）

A　Work Load B = GRAPH（GH Strategy B * 10 + GI Strategy B * 10）

（0, 3）, （3, 10.85）, （6, 22.35）, （9, 38.55）, （12, 45.85）, （15, 47.55）, （18, 47.35）, （21, 44.05）, （24, 36.85）, （27, 28.35）, （30, 16.35）

C　MV Delay A　= 1

C　MV Delay B　= 1

C　Cost Index A　= 1

C　Cost Index B　= 1

C　GSM Delay A　= 9

C　GSM Delay B　= 9

C　GRM Delay A　= 6

C　GRM Delay B　= 6

C　Productivity Delay A　= 12

C　Productivity Delay B　= 12

C　GS and GR Time A　= 30

C　GS and GR Time B　=30

C　GS and GR Investment Rate A　=0.5

C　GS and GR Investment Rate B　=0.5

C　Service Target A　=3

C　Service Target B　=3

C　GH Investment Rate A　=0.5

C　GH Investment Rate B　=0.5

C　GI Investment Rate A　=0.5

C　GI Investment Rate B　=0.5

N　INIT Market Value A　=100

N　INIT Market Value B　=100

N　INIT Customer A　=50000

N　INIT Customer B　=50000

N　INIT Potential Customer　=100000

N　INIT Satisfaction A　=0.5

N　INIT Satisfaction B　=0.5

N　INIT Green Image A　=0.5

N　INIT Green Image B　=0.5

N　INIT GS Management1 A　=100

N　INIT GS Management1 B　=100

N　INIT GS Management2 A　=100

N　INIT GS Management2 B　=100

N　INIT GSM Productivity A　=100

N　INIT GSM Productivity B　=100

N　INIT GR Management1 A　=100

N　INIT GR Management1 B　=100

N　INIT GR Management2 A　=100

N　INIT GR Management2 B　=100

N　INIT GRM Productivity A　=100

N　INIT GRM Productivity B　=100

N   INIT Service A = 0. 5

N   INIT Service B = 0. 5

N   INIT Green Knowledge A = 0. 5

N   INIT Green Knowledge B = 0. 5

N   INIT Green Knowledge Share A = 0. 5

N   INIT Green Knowledge Share B = 0. 5

N   INIT Green Innovation A = 0. 5

N   INIT Green Innovation B = 0. 5